中国机械工程学科教程配套系列教材
教育部高等学校机械类专业教学指导委员会规划教材

技术创新方法
——TRIZ理论及应用（第2版）

成思源 周金平 杨 杰 主编

清华大学出版社
北 京

内容简介

在"大众创新"的新形势下,对工程技术人员的创新意识和能力培养也提出了新的要求,而直接的方式就是开展创新方法的教学。2010年12月,由广东工业大学和广东省生产力促进中心联合成立了广东省创新方法推广应用中心,为省内企业、高校、科研院所推广应用创新方法提供全方位服务。本中心经过历年来在技术创新方法方面的教学工作与企业培训,面对高校和社会推广技术创新方法以及培养创新创业专业人才的需求,从便于教学、培训与应用的角度,总结编写了本书。

对于工程技术人员而言,TRIZ的应用是重点。本书从工程应用角度出发介绍了TRIZ理论与工具,按照从分析问题到解决问题的流程,让TRIZ学习者更易于掌握TRIZ理论,更快捷地应用TRIZ工具来分析解决实际问题。本书针对技术创新方法理论教学、培训与应用需求,系统性、可读性强;可提供配套的PPT,以方便读者进行授课及培训。

本书不仅可作为大专院校技术创新方法相关课程以及企业技术人员培训和自学教材,而且对相关领域的专业技术人员和研究人员也具有一定的参考价值。

版权所有,侵权必究。举报: 010-62782989, beiqinquan@tup.tsinghua.edu.cn。

图书在版编目(CIP)数据

技术创新方法: TRIZ理论及应用/成思源,周金平,杨杰主编. —2版. —北京: 清华大学出版社,2021.2 (2023.11重印)

中国机械工程学科教程配套系列教材　教育部高等学校机械类专业教学指导委员会规划教材

ISBN 978-7-302-56385-3

Ⅰ. ①技… Ⅱ. ①成… ②周… ③杨… Ⅲ. ①创造学－高等学校－教材 Ⅳ. ①G305

中国版本图书馆CIP数据核字(2020)第166861号

责任编辑: 冯　昕
封面设计: 常雪影
责任校对: 刘玉霞
责任印制: 沈　露

出版发行: 清华大学出版社
网　　址: http://www.tup.com.cn, http://www.wqbook.com
地　　址: 北京清华大学学研大厦A座　　邮　编: 100084
社 总 机: 010-83470000　　邮　购: 010-62786544
投稿与读者服务: 010-62776969, c-service@tup.tsinghua.edu.cn
质量反馈: 010-62772015, zhiliang@tup.tsinghua.edu.cn
印 装 者: 三河市龙大印装有限公司
经　　销: 全国新华书店
开　　本: 185mm×260mm　　印　张: 20.75　　插　页: 1　　字　数: 508千字
版　　次: 2014年8月第1版　　2021年2月第2版　　印　次: 2023年11月第4次印刷
定　　价: 59.00元

产品编号: 084374-01

中国机械工程学科教程配套系列教材
教育部高等学校机械类专业教学指导委员会规划教材

编 委 会

顾　　问
　　李培根院士

主 任 委 员
　　陈关龙　吴昌林

副主任委员
　　许明恒　于晓红　李郝林　李　旦　郭钟宁

编　　委（按姓氏首字母排列）
　　韩建海　李理光　李尚平　潘柏松　芮执元
　　许映秋　袁军堂　张　慧　张有忱　左健民

秘　　书
　　庄红权

本书编委会

主　　编　成思源　周金平　杨　杰

参　　编　郭钟宁　刘建强　李苏洋
　　　　　饶　中　唐文艳　卜　研
　　　　　闵　雁　王　瑞　陈晓菁

丛书序言
PREFACE

我曾提出过高等工程教育边界再设计的想法,这个想法源于社会的反应。常听到工业界人士提出这样的话题:大学能否为他们进行人才的订单式培养。这种要求看似简单、直白,却反映了当前学校人才培养工作的一种尴尬:大学培养的人才还不是很适应企业的需求,或者说毕业生的知识结构还难以很快适应企业的工作。

当今世界,科技发展日新月异,业界需求千变万化。为了适应工业界和人才市场的这种需求,也即是适应科技发展的需求,工程教学应该适时地进行某些调整或变化。一个专业的知识体系、一门课程的教学内容都需要不断变化,此乃客观规律。我所主张的边界再设计即是这种调整或变化的体现。边界再设计的内涵之一即是课程体系及课程内容边界的再设计。

技术的快速进步,使得企业的工作内容有了很大变化。如从 20 世纪 90 年代以来,信息技术相继成为很多企业进一步发展的瓶颈,因此不少企业纷纷把信息化作为一项具有战略意义的工作。但是业界人士很快发现,在毕业生中很难找到这样的专门人才。计算机专业的学生并不熟悉企业信息化的内容、流程等,管理专业的学生不熟悉信息技术,工程专业的学生可能既不熟悉管理,也不熟悉信息技术。我们不难发现,制造业信息化其实就处在某些专业的边缘地带。那么对那些专业而言,其课程体系的边界是否要变?某些课程内容的边界是否有可能变?目前不少课程的内容不仅未跟上科学研究的发展,也未跟上技术的实际应用。极端情况甚至存在有些地方个别课程还在讲授已多年弃之不用的技术。若课程内容滞后于新技术的实际应用好多年,则是高等工程教育的落后甚至是悲哀。

课程体系的边界在哪里?某一门课程内容的边界又在哪里?这些实际上是业界或人才市场对高等工程教育提出的我们必须面对的问题。因此可以说,真正驱动工程教育边界再设计的是业界或人才市场,当然更重要的是大学如何主动响应业界的驱动。

当然,教育理想和社会需求是有矛盾的,对通才和专才的需求是有矛盾的。高等学校既不能丧失教育理想、丧失自己应有的价值观,又不能无视社会需求。明智的学校或教师都应该而且能够通过合适的边界再设计找到适合自己的平衡点。

我认为,长期以来,我们的高等教育其实是"以教师为中心"的。几乎所有的教育活动都是由教师设计或制定的。然而,更好的教育应该是"以学生为中心"的,即充分挖掘、启发学生的潜能。尽管教材的编写完全是由教师完成的,但是真正好的教材需要教师在编写时常怀"以学生为中心"的教育理念。如此,方得以产生真正的"精品教材"。

教育部高等学校机械设计制造及其自动化专业教学指导分委员会、中国机械工程学会与清华大学出版社合作编写、出版了《中国机械工程学科教程》,规划机械专业乃至相关课程的内容。但是"教程"绝不应该成为教师们编写教材的束缚。从适应科技和教育发展的需求而言,这项工作应该不是一时的,而是长期的,不是静止的,而是动态的。《中国机械工程学科教程》只是提供一个平台。我很高兴地看到,已经有多位教授努力地进行了探索,推出了新的、有创新思维的教材。希望有志于此的人们更多地利用这个平台,持续、有效地展开专业的、课程的边界再设计,使得我们的教学内容总能跟上技术的发展,使得我们培养的人才更能为社会所认可,为业界所欢迎。

是以为序。

2009 年 7 月

前 言
FOREWORD

我国自2007年启动创新方法工作以来,受到党和国家领导同志的高度重视,时任总理温家宝等对创新方法先后做出重要批示。2008年4月,科学技术部等四部委联合印发了《关于加强创新方法工作的若干意见》的通知,特别提出"自主创新,方法先行",创新方法是自主创新的根本之源。

2009年年底广东省被科技部批准为创新方法试点省。2010年12月,由广东工业大学与广东省生产力促进中心联合成立由省科技厅认可的省级创新方法推广应用平台——广东省创新方法推广应用中心,为省内企业、高校、科研院所推广应用创新方法提供全方位服务。2012年广东工业大学与华南理工大学联合成立广东省创新方法与决策管理系统重点实验室,依托各自在工科和管理等领域的优势,致力于创新方法综合集成研究及推广应用。广东工业大学重点开展TRIZ方法研究,并协同可拓学与创新方法研究所,研究可拓学与TRIZ理论相结合的具有中国特色的创新方法。本教材正是通过总结几年在中心推广应用创新方法和实验室建设过程中的经验和成果总结凝练而成的。

苏联海军专利局专利审核员根里奇·阿奇舒勒及一批研究人员经过多年努力,在分析研究世界上大量高水平专利的基础上,提出和创建了发明问题解决理论——TRIZ。TRIZ回答了发明问题解决的过程、支持工具等难题,被公认为世界级的创新方法,已被目前绝大部分国际大公司所采用,如三星、摩托罗拉、通用电气、中兴通信、华为电子、广州无线电集团,等等。

在国内,TRIZ的研究与推广应用由科技部负责,由创新方法研究会、中国21世纪议程管理中心及高等院校和专业咨询公司来执行。同时,由国际TRIZ协会的五级TRIZ大师和国内相关TRIZ研究人员一起参与TRIZ专业人才的培养以及企业的推广应用,建立了一批创新试点企业和培养了大批创新工程师。许多企业应用TRIZ创新方法之后,取得了很多的发明专利和创新成果,解决了大量的技术难题。同时,也出版了一些TRIZ教材、培训资料,为TRIZ的推广应用奠定了基础。

目前,大部分TRIZ教材的编写主要围绕经典TRIZ来进行介绍,包括TRIZ理论体系构成、矛盾与发明原理、物质-场分析与76个标准解、技术进化法则、发明问题解决算法ARIZ和创新思维等。这些教材在高校和企业的TRIZ人才培养方面应用广泛,学员们比较容易掌握,但是如何应用TRIZ理论来解决实际工作中的技术问题却成为目前推广应用TRIZ工作的难点,我们在接受各类 TRIZ 培训以及对外开展相关培训工作时,也深有体会。对于工程技术人员而言,TRIZ 应用才是重点,而好的应用应该是从问题描述与分析入手。经典 TRIZ 在问题分析工具方面相对较弱,现代 TRIZ 则在这方面进行了加强,如扩展的产品和流程功能分析工具、因果链分析工具等。同时,现代 TRIZ 在解题工具方面也进行了扩充,如科学知识与效应库的应用、功能导向搜索、特性传递、流分析等工具。有鉴于此,本教材期望能结合经典 TRIZ 与现代 TRIZ 的优点,从工程应用角度出发来介绍 TRIZ 理论与工具,并通过一些应用模板,让 TRIZ 学习者更快掌握 TRIZ 理论,能方便快捷地应用 TRIZ 工具来解决实际问题。

本书第 1 章介绍了 TRIZ 理论的起源、TRIZ 理论体系及核心思想、TRIZ 应用流程,以及 TRIZ 中的创新思维方法。TRIZ 应用首先从问题描述开始,通过创新思维中的资源分析、功能模型分析与裁剪及因果链分析等工具应用来将实际问题提炼为 TRIZ 关键问题。然后根据问题类别去选择相应工具,如技术矛盾问题选择 39 个工程参数和 40 个发明原理,How to 问题选择功能导向搜索和使用科学知识效应库等。最后形成新创意概念,产生多个解决方案并进行评定。

从第 2 章开始,依照 TRIZ 应用流程依次介绍相应的 TRIZ 方法和工具,最后介绍了发明问题解决算法 ARIZ 和计算机辅助创新 CAI 软件的应用。

第 2 章主要介绍功能模型分析与裁剪,这是目前 TRIZ 应用中最佳的问题分析工具,而裁剪则是非常强大的分析和求解工具,在降低成本、稳健设计、消除问题、增强专利方面应用效果特别好。本章最后介绍了流程功能模型分析与裁剪应用,这是现代 TRIZ 最新的一个研究方向,对于工业工程专业人员而言,以前在进行流程分析时的 ECRS 工具应用中,对于取消 eliminate(ECRS 中的 E)的操作只是一些指导性原则,而流程裁剪为我们提供了一个更科学且易操作的工具。

第 3 章主要介绍了在进行因果分析时的常用方法和工具:因果轴分析、5W 分析法、鱼骨图分析法等。这部分内容一般只在一些商业培训时才有,有些企业内部也在采用。本书则将这部分内容纳入 TRIZ 理论体系,以便更多读者能在应用 TRIZ 时,在问题的根源分析上多花些时间,对问题的本质有更清楚的认识,这样解决问题就能更快捷。

第 4 章介绍经典 TRIZ 中的矛盾工具,包括技术矛盾与发明原理、物理矛盾与分离原理以及矛盾工具应用。本章借鉴了 MATRIZ 培训的优秀方法,采用"IF…THEN…BUT…"的形式来描述技术矛盾,使得矛盾问题一般化处理更加易于操作。

第 5 章介绍物质-场分析及 76 个标准解,在介绍物质-场理论基础上,重点介绍了如何构建初始问题系统的物质-场模型的方法、初始模型转化成标准解模型的转换规则。另外,详细介绍了 76 个标准解的内容。

第 6 章则是介绍经典 TRIZ 的技术系统进化 S 曲线和 8 大技术系统进化法则。

第 7 章介绍了如何应用科学知识与效应来进行创新,在介绍科学效应的基础上,重点介绍了如何构建 How to 模型以及功能导向搜索 FOS 的应用流程。

第 8 章介绍了发明问题解决算法 ARIZ 的工作流程,重点介绍了 ARIZ 的"问题转化"思想,借鉴国际 TRIZ 协会使用的 ARIZ 模板方法,本书采用 Excel 模板方法来引导 ARIZ 的完成。

第 9 章则以教材编写团队完成的工作案例为蓝本重点介绍了计算机辅助创新 CAI 软

件的使用。

最后,第 10 章介绍了 TRIZ 在专利领域的应用,尤其是如何应用 TRIZ 进行专利规避。

本书第 1、2 章由周金平编写,第 3 章由刘建强编写,第 4 章由郭钟宁、成思源、杨杰编写,第 5 章由卜研编写,第 6 章由杨杰编写,第 7 章由唐文艳编写,第 8 章由成思源、周金平编写,第 9 章由成思源、李苏洋编写,第 10 章由饶中、闵雁编写。全书由成思源、周金平进行统稿。研究生王瑞和陈晓菁亦参与了教材的编写工作。

本教材的编写工作得到了广东省科技厅科技计划项目、广东省创新方法工作专项项目的大力资助,特此致谢!同时,也得到了广东省高等教育教学改革项目、广东省研究生教育改革研究项目、广东工业大学教育教学改革项目的资助,在此一并致谢!

在"创新方法"广东省精品资源共享课建设项目的资助下,本教材建立了相应的课程网站,提供了包括教学视频和课件在内的在线学习资料,以及课程考核的报告模板,可以为使用本教材开展教学工作的相关教师提供参考。同时也可为使用本教材开展教学的任课老师提供免费的电子课件。

课程网站

虽然经典 TRIZ 已有 70 多年,但是世界范围内的 TRIZ 研究与应用不过 20 多年,对现代 TRIZ 的发展与研究一直在进行,一直在对经典 TRIZ 的主要基本理论进行修订、补充和完善。由于编者的水平与学识有限,教材中难免存在不足之处,敬请读者朋友们批评指正,衷心希望通过同行之间的交流促进创新方法的进一步发展!

本书编委会
2020 年 6 月于广州大学城

目 录
CONTENTS

第 1 章　概述 ……………………………………………… 1

1.1　创新的概念 …………………………………………… 1
  1.1.1　产品创新 ……………………………………… 2
  1.1.2　技术创新 ……………………………………… 3
1.2　创新过程与方法 ……………………………………… 3
1.3　发明问题解决理论 …………………………………… 5
  1.3.1　TRIZ 的发展简史 ……………………………… 6
  1.3.2　TRIZ 创新理论体系 …………………………… 10
  1.3.3　TRIZ 的核心思想 ……………………………… 11
  1.3.4　TRIZ 中发明等级的确定 ……………………… 12
  1.3.5　TRIZ 的适用范围 ……………………………… 13
1.4　TRIZ 问题模型与工具 ……………………………… 14
1.5　TRIZ 应用流程 ……………………………………… 16
1.6　TRIZ 中的创新思维方法 …………………………… 18
  1.6.1　最终理想解 …………………………………… 18
  1.6.2　资源分析 ……………………………………… 20
  1.6.3　九窗口法 ……………………………………… 22
  1.6.4　聪明小人法 …………………………………… 23
  1.6.5　尺寸-时间-成本（STC）法 …………………… 24
  1.6.6　金鱼法 ………………………………………… 24

参考文献 …………………………………………………… 25

第 2 章　功能分析与裁剪 ………………………………… 27

2.1　系统分析流程 ………………………………………… 28
2.2　功能定义 ……………………………………………… 32
  2.2.1　技术系统的概念 ……………………………… 32
  2.2.2　基于组件的功能定义 ………………………… 33
  2.2.3　功能定义的表达 ……………………………… 34
2.3　功能分类 ……………………………………………… 36
2.4　功能分析与功能模型 ………………………………… 38

  2.4.1 组件分析 ··· 38
  2.4.2 相互作用分析 ··· 42
  2.4.3 建立功能模型 ··· 44
  2.4.4 功能模型的应用 ··· 48
 2.5 裁剪 ·· 50
  2.5.1 裁剪对象的选择 ··· 50
  2.5.2 技术系统裁剪规则 ··· 53
  2.5.3 裁剪模型与裁剪问题 ··· 57
  2.5.4 极端裁剪 ··· 59
  2.5.5 裁剪的应用 ··· 61
 2.6 流程功能分析和裁剪 ·· 63
  2.6.1 流程功能分析概述 ··· 63
  2.6.2 流程功能模型的建立流程 ··· 67
  2.6.3 流程的裁剪 ··· 69
  2.6.4 案例分析 ··· 72
 思考题 ··· 73
 参考文献 ··· 74

第3章 因果分析方法 ··· 75

 3.1 因果轴分析 ·· 76
  3.1.1 三轴问题分析法 ··· 76
  3.1.2 因果轴分析简介 ··· 76
  3.1.3 因果轴分析的步骤 ··· 77
  3.1.4 因果轴分析案例 ··· 85
 3.2 5W分析法 ·· 87
  3.2.1 5W分析法概述 ·· 87
  3.2.2 5W分析法的应用步骤 ·· 89
  3.2.3 5W分析法的常用工具 ·· 90
  3.2.4 5W分析法的注意要点 ·· 90
  3.2.5 5W分析法案例分析 ·· 93
  3.2.6 5W分析法的补充说明 ·· 94
 3.3 鱼骨图分析法 ·· 94
  3.3.1 鱼骨图分析法概述 ··· 94
  3.3.2 鱼骨图的用法 ··· 94
  3.3.3 鱼骨图的评价 ··· 100
 3.4 因果矩阵分析简介 ·· 101
 3.5 故障树简介 ·· 103
 思考题 ··· 103
 参考文献 ··· 104

第 4 章 矛盾问题与解决方法 ... 106

4.1 技术矛盾 ... 106
4.1.1 什么是技术矛盾 ... 106
4.1.2 39 个通用技术参数 ... 107
4.1.3 40 个发明原理及实例 ... 108
4.1.4 矛盾矩阵 ... 126

4.2 物理矛盾 ... 128
4.2.1 什么是物理矛盾 ... 128
4.2.2 4 种分离原理 ... 129

4.3 技术矛盾与物理矛盾之间的关系 ... 134
4.3.1 定义技术矛盾和物理矛盾 ... 134
4.3.2 将技术矛盾转化为物理矛盾 ... 135
4.3.3 分离原理和发明原理之间的对应关系 ... 136

4.4 方法流程与工程实例 ... 138
4.4.1 解决矛盾问题的流程 ... 138
4.4.2 工程应用实例 ... 138

思考题 ... 148

参考文献 ... 149

第 5 章 物质-场分析与 76 个标准解 ... 150

5.1 物场分析 ... 150
5.1.1 物场模型的含义 ... 150
5.1.2 物场模型的分类 ... 152
5.1.3 物场模型的变换规则 ... 153
5.1.4 物场模型的建立流程 ... 157

5.2 TRIZ 的 76 个标准解 ... 159
5.2.1 76 个标准解的分类 ... 159
5.2.2 第 1 类：建立或拆解物场模型 ... 160
5.2.3 第 2 类：增强物场模型 ... 162
5.2.4 第 3 类：向超系统或微观级转化 ... 167
5.2.5 第 4 类：检测和测量的标准解 ... 169
5.2.6 第 5 类：应用标准解的标准 ... 172
5.2.7 76 个标准解的应用流程 ... 176

5.3 工程应用流程及实例 ... 177
5.3.1 物场分析和 76 个标准解综合应用流程 ... 177
5.3.2 工程实例 ... 178

思考题 ... 184

参考文献 ... 184

第 6 章 技术系统进化 ························186

6.1 技术系统进化与预测 ····················186
- 6.1.1 技术系统进化 S 曲线 ··············187
- 6.1.2 技术系统进化的 S 曲线族 ··········188
- 6.1.3 技术系统成熟度预测 ··············190

6.2 技术系统进化法则 ····················192
- 6.2.1 完备性法则 ····················193
- 6.2.2 能量传递法则 ··················195
- 6.2.3 动态性进化法则 ················196
- 6.2.4 提高理想度法则 ················199
- 6.2.5 子系统不均衡进化法则 ············201
- 6.2.6 向超系统进化法则 ················202
- 6.2.7 向微观级进化法则 ················203
- 6.2.8 协调性法则 ····················205

思考题 ································207
参考文献 ······························207

第 7 章 科学效应与知识库 ····················208

7.1 科学效应 ··························208
7.2 效应及应用 ························211
7.3 基于效应的功能设计 ··················216
- 7.3.1 建立"How to"模型 ··············217
- 7.3.2 科学知识与效应的搜索 ············218
- 7.3.3 功能导向搜索 ··················220

7.4 工程实例 ··························221
思考题 ································228
参考文献 ······························228

第 8 章 发明问题解决算法 ARIZ ··············229

8.1 概述 ····························229
8.2 ARIZ 构成 ························230
8.3 ARIZ 详解 ························232
8.4 ARIZ 应用实例 ····················244
思考题 ································251
参考文献 ······························252

第 9 章 计算机辅助创新技术 ··················254

9.1 概述 ····························254

9.2 Pro/Innovator 功能模块介绍 ················ 256
9.2.1 分析问题 ················ 256
9.2.2 解决问题 ················ 259
9.2.3 方案生成 ················ 261
9.2.4 知识管理 ················ 263
9.3 应用实例 ················ 265
9.3.1 工况背景及初始问题描述 ················ 265
9.3.2 分析问题 ················ 265
9.3.3 解决问题与方案生成 ················ 267
9.3.4 方案评价 ················ 271
9.3.5 小结 ················ 271
9.4 Goldfire Innovator 功能模块介绍 ················ 272
思考题 ················ 275
参考文献 ················ 276

第 10 章 TRIZ 与专利战略 ················ 277
10.1 专利基础与申请流程 ················ 277
10.1.1 专利的概念 ················ 277
10.1.2 专利的特点 ················ 278
10.1.3 专利的种类 ················ 278
10.1.4 专利的作用 ················ 280
10.1.5 专利授予的条件 ················ 281
10.1.6 专利申请流程 ················ 282
10.2 专利权的保护 ················ 284
10.2.1 专利侵权的概念 ················ 284
10.2.2 专利侵权判定 ················ 285
10.2.3 专利侵权的法律责任 ················ 287
10.2.4 专利侵权案例 ················ 288
10.3 基于 TRIZ 的专利战略 ················ 289
10.3.1 专利战略简介 ················ 290
10.3.2 专利规避 ················ 291
10.3.3 TRIZ 与专利规避 ················ 291
10.3.4 专利规避案例 ················ 296
10.3.5 基于 Goldfire 的专利规避设计 ················ 301
思考题 ················ 304
参考文献 ················ 305

附录 A　39 个通用技术参数 …………………………………………………… 306
附录 B　Altshuller 矛盾矩阵 …………………………………………………… 插页
附录 C　物理效应与实现功能对照 ……………………………………………… 309
附录 D　几何效应与实现功能对照 ……………………………………………… 312
附录 E　化学效应与实现功能对照 ……………………………………………… 313

第 1 章

概　述

创新是开发一种新事物的过程。这一过程从发现潜在的需求开始,经历新事物的技术可行性研究阶段的检验,到新事物广泛应用为止。因此,创新是运用知识或相关信息创造和引进某种有用的新事物的过程,是对一个组织或相关环境的新变化的接受。创新是指新事物本身,具体来说就是指被相关使用部门认定的任何一种新的思想、新的实践或新的制造物。

1.1　创新的概念

创新(innovation)一词起源于拉丁语,它原意有三层含义:第一,更新;第二,创造新的东西;第三,改变。创新从哲学上说是人的实践行为,是人类对于发现的再创造,是对于物质世界的矛盾再创造。人类通过物质世界的再创造,制造新的矛盾关系,形成新的物质形态。从社会学的角度来看,创新是指人们为了发展的需要,运用已知的信息,不断突破常规,发现或产生某种新颖、独特的有社会价值或个人价值的新事物、新思想的活动。创新的本质是突破,即突破旧的思维定式、旧的常规戒律。创新活动的核心是"新",它或者是产品的结构、性能和外部特征的变革,或者是造型设计、内容的表现形式和手段的创造,或者是内容的丰富和完善。

经济学上,创新的概念起源于美籍经济学家约瑟夫·熊彼特(Joseph Alois Schumpeter)在1912年出版的《经济发展概论》。熊彼特认为,创新就是把一种从来没有过的关于生产要素和生产条件的"新组合"引入生产体系,可以从5个方面进行组合:

(1) 引入一种**新产品**或提供一种产品的**新质量**;

(2) 采用一种**新的生产方式**;

(3) 开辟一个**新市场**;

(4) 获得一种**降低成本**的新来源;

(5) 实行一种**新的企业组织形式**。

从工程的角度来看,创新就是从新思想、新概念开始,通过不断地解决所面临的各种问题,拓展思维模式,积累经验的过程。其目的是设计出一个新的产品或将新技术、新工艺、新的管理方法等应用到实际工作中去,并产生良好的经济价值和社会价值。迈尔斯(S. Myers)和马奎斯(D. G. Marquis)在《1976年:科学指示器》的报告中,将创新定义为"技术创新是将新的或改进的产品、过程或服务引入市场"。

因此,创新存在于人类社会的经济、政治和文化各个领域。我国的国家创新体制将创新行为分为四大类:知识创新、技术创新、制度创新和管理创新。从工程技术领域的角度来看,可以简单地将创新活动分为两个大的类别:产品创新(product innovation)和技术创新

(technological innovation)。

1.1.1 产品创新

产品创新是指创造某种新产品或对某一新或老产品的功能进行再设计的过程,包括全新产品创新和改进产品创新过程。全新产品创新是指产品用途及其原理相对于已有产品而言,在工作原理、性能等方面产生了显著变化、质的变化。而改进产品创新则是指在技术原理没有重大变化的情况下,基于市场需要或产品本身的缺陷,对现有产品所作的功能上的扩展和技术上的改进过程。

全新产品创新的动力机制来源于新技术的出现,新技术在应用上的具体体现,是新技术驱动产品创新活动的进行,或者是来自新发明、新材料、新工艺等技术性突破;另外一种情形则是需求拉引导致采用相关新技术进行新产品的创新设计。对于改进产品创新则是不需要引入新技术知识的改进,是由产品本身的进化及顾客需求来拉动的。

长期以来,相当多的中小企业都存在着产品创新上的困惑——是选择成熟市场的产品,还是开发全新产品?开发全新产品意味着企业要投入巨大的研发和营销费用,进而让企业承受巨大的压力。如果选择成熟的产品,企业不可避免地要陷入同质化竞争,面临价格战的威胁。罗伯特·库伯在《新产品开发流程管理》中,给出了 6 种不同类型或是不同级别的新产品创新活动(见图 1-1),为企业构建多元化的产品创新体系,针对不同的细分市场,以合理的投入产出比进行产品创新、改进或者升级提供了借鉴。

图 1-1 产品创新类型

企业进行产品创新活动有两条主要的途径:内部研发和外部获取。内部研发包括自主创新、逆向研制、委托创新和联合创新;外部获取包括创新引进、企业并购和授权许可。

我国自 2007 年启动创新方法工作以来,受到党和国家领导同志的高度重视,时任总理温家宝等对创新方法先后做出重要批示。2008 年 4 月,科学技术部等四部委联合印发了《关于加强创新方法工作的若干意见》的通知,特别提出"自主创新,方法先行",创新方法是自主创新的根本之源。可以说,企业进行产品创新、技术创新的主要途径是自主创新、联合创新、协同创新。

1.1.2 技术创新

技术创新是指改进或创造新的(现有的)产品、生产过程或服务方式的技术活动。科学是技术之源,技术是产业之源,技术创新建立在科学原理的发现基础之上,而产品创新主要建立在技术创新基础之上。

技术创新是一个从产生新产品或新工艺的设想到市场应用的完整过程,它包括新设想的产生、研究、开发、商业化生产到扩散这样一系列活动,本质上是一个科技、经济一体化过程,是技术进步与应用创新共同作用催生的产物,它包括技术开发和技术应用两大环节。

技术创新和产品创新有密切关系,又有所区别。技术的创新可能带来但未必带来产品的创新,产品的创新可能需要但未必需要技术的创新。

产品创新侧重于商业和设计行为,具有成果的特征,因而具有更外在的表现;技术创新具有过程的特征,往往表现得更加内在。

产品创新可能包含技术创新的成分,还可能包含商业创新和设计创新的成分。

技术创新可能并不带来产品的改变,而仅仅带来成本的降低、效率的提高。例如,改善生产工艺、优化作业过程从而减少资源消费、能源消耗、人工耗费或者提高作业速度。

另一方面,新技术的诞生,往往可以带来全新的产品,技术研发往往对应于产品或者着眼于产品创新;而新的产品构想,往往需要新的技术才能实现。

1.2 创新过程与方法

在工程技术活动过程中,会碰到非常多的工程技术问题。对于问题的定义,很难有一个精确的表述,但是一般来说,问题具备三个基本要素:和问题相关的描述与表达、构成问题的结论描述以及问题的正确解决方法。因此,我们可以认为,问题可以表达为"事物期望或应该具有的状态与目前状态的差异",解决问题的过程就是逐步缩小这种差异的过程。

工程技术活动中,如果某些问题的解决方法可以通过教科书、技术杂志、手册或从领域专家等方面来获得的话,这类问题就可以被称为"通常问题",即通过一定的技术活动过程,找到解决问题的答案。遗憾的是,还有许多问题,其本身表现出"矛盾"的特性,问题本身含有相互冲突的需求,这类问题则可以被称为"发明问题"。创新活动过程即是在解决这类问题的过程中,如何去克服问题本身所包含的"矛盾"。

工程技术问题的一般求解过程(见图1-2)中,问题分析阶段主要完成对待设计的对象定义、确定各种约束、标准及可用资源等。概念设计阶段要产生并确定多个原理解,并经评价选定一个或几个可行的原理解。技术设计阶段则需要完成产品的总体结构设计,如有几个可行方案,还需要最后评估选优以确定一个可行方案。详细设计阶段则需要完成全部生产图纸及技术文件,这是工程技术人员最擅长的工作之一。

克服矛盾的过程主要体现在"概念设计"阶段,这也是工程技术人员感觉最难的阶段。这个过程中,工程技术人员通过激发他们的创造力、运用自身的专业领域知识等来寻求可行的原理解。相应地,各种常用的创新方法都有不同程度的应用,包括试错法、头脑风暴法、

图 1-2 工程技术问题的一般求解过程

635 法、仿生联想法、逆向思维法、组合创新法、功能设计创新法、反求设计创新法、形态分析法、特性列举法、缺点列举法、5W1H 法、检核表法、和田 12 法等。

  这些传统的创新方法均为建立在认知规律基础上的创新心理、创新思维方法的技巧和手段，是实现创新的工具。这些方法可以分为两大类别：直觉方法和逻辑方法。直觉方法是"如果这样做会怎么样"，对可能出现的结果不进行事前分析，而是通过激发人的头脑中沉睡的思维过程而产生一些设想，然后从中获取可能的创新设想。但是更多的时候，由于直觉方法的发散性，使得我们会走很多弯路，甚至可能找不到需要的解决方案，这种方法的思维过程可以用图 1-3 来表示。逻辑方法由基于历史、机械和哲学的方法构成，是在科学和工程原理以及大量已有创新应用和解决方案的基础上，对问题系统化的描述、分析和求解，例如公理设计法、反求设计法、发明问题解决理论 TRIZ 等。

  传统的直觉创新方法存在较大的局限性，尤其是在创新过程中，易受工程技术人员的思维惰性的影响。由于受到自身专业知识的限制，工程技术人员往往过分关注自己所从事领域相关知识的获取与研究，很少在其他相关领域或自身不熟悉的领域去探寻类似问题是否已经得到满意的解决方案。事实上，本领域的未解决问题可能已经在其他领域得到了很好的解决，工程技术人员如果能够充分利用已有的科学知识库、科学效应、专利等，就可以在很短时间内得到解决方案，避免解决问题的成本过高和求解过程很长的缺陷，得到的解决方案可能是最佳的。

  另外，我们面临的问题可能是其他工程技术人员、其他企业或其他行业已经解决，同一类问题又一次被重复进行求解，从而导致创新过程拉长，浪费人力、物力和财力。另外，很多问题经过漫长的求解过程，最终却找不到理想的解决方案，很可能是我们在解决错误的问

图 1-3 传统创新思维过程

题。一般工程技术人员往往习惯于看到问题就希望找到答案,没有对问题进行深入的分析。实践证明,好的问题解决方案往往在问题分析阶段中就已经出现。

很多时候,我们会抱怨自己的创新能力不够。创新能力不是天生的,通常是缜密而系统化思维的产物,任何工程技术人员均可获得和提升自身的创新能力。通过学习创新方法,养成有序的思维工作方式,并不会扼杀灵感及创造力,反而会助长灵感及创造力的产生。

1.3 发明问题解决理论

苏联海军专利局专利审核员根里奇·阿奇舒勒(Genrich S. Altshuller)及一批研究人员经过多年努力,在分析研究世界上大量高水平专利的基础上,提出和创建了发明问题解决理论(TRIZ,拉丁文 Teorija Rezhenija Inzhenernyh Zadach 的首字母缩写)。从1946年开始,经过1500人多年的努力工作,对20万份专利进行了分析,并从中选出有代表性的4万份真正有突破创新的专利进行了深入研究,总结出技术发展进化所遵循的趋势规律,解决各种技术矛盾和物理矛盾的创新原理和法则(见图1-4)。因此,TRIZ强调解决实际问题,特别是发明问题,并由解决发明问题而最终实现创新。

TRIZ回答了发明问题解决的过程、支持工具等难题,已被公认为世界级的创新方法,是目前绝大部分国际大公司采用的创新方法,如三星、摩托罗拉、通用电气、中兴通信、华为电子、广州无线电集团等。

国际TRIZ协会(MATRIZ)的TRIZ理论研究开发委员会(TRIZ R&D Council,TRDC)认为:TRIZ是研究工程及其他人工系统的进化的应用学科、开发方法和工具,以实现指导(引导)工程系统依据它们的进化模式进行进化、保证它们最有效和最高效的发展、用最有效和最快速的方式解决问题及其他障碍的目的。同时,提高人类的能力以达到产生创新的想法/发明以及成为高效的思考者的目标。

图 1-4　TRIZ 的产生

1.3.1　TRIZ 的发展简史

TRIZ 被公认为是"使人聪明"的理论,曾作为苏联国家机密和专有创新技术,在军事、工业、航空航天等领域发挥着巨大的作用。苏联解体前,美国等西方国家惊诧于苏联在军事工业领域的创造能力和创新奇迹,曾围绕 TRIZ 理论展开了长久的情报谍战。随着苏联解体,大批 TRIZ 大师和 TRIZ 研究者移居美欧西方国家,传播和发展 TRIZ,受到了世界各国极大的重视,使得 TRIZ 的研究和实践得到了迅速普及和发展。

按照 TRIZ 发展的内容及时间,TRIZ 划分为经典 TRIZ 和现代 TRIZ。经典 TRIZ 是指由阿奇舒勒自己开发以及他的弟子开发并经过他认可(从 20 世纪 40 年代中期到 80 年代中期)的相关 TRIZ 理论及工具。现代 TRIZ 则是指从苏联的经济政治体制改革(从 20 世纪 80 年代中期至今)开始研究和发展的 TRIZ 理论方法和工具。区分现代 TRIZ 和经典 TRIZ 的三个主要因素:侧重于企业/商业应用,而不仅仅在于技术问题的解决;侧重于开发具有实际意义的创新产品和技术,而不仅仅是有创造性的想法;国际/全球的存在。

TRIZ 的发展简史见表 1-1。

表 1-1　TRIZ 的发展简史

时间	TRIZ 发展内容
1946—1950	阿奇舒勒开始研究 TRIZ 并首次举办 TRIZ 培训课程。在这个时期他意识到解决技术矛盾在提出一个创造性解决方案中的关键作用
1950—1954	1950 年,阿奇舒勒给苏联领导人斯大林写了一封信,尖锐地批判了苏联创新的体制,结果他被作为一名政治犯遭到监禁。1954 年,他被释放并且恢复名誉
1956	1956 年,阿奇舒勒和 R. 沙皮罗在《心理学的问题》杂志第 6 期 37~49 页上发表了《关于技术创造力》的文章。这是 TRIZ 第一次正式出版,其中介绍了技术矛盾、理想度、创造性的系统思考(目前被称为系统操作法(system operator)或多屏幕思维(multi-screen diagram of thinking))的概念,技术系统的完备性法则和发明原理。 同年,提出支撑创造性解决问题过程的算法(ARIZ),其中包括 10 个步骤和最初的 5 个发明原理(之后,1963 年成为今天普遍所知的 40 个发明原理的一部分),用来针对性地进行类比方案的寻找,由此,开始了更广泛的新发明原理的研究发现
1956—1959	进一步的 ARIZ 算法包括 15 个步骤和 18 个发明原理(包含子原理);引入"最终理想解 IFR"步骤

续表

时间	TRIZ 发展内容
1963	"ARIZ"术语被引入,改进的算法被命名为"ARIZ",算法包括 18 个步骤和 7 个发明原理(包含 39 个发明子原理)。 阿奇舒勒首次公布技术系统的进化法则
1964	ARIZ 算法包括 18 个步骤、31 个发明原理和第一版解决技术矛盾的一般技术参数矛盾矩阵(16×16 参数)
1965—1968	ARIZ 的下一个版本包括 25 个步骤、35 个发明原理和解决技术矛盾矩阵(32×32 参数)。在这个时期,除把发明解决问题发展为一件工具之外,阿奇舒勒和他的同事把相当多的注意力放到发展和创造性想象(creative imagination development)的开发和教学上,并提出了"理想机器"(ideal machine)的概念
1969	阿奇舒勒创建了 AZOIIT(阿塞拜疆发明创造力公共学院),成为在苏联第一个 TRIZ 的培训和研究中心。 阿奇舒勒建立了 OLMI(一个发明方法的公共实验室):第一个致力于倡议在全国范围内团结努力发展 TRIZ 的公开开放资源
1971	ARIZ-71 包括 35 个步骤、40 个发明原理(88 个子原理)以及解决技术矛盾的 39×39 参数矛盾矩阵(今天这个矩阵仍然在广泛地使用以解决技术矛盾)。 ARIZ-71 是 TRIZ 发展进程中的一个关键阶段。它引入了"时间、尺寸、成本",是聪明小人法的第一个版本,并且引用了物理效应解决发明问题。 同时,已经开始由 Yuri Gorin 开发物理效应库,把一般的技术功能与具体的物理效应和现象联系起来
1974	在米特罗法诺夫(V. Mitrofanov)主持下建立圣彼得堡(苏联)TRIZ 学校,这个学校是苏联最有影响力的 TRIZ 学校
1975	引入一种解决发明问题的新方法:物质-场模型(也称为 Su-field Model,简称物场模型);前 5 个标准解(后来扩充到 76 个标准解)由阿奇舒勒公布。 ARIZ-75 B 包括 35 个步骤,其中有几个新的主要 TRIZ 概念:物理矛盾和物质-场模型。阿奇舒勒意识到寻找最理想的技术解决方案,利用矩阵解决技术矛盾是不够的,他认为这虽然很好,但仍然是一种变异的试错法。因此他从 ARIZ 主体中排除解决技术矛盾矩阵(只作为补充材料),并且把解决发明问题上的主要精力致力在物理矛盾的建立和消除上
1977	ARIZ-77 包括 31 个步骤,并且引入物质矛盾的微观层的概念,提出组件冲突对、操作时间和操作区域。虽然解决技术矛盾的矩阵仍然保留作为 ARIZ 的一个补充材料,但它的使用是有限的。 提出了 18 个标准解
1979	阿奇舒勒出版了《创造是一门精密的科学》,至今仍然被视为他在 TRIZ 方面的主要著作。与此同时,阿奇舒勒确定技术系统进化的理论(俄文缩写 TRTS)作为一个单独的研究课题,并且确定了一些技术系统的进化路线,后来被称为 9 个技术系统进化的法则
1982	ARIZ82 包含了 34 个步骤,并首次引入 X 元素(X-element)和最小问题(mini-problem)的概念,以及典型的冲突、解决物理矛盾的原理、聪明小人法等。解决技术矛盾的矛盾矩阵和 40 个发明原理被完全从 ARIZ 中排除。阿奇舒勒把 ARIZ 定位为解决"非标准的"发明问题的工具,而剩余的"标准"的发明问题可以用标准解来解决。清晰的是,标准解不是解决问题的单独独立模式,它们映射了技术系统进化趋势。因此,新发现标准解隐含了技术系统进化趋势的思想。在 TRIZ 理论体系的完善方面,对发明问题的标准解以及技术系统进化趋势进行了相当广泛的研究。 提出了 54 个标准解。 阿奇舒勒还发起了一项新的生物效应研究,使之作为物理效应的类比。 不仅在技术领域,TRIZ 的应用也在其他领域延伸扩展,如艺术和数学

续表

时间	TRIZ 发展内容
1985	在 TRIZ 进化过程中的一个关键的阶段：ARIZ85 的出现。即使在今天，它是唯一被正式广泛接受的 ARIZ 的版本。它包括 32 个步骤，并且引入了许多新的规则和建议，并特别关注利用时间、空间和物质场资源来获得最理想的解决方案。在 ARIZ 的几个步骤中涉及采用标准解。 发明的标准解系统按照技术系统的结构分为 5 个大类，其中包括 76 个标准解（至今仍在使用）。 除物理效应库之外，发展了几何和化学效应库。 阿奇舒勒认为 ARIZ 是解决发明问题的一个较为完善的工具，并且没有必要再进一步作大的改进，因为它已经经过数千个真实问题的应用检验并证明了其有效性。现在他考虑 ARIZ 的进一步进化和技术系统进化的理论以 OTSM（强势思维一般理论，是俄语缩写，英文全称为 general theory of powerful thinking）作为主要阶段。 同时，一批 TRIZ 专家，包括 B. Zlotin，S. Litvin 和 V. Guerassimov 为分析技术系统和产品开发了功能成本分析法（function-cost analysis，FCA），同时一个新的 TRIZ 扩展版本被命名为"FCA-TRIZ"（目前 FCA 主要涉及功能分析，FCA-TRIZ 名称不再广泛使用，FCA 被认为是 TRIZ 理论的一部分）。 与此同时在 TRIZ 技术系统进化规律方面进行研究，确定了许多具体趋势和技术进化路线。 在当时"公众"接受的 FCA-TRIZ 的版本包括：ARIZ，物理、化学和几何效应库，76 个标准解，系统技术进化法则，功能分析，功能理想化。 新技术替代系统合并，提出了颠覆分析，发明情境的功能分析。TRIZ 工具的应用延伸至专利规避的领域。
1986	阿奇舒勒转移了他的关注焦点（从发展技术 TRIZ 到研究人的创造性），他和同事 I. Vertkin 研究了大量的优秀创造性人才的传记，并开始制定"人的创造性发展的理论"（俄文简称 TRTL），识别出创造性的人才在一生中所面临的矛盾类型以及他们怎样解决这些矛盾。 开发关于 TRIZ 的儿童版本，并且在学校和幼儿园进行许多实验。 如果在过去 TRIZ 被大部分人认为是 ARIZ（两个词几乎是同名），这是因为过去是有组织地同时使用不同的 TRIZ 技术，现在一些 TRIZ 技术经常独立使用（例如标准解、物理效应）。
1989	首个 TRIZ 软件 Invention Machine^{TM} 由 Invention Machine 实验室发布（后来经过 Invention Machine 公司逐步开发演变为 TechOptimizer^{TM} 和 Goldfire Innovator^{TM}），其中包括功能分析，40 个发明原理，解决技术矛盾的矛盾矩阵，76 个标准解，物理、化学和几何效应库和特性传递（feature transfer）（也被称为替代系统合并，alternative systems merging）。该软件把解决技术矛盾矩阵作为一个独立的工具，使得 TRIZ 初学者通过它就可简单地使用（现代版本软件中，还包括语义搜索引擎索引专利和资料信息按照技术功能分类，并且效应库目前包含了数千个条目）。 同时，技术效应库被指明把技术功能与具体的技术联系起来。 N. Khomenko 对 OTSM（强势思维一般理论）开始进行大量研究，提出并开发了与领域无关，适合孩子和成年人"强大"思考的原则和技能。 俄罗斯 TRIZ 协会成立
1990—1994	1990 年，俄语杂志 *TRIZ Journal* 俄文版出版（由于财政原因在 1997 年中断，2005 年重新出版）

续表

时间	TRIZ 发展内容
1990—1994	阿奇舒勒和 I. Vertkin 出版了《创造性人的人生策略》,总结了他们致力于关于创造性人发展的理论。 美国 Ideation International 公司发布了一个新的 TRIZ 软件包 Innovation Workbench™,包括首次引入 TRIZ 技术发明情境因果模型:问题阐述和问题重建,基于发明原理、标准解和物理效应(Ideation 国际公司提供各种各样系列的与 TRIZ 有关的软件包)。 V. Timokhov 出版了生物效应库
1994—1998	俄罗斯 TRIZ 协会成为国际 TRIZ 协会。 在 1998 年,阿奇舒勒去世,TRIZ 发展更进一步的协调几乎消失。 TRIZ Journal 杂志于 1996 年启动
1998—2004	不同组织 TRIZ 专家开发了属于自己版本的 TRIZ(I-TRIZ、TRIZ+、xTRIZ、CreaTRIZ、OTSM-TRIZ),为避免混淆,1998 年以前在阿奇舒勒的引导下发展的各种 TRIZ 工具命名为"经典 TRIZ"(Classical TRIZ)。 Creax(比利时)公司发布的第一个版本的 Innovation Suite 软件。 不仅在技术领域,TRIZ 在其他领域继续延伸研究和应用,现在开发的多数是商业和管理的、儿童 OTSM-TRIZ 和教育 TRIZ。 虽然旧的矛盾矩阵在经典 TRIZ 正式放弃,但出现了解决技术矛盾的新版矛盾矩阵(例如 2003 版矛盾矩阵),以及适应在不同应用领域(商业、艺术、建筑、具体的行业等)使用的 40 个发明原理,但是旧的矛盾矩阵和 40 个发明原理仍然是最流行的 TRIZ 的工具,尽管它们的适用性是有局限的。 TRIZ 简化版本出现,系统的创新思考(systematic inventive thinking,SIT)及其演化(例如,高级系统的创新思考(advanced systematic inventive thinking,ASIT)和统一结构创造性思维(unified structured inventive thinking,USIT)),由于过于简单化和消除了一些关键 TRIZ 的概念,不能得到 TRIZ 界广泛的赞成 欧洲 TRIZ 协会(ETRIA)、法国 TRIZ 协会和意大利 TRIZ 协会相继成立。 致力于 TRIZ 研究的 Altshuller 研究院在美国成立
2004—2008	一些帮助复杂问题的分析和管理的新工具出现,而这仍然是 TRIZ 的薄弱环节:分解发明问题的根本冲突分析(RCA),问题流程技术,为复杂问题涉及矛盾网状的问题网络。 基于以前的研究出现的新工具,例如混合(进一步发展为替代系统合并)、功能线索(functional clues)、失效预测分析(anticipatory failure determination,AFD)、功能导向搜寻 FOS、商业系统标准解、系统进化趋势雷达图。 ARIZ 的新实验版本出现,由于复杂性和必要性进行大量问题测试,它们的使用是有限的。 150 个标准解系统的提出。 不同技术进化趋势版本的出现,以及新的技术进化趋势路线的提出。例如,目前 Ideation International 公司提出的方向进化(directed evolution)技术系统进化包含 400 条左右进化路线。 许多尝试把 TRIZ 和现代质量管理的方法进行整合(例如质量功能展开,QFD),如六西格玛(TRIZ 与六西格玛设计 DFSS 的集成)。 日本 TRIZ 协会成立

1.3.2 TRIZ 创新理论体系

每一个具有创意的专利,基本都是在解决"创意性"问题。所谓"创意性"问题,其中包含着"需求冲突"的问题,主要焦点是浮现、了解、强化与消除矛盾。TRIZ 认为,技术系统向着通过最少引入外部资源,消除矛盾和增加理想度的方向进化发展。因此,TRIZ 创新理论体系的基础是技术系统进化法则(trends of engineering system evolution,TESE)。

对于创造性问题(发明问题)的解决,TRIZ 提供了一种辩证的思考方式:将问题当作一个系统加以理解,首先设想其理想解,然后设法解决相关矛盾。因此,TRIZ 包含了一整套用于问题分析、解决问题的工具和方法,创新思维方法以及基于科学知识的理论,构成了完整的 TRIZ 创新理论体系,如图 1-5 所示。

图 1-5 TRIZ 的理论体系结构

经典 TRIZ 分析工具包括发明问题解决算法(algorithm for inventive-problem solving,ARIZ)、物质-场分析、矛盾分析,现代 TRIZ 分析工具增加了功能模型与功能分析、因果链分析。通过应用分析工具对待解决技术系统问题进行分解分析,建立相应的问题模型,然后选择相应的解决问题工具来获取问题解决方案,包括:消除问题、增强专利可以使用技术系统裁剪工具;应用 39 个工程参数、矛盾矩阵和 40 个发明原理来解决技术矛盾问题;应用分离原理、满足矛盾、绕开矛盾工具来解决物理矛盾;应用物场模型和 76 个标准解,以期实现对系统实施最小改变来解决问题;通过因果链分析来找出根源问题;应用 S 曲线分析及技术系统进化法则,可以预测下一代产品,实现渐进式创新或突破性创新。而对于相对比较模糊的问题,则可以采用 ARIZ 算法和功能导向搜索(function oriented search,FOS)来寻求解决方案;如果问题的解决需要领域外知识,则可以借助科学效应与知识库、功能导向搜索来完成。

为帮助工程技术人员突破思维惯性,拓展创新思维,TRIZ 理论体系中还包括了相应的创新思维工具,包括:最终理想解(ideal final result,IFR);资源分析法(resource analysis);九屏幕(窗口)法(nine screen approach);聪明小人法(smart little people);尺寸-时间-成本法(operator STC,STC算子,size/time/cost)以及金鱼法等。

现代 TRIZ 中最为熟知的创新工具有:

(1) 扩展的产品和流程功能分析,包括增量式改善、极端改善、价值分析、专利规避和向超系统扩展;

(2) 裁剪和极端裁剪(trimming and radical trimming);

(3) 因果链分析(cause-effect chains analysis);

(4) 科学知识库(scientific database);

(5) 功能导向搜索(function oriented search);

(6) 特性传递(feature transfer);

(7) 流分析(flow analysis);

(8) 现代技术系统进化法则(advanced trends of engineering system evolution)。

1.3.3 TRIZ 的核心思想

工程人员所面对的 90% 的问题,已于其他地方解决过,很多问题已有类似答案。由此推论,如果能拥有早期解决方案的知识,那么创新发明将会更加容易,而不必源自试错法和其他直觉创新方法。TRIZ 作为创造性地解决发明问题的理论工具,其核心思想包括以下三个。

1) 问题及其解在不同的工业部门及不同的科学领域重复出现

通过对大量创新专利的分析研究,TRIZ 总结出创新的规律性:不同行业中的问题,采用了相同的解决方法。例如,瞬间压力差原理(缓慢施压,快速释压)出现在不同的干果等硬壳类食品去壳取仁的加工设备中,出现了很多相关专利发明。同样在带微裂纹的大钻石的切割中,希望在裂纹处分裂、分开,也采用了相同的原理;在船用发动机水管水垢去除工艺中,亦采用了瞬间压力差原理。所不同的是,在不同的发明专利中,差别只是压力大小。

通过专利分析发现,99.7% 的发明都应用已知的原理,这些原理在不同的工业部门及不同的行业、领域内被反复使用。TRIZ 中的 40 个发明原理指导工程技术人员寻找相应的解决方案。现代 TRIZ 的发展,已经将经典 TRIZ 的发明原理成功应用到各行各业、各学科领域,如面向管理创新、营销创新、质量工程、电子电工、软件开发等。应用发明原理,很多时候可以实现突破性创新,找出系统特定的创新解决方案。

2) 技术进化模式在不同的工业部门及不同的科学领域重复出现

技术系统/产品是按照一定规律在发展的,技术系统进化法则经统计规律证实,描述了技术系统从一种状态自然进化到另一种状态的进化发展过程,即 S 曲线进化法则。不同的工业部门及不同的科学领域,技术系统向其他已被证明成功的技术方向进化发展。

技术系统进化规律适用于所有的技术系统,同时具有相应的层次结构,即一种法则可能是在层次结构更高级层次进化法则的子趋势。在技术系统某一进化法则发展中,子趋势是其中一种特定方向。任何技术系统,在其生命周期内,总是沿着提高系统理想度向最理想系统方向进化的,提高理想度法则代表着所有技术系统进化法则的最终方向,是推动技术系进化的主要动力。以动态化法则为例，技术系统总是沿着"刚体→可动连接→柔性体→粉末→液体→气体→场"的趋势发展演化，从而向着最理想系统进化。

3) 发明经常采用不同领域中存在的效应

在TRIZ研究的早期阶段，阿奇舒勒就已经验证：对于一个给定的技术问题，可以运用各种物理、化学、生物和几何效应使解决方案更理想和更简单地实现。同时，他还发现高等级专利中经常采用的解决方案均应用了不同的科学效应。

1.3.4 TRIZ中发明等级的确定

阿奇舒勒通过专利分析发现，不同的发明专利所蕴含的科学知识、技术水平存在很大的差异性，如何区分这些专利的知识含量、技术水平、应用范围及对人类的贡献，显得比较困难。有鉴于此，有必要对不同的发明进行等级(级别)划分(见表1-2)。

表1-2 TRIZ对发明等级的划分

级别	发明等级	标 准	解决方案的来源	试验次数	比例/%
L1	明显的解决方案	使用某一组件实现设计任务，并未解决系统的矛盾	狭窄的专业领域	数次	32
L2	改进	稍加改进现有系统，通过移植相似系统的方案解决了系统的矛盾	技术的某一分支	数十次	45
L3	范式内的发明	从根本上改变或消除至少一个主要系统组件来解决系统的矛盾，解决方案存在于某一个工程学科	其他技术分支	数百次	19
L4	范式外的发明	运用跨学科的方法解决了系统矛盾，开发了新系统	科学——鲜为人知的物理、化学现象等	数千次	<4
L5	科学发现	解决了系统矛盾，导致了一个开创性的发明(往往是根据最新发现的现象)	超越了科学的界限	数百万次	<0.3

1) 发明等级L1

对现有的系统稍加改进。不解决任何系统矛盾并定位在一个单一的子系统。解决方案完全包含在一个狭窄的专业领域，并对于该领域来说，该解决方案是显而易见的。

例如，机械弹簧式捕鼠器，改变已有捕鼠器的设计参数，如增加弹簧的刚度、加强底部钢板的强度、减少(扩大)空间等。

2) 发明等级L2

该级别发明解决了一些系统矛盾，这些矛盾已经在其他系统得到解决(例如，与汽车相关的一个问题在卡车的技术开发中得以解决)。

例如，改变已有捕鼠器的设计，如在捕鼠器内增加吸引老鼠的物质(比目前使用的诱饵要强)、音乐盒(如果确认老鼠喜欢某种韵律的音乐)、应用多弹簧系统代替单弹簧系统。

3) 发明等级L3

发明通过在一个学科内创新解决了系统的矛盾(例如，机械工程、化学工程等)，从根本上改变至少一个系统组件。

例如，考虑"诱捕运动的小物体"这一功能，粘苍蝇的粘蚊胶能否用于粘老鼠？

4)发明等级 L4

运用跨学科的方法开发出新的系统,所开发的概念通常可以在较低层级应用到许多其他问题。

例如,新功能/原理的实现:在一定范围内,电磁波(或某种声波等)能否击昏老鼠?

5)发明等级 L5

这些开创性的发明,通常是最新发现的现象,并且往往会导致一个新的工程学科的创建(飞机的发明、无线电传输的发明、计算机的发明、激光的发明等)。例如,形状记忆合金、飞机、照相机、电灯泡、蒸汽机等。对于创新型捕鼠器设计,可以研究老鼠的脑波,然后将电磁波作用于老鼠与其脑波共振,瞬间杀死老鼠。

绝大多数发明是对原有系统的不同程度的改进,使系统得到完善。发明不是高深莫测的,绝大多数发明都是利用同一个原理在不同领域和行业的发明创新。通过对发明等级的掌握,就会对发明水平、获得发明所需要的知识以及发明创造的难易程度有了一个量化概念,同时也对发明等级有了全新的认识:

(1)发明等级越高,完成发明所需时间、知识和资源也就越多;

(2)发明级别会随社会发展、科技进步动态变化;

(3)表 1-2 表明 95% 的发明均在 L3 及以下,说明绝大部分人都可以通过利用已有的和跨专业知识来进行发明;

(4)L4/L5 只占总发明数量的 5%,却决定了人类社会科技进步的方向。

1.3.5 TRIZ 的适用范围

TRIZ 源于专利,应用 TRIZ 进行工程问题求解所获得的解决方案同时又可以申请相应专利,因此 TRIZ 和专利相辅相成、密切关联。阿奇舒勒认为,发明等级 L1 非常简单,大量低水平的发明远远小于一个高等级发明的贡献;而发明等级 L5 属于发现(discovery)级别,是可遇不可求的。因此,对于发明等级 L2~L4 类专利进行深入研究,正是 TRIZ 专利分析的根基,并最终从 L2~L4 专利中,总结出这些专利背后隐藏的规律。由此,通过 TRIZ 获取的专利和发明等级也就确定其处于 L2~L4 的范围,L1 级别的问题可以不需要应用TRIZ,而 L5 级别的问题 TRIZ 又无能为力。如图 1-6 所示为我国专利分类与 TRIZ 发明等级的对应关系。

图 1-6 TRIZ 的适用范围

由于 TRIZ 的产生来源于专利,而专利是工程技术领域中发明创造的直接表述,因此TRIZ 从一出现就应用于解决技术领域里的发明问题,而不是说 TRIZ 能够"什么问题都可以解决"。因此，TRIZ有其自身应用的边界。由于技术领域非常宽泛，即使是在技术领域内，TRIZ也有其自身应用的边界。一般情况下，对于技术领域内的优化（例如，生产系统中的库存优化、生产排程优化等）、化学配方配比优选、无设计自由度、非常基础等问题，是不太适合应用TRIZ进行求解的。同样，在非技术领域，TRIZ应用也有其局限性，虽然目前有很多学者将TRIZ中的40个发明（创新）原理应用到软件开发、管理、质量管理、社会学、服务业等行业领域，但是这类应用研究更多的表现是对这些领域已有规律按发明原理方式进行的总结。

苏联对TRIZ的研究应用主要在军事、工业领域，苏联解体后世界范围内的TRIZ研究应用同样也是在工业领域，尤其以世界500强工业企业应用所取得的成果最为显著。以韩国三星公司为例，TRIZ应用体现在以下4个方面。

(1) 难题攻关：三星专家无法解决的技术问题。
(2) 技术预测：对三星集团的产品进行进化预测。
(3) 专利对抗：专利规避设计及专利布局设计。
(4) 研发流程的改进：对6 Sigma DMADV流程的改进。

现代TRIZ最广泛的应用领域：

(1) 解决工程技术问题；
(2) 竞争专利规避；
(3) TRIZ与产品研发体系的集成，如DFSS、6 Sigma；
(4) 失效预测分析（TRIZ for FEMA）；
(5) 可持续设计（green TRIZ）；
(6) 技术预测（technology forecasting）。

1.4　TRIZ问题模型与工具

TRIZ最为广泛应用于解决工程技术问题。工程技术问题求解一般包含6个步骤：定义问题→分析问题→产生可能的解→分析解→选择解→实施规划，这是一个逐级反馈的求解过程，各种创新技法应用主要集中在"产生可能的解"这一步骤中。图1-2表示工程技术问题的一般求解过程。对于通常性工程技术问题，通过建立数学模型、仿真模型等分析工具，参照教科书、技术杂志、手册或从领域专家获得问题的可能解。而对于发明问题，即包含矛盾的系统问题，则需要在定义问题和分析问题阶段甄别问题的类别，即建立问题的模型；然后通过根源分析或因果链分析等分析工具，确定影响这类问题求解的关键问题是什么，即建立关键问题（key problem）模型。TRIZ中常见问题模型有4类，如表1-3所示。对于每一类问题模型，TRIZ提供了相应的工具，通过工具的使用可以快捷地得到问题解决方案模型。

对于比较难以界定的模糊问题，具有相当的难度和复杂性，难以归类为4类问题模型中的话，则可以采用TRIZ理论体系中的发明问题解决算法ARIZ来求解。因此，ARIZ特别适合求解那些问题情境复杂、矛盾不明显的非标准发明问题。ARIZ基于技术进化法则，进化发展是客观的、经数据统计分析的趋势法则，因此ARIZ的解决方案具有较高的可信度及有效性。同时，ARIZ结合了基于TRIZ的其他的问题解决工具（见表1-4），包括标准解、发明原理和科学效应等，实际上 ARIZ 是 TRIZ 工具的应用集成器。

表 1-3 TRIZ 问题模型

问题模型	工具	解决方案模型
技术矛盾	矛盾矩阵	40 个发明原理
物理矛盾	分离方法	分离原理、满足矛盾、绕开矛盾
物质-场模型	物场分析	76 个标准解 40 个发明原理
功能	How to 模型	效应和功能导向搜索

表 1-4 TRIZ 工具

工具	作用
功能模型分析	清楚认识每个部件的真正作用，发现工程系统中的问题
裁剪	降低成本、稳健设计、消除问题、增强专利
因果分析	发现解决问题的入口，防止问题重复出现
功能导向搜索	产品初期设计工具，用于开发团队对问题没有思路时
矛盾	经典 TRIZ 核心，40 个发明原理应用，产生突破性创新
76 个标准解	MiniProb，通过系统的最小变化来解决问题
技术进化趋势	预测下一代产品。定位产品发展阶段，采用合适的战略
总体	与 QFD、DFSS 等其他方法工具结合，增强 TRIZ 的操作性

应用 TRIZ 求解特定的工程问题时，首先必须对工程问题进行定义描述，然后将特定问题转化成一般性的 TRIZ 问题，即建立 TRIZ 问题模型。再次，按照表 1-3 对应的问题模型，选取相应的 TRIZ 工具，获得对应问题模型的解决方案模型，即 TRIZ 一般问题的通用解。最后，通过映射、比对等方法获得对应特定的工程问题的特定解，并对特定解进行相关的验证、评估。应用 TRIZ 求解流程如图 1-7 所示。

图 1-7 TRIZ 求解流程

1.5 TRIZ 应用流程

图 1-7 展示的 TRIZ 求解流程是 TRIZ 求解工程问题的通用流程。由于 TRIZ 体系复杂，内容繁多，工程技术人员在应用 TRIZ 进行求解的过程中，往往不知从何入手，全面学习和掌握 TRIZ 需要花费相当长的时间，从而影响了 TRIZ 的推广和应用。因此，有必要从 TRIZ 应用流程研究入手，简化 TRIZ 应用的复杂性。

通用问题求解流程为：发现和定义问题、分析问题和解决问题；与之对应的 TRIZ 应用流程则是：识别问题、解决问题和创新概念生成三个阶段（见图 1-8）。

图 1-8 TRIZ 应用流程

1. 工程问题选择与描述

爱因斯坦曾说过"提出问题往往比解决问题更为重要"。将问题描述清楚，是找出正确问题的关键，同时也反映出我们对问题理解的深度。例如，为了在太空中记录数据，则需要能够在太空失重状态下写字的笔。如果将该问题描述为"开发一种可以在太空中写字的圆珠笔"，则后续的问题求解将变得比较困难，原因是我们必须解决圆珠笔在失重状态下依然能够让墨水有序流出。而如果将问题描述为"能够在太空中写字的笔"，则求解将变得相对简单，因为书写痕迹介质可以不采用墨水（油墨）。

另外，在描述和定义问题时，需要了解问题的范围和自由度，即存在哪些限制条件或约束条件。了解技术系统中的哪些部分是可控的，哪些是不可控的，哪些是不能改变的。

2. 最终理想解（ideal final result，IFR）、资源分析或技术进化分析

当得到了清晰的问题定义与描述之后，需要确定技术系统或超系统中哪些资源可以利用。除常规意义上的资源外，TRIZ更多时候在寻求解决方案时可能需要的是物质、场或物质-场属性这些资源。了解清楚系统现状，然后就可以设定系统理想状态或者应该具备的状态，即理想解。或者分析系统所采用的技术成熟度，分析技术系统进化趋势，以确定问题的根本解决方案是否可从新技术取代方向来进行。

3. 功能模型建立与分析

可以从组件或流程的角度来建立技术系统的功能模型并进行功能分析，从功能的角度而不是单纯技术角度来分析系统、子系统和组件，探寻组件之间、组件与超系统组件之间的相互作用，得到正常功能、不足功能、过剩功能和有害功能，以帮助工程师更详细地理解技术系统中部件之间的相互作用。其目的是优化技术系统功能，简化技术系统结构，以对系统进行较少的改变就能解决技术系统的问题，并最终实现技术系统理想度的提升。

功能模型分析可以明晰系统功能问题，功能问题可以通过How to模型进行功能导向搜索来求解，也可以直接转化为相应的TRIZ问题模型进行求解，或者进行裁剪将初始问题转化为裁剪问题，或者通过因果链分析（根原因分析）找出产生该问题的根本原因。

4. 裁剪

如果技术系统需要删减其某些组件，同时保留这些组件的有用功能，从而实现降低成本、提高系统理想度的目标，则可以对技术系统实施裁剪。裁剪后的系统模型称为裁剪模型，包含为实施裁剪模型一系列需解决的裁剪问题。

5. 因果链分析（根原因分析）

从系统存在的问题入手，层层分析形成此现象的原因，直到分析到最后不可分解为止。如果能够从根本原因上解决问题，则优选根本原因；如果根本原因不可能改变或控制，那么沿原因链从根本原因向问题逐个检查原因节点，找到第一个可以改变或控制的原因节点；如果消除不良影响的成本比消除原因低，那么选择结果节点；在上述操作后，如果有多个原因节点，那么可以选择其中容易实现、周期较短、成本较低、技术成熟等的节点。

6. 建立问题模型与关键问题选择

通过上述分析过程，可以得到许多问题，接下来需要确认阻碍系统进化、影响系统主要性能等的关键问题是什么。解决了关键问题，其他非关键问题可能随之消失或变得对系统影响不显著。

7. 技术矛盾和物理矛盾

如果关键问题或问题模型属于矛盾问题，即可以采用通用的"IF...THEN...BUT..."模型来描述问题，则可以应用39个工程参数、矛盾矩阵、发明原理和分离原理来进行求解。由此得到的每一个解决方案都是一个建议,应用该建议可以使系统产生特定的变化,从而消除矛盾。

8. 物质-场模型与 76 个标准解

物质-场模型分析是 TRIZ 理论中一个重要的问题构造、描述和分析的工具。在使用物质-场模型分析和解决问题过程中,根据模型所描述的问题类型来确定问题的性质,为设计人员提供解决问题的方向。同时,结合应用物质-场对系统功能分析的结果,进而参考 76 个标准解,为设计者产生创新思维创造条件。

9. 科学效应与效应知识库

TRIZ 理论基于对世界专利库中大量专利的分析,总结了大量的物理、化学和几何效应,每一个效应都可能用来解决某一类问题,每一条效应的应用都可能是某类问题的原理解。

10. 发明问题解决算法 ARIZ

工程问题选择与描述中,对于那些问题情境复杂、矛盾不明显的非标准发明问题,很难用 TRIZ 4 类标准问题模型来表达,则可以使用 ARIZ 帮助选择正确的 TRIZ 工具集并按最有效的步骤来求解问题。

1.6 TRIZ 中的创新思维方法

人类思维具有三种形式:逻辑思维、形象思维和创新思维。逻辑思维即抽象思维,它撇开事物的具体形象而抽取其共同的本质,因而具有抽象性的特征。逻辑思维只讲究事物间的共性,而不讲究事物间的差异,是一种求同性思维,是一种用概念、判断、推理来反映现实的思维过程。逻辑思维具有严密性,但容易形成思维定式,即思维惯性。思维惯性是指人习惯性地因循以前的思路思考问题,仿佛物体运动的惯性。思维惯性常会造成思考事情时有些盲点,且缺少创新或改变的可能性。思维惯性是人们进行创造创新活动的障碍。

形象思维是以直观形象和表象为支撑的思维过程,具有非逻辑性、想象性、粗略性等特点。

创新思维是指对事物间的联系进行前所未有的思考,从而创造出新事物、新方法的思维形式。为了消除思维惯性的障碍,TRIZ 理论系统包含了一些创新思维方法。

1.6.1 最终理想解

理想解(ideal result)是指在给定条件下问题最好的解,用理想度来表达:

$$理想度 = \frac{系统有用功能集合}{为实现有用功能的所有花费 + 有害功能集合}$$

任何技术系统在进化过程中沿着越可靠、越简单、越有效的方向进化,则其理想度越高。提高理想度的方向:

(1) 增加系统的功能,即增加有用功能的数量;
(2) 传输尽可能多的功能到工作元件上,即提升有用功能等级;
(3) 将有害功能移转到超系统或外部环境中,减少有害功能或实现有害作用的自我消除;
(4) 利用内部或外部已存在的可利用资源,降低成本。

最终理想解是指系统在保持有用功能正常运作的同时,能够自行消除有害的、不足的、过度的作用。

最终理想解的应用流程:

(1) 设计的最终目标是什么?
(2) IFR 是什么?
(3) 达到最终理想解的障碍是什么?
(4) 它为什么成为你的障碍?
(5) 什么资源可以帮助你?
(6) 在其他领域中或使用其他工具可以解决此问题吗?

例 1.1 割草机

割草机的问题可描述为:考虑割草机作为工具,草作为被割的目标,割草机在割草时发出噪声、消耗燃料、污染环境、甩出的草叶会伤害割草工人,假如设计者的任务是改良已有的割草机,设计者可能很快想到消除噪声、降低燃料消耗,但是如果运用最终理想解,那会如何呢?

IFR 为:草坪上的草不需要修剪,自己始终维持在一个高度。因此,从 IFR 出发的解决方案是发明一种"聪明的"草种,当其生长到一定高度后就不再生长。由初始状态(如何降低割草机的马达噪声?)向 IFR(如何才能不使用割草机?)过渡的任意一个地方就构成了解决方案的空间,如图 1-9 所示。

(a) 工程设计　　(b) 太阳能自动割草机　　(c) 药物施做　　(d) 园艺改良　　(e) 基因改造

图 1-9　割草机系统 IFR

例 1.2 农场养兔子

农场养兔子的问题可描述为:兔子需要新鲜草,农场主既不希望兔子走得太远而不易被发现或发生丢失,又不希望花太多的时间割鲜草并送给圈养兔子,而是希望兔子能够自己在农场吃草并且在控制范围内自己走动。

应用上述最终理想解的求解流程,农场养兔子问题的解决方案见表 1-5。

表 1-5 农场养兔子问题的 IFR 的求解

IFR 流程	求解过程
(1) 设计的最终目标是什么?	兔子能够吃到新鲜的草
(2) IFR 是什么?	兔子永远自己吃到青草
(3) 达到最终理想解的障碍是什么?	既要限制兔子的自由行动又要兔子能够自行移动
(4) 它为什么成为你的障碍?	笼养兔子可以限制兔子的自由行动,但是由于笼子本身不能移动,兔子可以吃的草的面积有限,一段时间后,笼子范围内的青草就被吃光了
(5) 什么资源可以帮助你?	兔子本身
(6) 在其他领域中或使用其他工具可以解决此问题吗?	给兔子的笼子装上轮子,兔子可以自己推到有草的地方

衡量系统是否达到最终理想解,可以从以下 4 个方面来进行判定:

(1) 保持了原系统的优点;

(2) 消除了原系统的不足;

(3) 没有使系统变得更复杂;

(4) 没有引入新的缺陷。

1.6.2 资源分析

"资源"一词使用广泛,在很多情况下是指天然资源、财务资源、人力资源等。在 TRIZ 中,创造性地利用了系统中可用的资源,以提高系统的理想度,是解决发明问题的一个伟大创举。

1985 年,阿奇舒勒将资源作为 ARIZ 的一部分,以"物质-场资源"正式引入到 TRIZ 体系中。ARIZ-85C 标准流程中的流程 2 即为资源分析,即:集中分析可用的资源(空间、时间、物质、场、功能、信息等资源),同时将物质或场资源的属性也作为资源的一部分。

资源分析就是系统化地考虑可用的资源,由此直接触发解决问题的创新灵感。若能了解资源的根本性质和造成该问题的内在矛盾,则矛盾就可自然解决了。资源分析中最重要的任务就是揭示发明资源,而发明资源通常是隐含的、不可直接利用的或者掩藏在系统或环境中。

系统资源包括内部资源和外部资源。内部资源是指在矛盾发生的时间、区域内存在的资源,是系统内部的组件及其属性。外部资源是指在矛盾发生的时间、区域外部存在的资源,包括从外部获得的资源及系统专有的超系统资源、廉价易得资源。这两大类资源又可分为直接应用资源、差动资源和导出资源。直接应用资源是指在当前状态下可被直接使用的资源,如物质资源、场资源、空间资源、时间资源、信息资源和功能资源等。差动资源则是指物质与场的不同特性形成的某种技术特征资源,如结构特性、材料特性、各种参数特性等。而导出资源则是指通过某种变换,使不可用资源得以利用或改变设计使之与设计相关从而可以利用的特性资源。

资源利用时,应该遵守一定的使用原则:尽可能消耗最小的资源量;按照"内部系统资源→外部系统资源→整个系统资源→进化资源"的顺序来利用;同时,建议尽量扩大资源的搜索范围来解决问题,尽可能多地得到被选资源。在此原则指导下,参照图 1-10 所示的资源分析流程进行资源分析。

图 1-10　资源分析流程

例 1.3　芯片连线

问题描述：传统的半导体芯片的系统设计和发展最突出的制约为,将芯片组件连接在一起的互联技术严重制约系统性能的提升。引线焊接工艺是指用大约一根头发丝直径（25μm）一半的细导线（材料一般为金）将 IC（集成电路,芯片）和芯片基板（见图 1-11（a））焊接起来。由于芯片到芯片互联线的长度（见图 1-11（b））对整个系统性能的影响是最严重的,因此,要求设计师尽量减少使用芯片的数量。

图 1-11　传统芯片焊线与连线工艺
（a）芯片与基板的焊线互联；(b) 芯片与芯片互联线；(c) 芯片引线焊接

典型的物理矛盾：连线间距应很小,以实现理想的接触和最大限度地提高每块芯片的输入/输出性能；连线间距应很大,以防止短路。目前,芯片行业折中的做法是在芯片周围预留引线空间（见图 1-11（c）），该工艺的缺点非常明显,即输入/输出性能降低和芯片中心"黄金空间"的浪费。

初始系统资源分析：阿奇舒勒发现，通过消除矛盾，技术系统从一个阶段沿着可预测的进化方向演进到下一阶段，从而显著提高系统性能。因此可知，最适合解决IC芯片互联矛盾(芯片互联线长度矛盾或芯片的连线能力)的进化趋势是"系统协调性进化趋势"的子趋势——"形状的协调"之"几何形状多维化"：点→线→2D曲(折)线→3D曲(折)线→3D复杂曲线。图1-11(a)到图1-11(c)的变化揭示了芯片连线技术的进化仅仅到了在二维平面布线的阶段。在此阶段，如果连线可能相互接触，则可以达至连线数量最大化，但同时相互接触的连线可能导致短路的根本性矛盾无法解决。此时，采用资源分析即可知芯片中心的空间区域为系统内部可直接使用资源，一种全新的球栅阵列结构(ball grid array,BGA)封装的I/O端子以圆形或柱状焊点按阵列形式分布在封装下面。BGA技术的优点是增加I/O引脚数，同时也加大了引脚间距(利于消除引线太近而导致的短路问题)，如图1-12所示。

图1-12　传统芯片焊线与连线工艺

(a) 芯片与基板引线焊接；(b) 芯片、基板互联焊球阵列；(c) BGA封装的芯片

1.6.3　九窗口法

TRIZ求解工程技术问题时，辩证地将问题从系统角度加以理解，工程技术人员所求解的问题存在于技术系统中，求解时通常头脑中都会产生系统的当前状态影像、未来可能状态以及系统过去的影像。这样在分析和解决问题的时候，系统的当前状态、过去和将来的状态可能都在设计人员的考虑范围之中。同时，系统由多个子系统所构成，系统的问题可能是其中某一个或几个子系统的问题，那么求解时自然就会出现某些子系统的状态影响；当前系统也是比其本身更高级的超系统的子系统，问题的答案可能通过超系统资源分析来获取。这样一来，子系统、系统、超系统均有过去、现在和将来的3种状态，总共可以构造出9种与系统问题求解相关的状态，如果将9种状态绘制出来，就构成了创新解决问题的9个窗口(见图1-13)。因此，九窗口法是指求解工程技术问题时，不仅要考虑系统本身，还要考虑它的超系统和子系统；不仅要考虑当前系统的过去和将来，还要考虑超系统和子系统的过去和将来状态。

九窗口法是一种很好地理解问题的手段。它可帮助我们重新定义任务或矛盾，可帮助我们找出解决问题的新途径。九窗口法是从多层次、多方位等一切与当前问题所在系统(如汽车)相关的系统去分析问题，这样才能更好地理解当前问题及找到解决方案。考虑"当前系统的过去"是指考虑发生当前问题之前该系统的状况，包括系统之前运行的状况、其生命周期的各阶段情况等，考虑如何利用过去的各种资源来防止此问题的发生，以及如何改变

图 1-13　九窗口构成

过去的状况来防止问题发生或减少当前问题的有害作用。考虑"当前系统的未来"是指考虑发生当前问题之后该系统可能的状况,考虑如何利用以后的各种资源,以及如何改变以后的状况来防止问题发生或减少当前问题的有害作用。当前系统的"超系统的过去"和"超系统的未来"是指分析发生问题之前和之后超系统的状况,并分析如何利用和改变这些状况来防止或减弱问题的有害作用。

因此,九窗口法其实是一种分析问题的手段,而并非是一种解决问题的手段。它体现了如何更好地理解问题的一种思维方式,也确定了解决问题的某个新途径。应用九窗口法的流程为:

(1) 先从技术系统本身出发,考虑可利用的资源;

(2) 考虑技术系统中的子系统和系统所在的超系统中的资源;

(3) 考虑系统的过去和未来,从中寻找可利用的资源;

(4) 考虑超系统和子系统的过去和未来。

1.6.4　聪明小人法

从表 1-1 可以看出,聪明小人法(smart little people)是阿奇舒勒于 1971 发布的形象生动地描述技术系统中出现的问题的一种方法,用拟人的手法从微观角度帮助工程技术人员理解系统的变化过程。

当系统内的某些组件不能完成其必要的功能,并表现出相互矛盾的作用时,用一组小人来代表这些不能完成特定功能的部件,不同的小人就表示执行不同的功能或具有不同的矛盾。通过能动的小人,实现预期的功能;然后根据小人模型对结构进行重新设计。

聪明小人法适用于各部件功能明确的简单系统,对于复杂系统需要与九窗口法结合,先通过子系统提取转换为简单系统后,再建立问题的小人模型。而对于抽象性问题(如系统复杂性、可靠性等)则需转换为具体矛盾问题,再建立问题的小人模型。

例如,用一串高举手臂的小人表示为某种实体提供支撑,小人之间距离拉大但是仍处于连接状态的话,则可以表示物质发生了热膨胀。一群奔跑的小人可以表示物质的运动状态,小人手拉手表示连接状态等。因此,聪明小人法的应用关键在于如何用小人去表达正确的功能含义以及建立正确的小人模型。聪明小人法的应用流程为:先通过对工程问题的描述以及系统分析,将原有系统转化为问题模型,再通过矛盾分析对能动小人的重新组合形成方案模型,最后根据方案模型中小人的位置和状态还原成实际方案(详细案例参照 8.4 节例 8.2)。

1) 问题描述及矛盾提取(问题分析)

首先对问题背景进行描述,通过问题描述进行系统分析,明确各部件的功能及相互作用关系,并提出矛盾问题。

2) 问题模型建立(当前怎样)

对于存在矛盾问题的具体部件,将其想象成一群一群带有特定功能的不同的小人,再根据问题描述将各组小人进行分组及空间排布来替换原有系统各部件,建立问题模型。

3) 方案模型建立(怎样组合)

研究得到的问题模型(有小人的图)并对其进行改造,在保证每组小人相对关系不变的情况下可对组内小人进行重组,或添加一组新的小人等方法,以便实现解决矛盾。

4) 过渡到技术解决方案(变成怎样)

在各组小人重组后,根据方案模型中小人的分组情况及空间位置还原成系统部件。若添加了新的一组小人,则根据小人功能寻找相应部件。

1.6.5 尺寸-时间-成本(STC)法

TRIZ 创新思维中将尺寸-时间-成本(size-time-cost,STC)法定义为 STC 算子,意为将待改变系统从尺寸、时间和成本上进行改变,以打破人们的惯性思维。STC 法是一种让我们的大脑进行有规律的、多维度思维的发散方法。它比一般的发散思维和头脑风暴,能更快地得到我们想要的结果。

STC 法的规则为:

(1) 将系统的尺寸从目前尺寸减少到 0,再将其增加到无穷大,观察系统的变化;

(2) 将系统的作用时间从当前值减少到 0,再将其增加到无穷大,观察系统的变化;

(3) 将系统的成本从当前值减少到 0,再将其增加到无穷大,观察系统的变化。

尺寸变化的过程反映系统功能的改变,而时间的变化过程反映系统功能的性能水平,成本则与实现功能的系统直接相关。

STC 算子不能给出一个精确的解决方案,应用 STC 法的目的是产生几个指向问题解的设想,帮助克服思维惯性。

1.6.6 金鱼法

金鱼法源自普希金的童话故事《渔夫和金鱼》,故事中描述了渔夫老伴的愿望通过金鱼变成了现实。映射到 TRIZ 创新思维法——金鱼法中,则是指从幻想式解决构想中区分现实和幻想的部分,然后再从解决构想的幻想部分分出现实与幻想两部分。通过这样不断地反复进行划分,直到确定问题的解决构想能够实现为止。金鱼法思维流程为:

(1) 将问题分成现实和幻想两部分。

(2) 问题 1——幻想为什么不现实?

(3) 问题 2——在什么条件下,幻想部分可变为现实?

(4) 列出子系统、系统、超系统的可利用资源。

(5) 从可利用资源出发,提出可能的构想方案。

(6) 构想中的不现实方案,再次回到第一步,重复。

例 1.4 训练长距离游泳的小型游泳池

问题情境:要使训练有效,需要一个大型的游泳池,运动员可进行长距离游泳训练。但同时,游泳池的占地面积和造价就会相应地增加。用小型和造价低廉的游泳池怎样满足相同的要求?

(1) 将问题分成现实和幻想两部分。

现实部分:小型、造价低廉的游泳池。

幻想部分:在小型游泳池内实现单方向、长距离游泳训练。

步骤(1)的关键在于对现实和异想天开的部分一定要界定精确!否则会影响下面的分析。

(2) 问题1:幻想为什么不现实?

运动员在小型游泳池内很快游到对岸,需要改变方向。

(3) 问题2:在什么条件下,幻想部分可变为现实?

如果运动员体型极小、运动员游速极慢或者运动员游动时停留在同一位置,止步不前,则幻想部分可变为现实。

步骤(3)的关键在于思考要全面,不要随意抛弃你认为是异想天开的条件。

(4) 列出子系统、系统、超系统的可利用资源。

超系统资源:天花板、墙壁、空气、给排水系统、教练员、座椅……

系统资源:游泳池的面积、体积、形状……

子系统资源:泳池底、泳池壁、水、上下的梯子、进水口、排水口、泳道线、……

(5) 从可利用资源出发,提出可能的构想方案。

如果运动员体型极小,相对于泳道而言是现实的,让运动员体型变成小蚂蚁大小则是异想天开的。联想田径场的跑道,物理周长只有几百米,但是却可以让运动员无限跑起来,因此,现实部分——体型相对较小是相对泳道的,如果游泳池建造成环形,则可以实现在小型游泳池内单方向、长距离游泳训练。

(6) 构想中的不现实方案,再次回到第一步,重复。

可能的方案1:游泳池变为环形的;

可能的方案2:产生与运动员运动方向相反的风;

可能的方案3:借助供水系统的水泵,产生反方向流动的水;

可能的方案4:利用教练员给运动员施加反方向的力;

可能的方案5:增大水的摩擦力,如游泳池中灌注黏性液体;

可能的方案6:将运动员进行固定;

……

参 考 文 献

[1] 檀润华. TRIZ及应用:技术创新过程与方法[M]. 北京:高等教育出版社,2010.

[2] 创新方法研究会,中国21世纪议程管理中心. 创新方法教程(中级)[M]. 北京:高等教育出版

社,2012.
[3] 创新方法研究会,中国 21 世纪议程管理中心.创新方法教程(高级)[M].北京:高等教育出版社,2012.
[4] GEN3 PARTNERS. Advanced TRIZ Training (Level 2 of MATRIZ Certification)[R].上海:上海交通大学,2013.
[5] LADEWIG G R,LYN R. Super Effects:The Synergistic Effects of TRIZ[J/OL]. TRIZ Journal,8,2007. http://www.metodolog.ru/triz-journal/archives/2007/08/02/index.html.
[6] KRAEV V. Overcoming Mental Inertia[J/OL]. TRIZ Journal,2007(8). http://www.triz-journal.com/archives/2007/08/05/.
[7] 赵敏,史晓凌,段海波. TRIZ 入门及实践[M].北京:科学出版社,2009.
[8] 刘训涛,曹贺,陈国晶. TRIZ 理论及应用[M].北京:北京大学出版社,2011.

第 2 章

功能分析与裁剪

20世纪40年代,美国通用电气公司的工程师Miles在寻求石棉板的替代材料的研究过程中,通过对石棉板的功能进行分析,发现其用途是铺设在给产品喷漆的车间地板上,以避免涂料玷污地板引起火灾。Miles认为,只要能够找到某种价格更便宜同时具有良好防火性能的材料,就可以用其取代石棉板。后来,Miles在市场上找到一种防火纸,这种防火纸同样可以起到防火作用,成本很低且货源稳定。1947年,Miles提出了功能分析、功能定义、功能评价以及如何区分必要和不必要功能并消除后者的方法,最后形成了以最小成本提供必要功能,获得较大价值的科学方法——价值工程(valve engineering,VE)。Miles首先明确地把"功能"作为价值工程研究的核心问题,他认为"顾客购买的不是产品本身,而是产品所具有的功能"。因此,功能思想的提出极大地促进了产品创新过程。

在进行产品设计时,设计人员应该忘却产品原有的具体结构,关注的点不应该是"产品是什么",而应该关注"产品是用来干什么的",不然就会形成对产品结构的思维定式和心理惯性,在潜意识中形成产品固有的形态。"产品是用来干什么的"即产品的总功能,确定产品总功能的方法有多种,最常见的是黑箱法。黑箱法是指在不清楚系统内部结构的情况下,根据外部的输入信息、经过系统内部并发生作用后所输出的信息以及周围环境的变化,来研究判断系统功能和特性的一种方法,从而进一步获得系统的工作机理与结构,逐步使"黑箱"透明化。黑箱模型可以使设计者仅仅关注产品的最重要功能,一般包括三个设计输入和输出:物质、能量和信息。普通黑箱模型如图2-1所示。

图 2-1 普通黑箱模型

复杂的用户需求通常由若干个具有内在联系的功能共同完成。为了便于寻求满足产品总体功能的原理方案,或者为了使得问题的解决更加简便,通常可以将总功能分解成复杂程度相对较低的分功能,分功能再分解为下一级子功能,一直分解到最小的功能元,如图2-2所示。功能元是已有零部件或者过程的抽象,是功能分解过程中的基本单位。

通过功能分解,产品的总功能分解为若干功能元,将系统的各个功能元用流有机组合起来就得到功能结构。功能结构将一个总体需求功能逐步地细化、具体化,并建立起各子功能之间的联系。图2-3是完整的功能结构模型,可以作为后续设计活动的重要参考模型,为面向功能的产品设计过程提供基础。

图 2-2 功能分解模型

图 2-3 完整的功能结构模型

功能结构的建立过程就是功能分解,其本身是一个逻辑推理过程。同一总功能的功能结构模型的形式可能有多种,功能分解方式、分解程度和分功能间的连接关系不同都会影响到功能结构的形式,不同的功能结构形式一般会产生不同的创新与设计方案。所以为了得到不同的创新方案,改变功能结构形式也是一种不错的手段。

2.1 系统分析流程

任何一种机械产品都由许多零部件组成,而零部件之间既有区别,又相互联系,这样组成产品结构系统。另一方面,产品的零部件又有不同的功能,彼此相互联系,形成了产品的功能系统。所以,任何一种机械产品都存在结构系统和功能系统,两者缺一不可,不能混同。产品的结构系统是物质实体,反映了产品的物质成分及构成。产品功能系统是用户在使用过程中表现出来的,是用户的最终需求和产品的本质,二者的相互关系如图 2-4 所示。

从结构到功能,适合于对已有的系统进行分析和完善,可以采用 TRIZ 中的组件分析。

从功能到结构,适合于根据需求构建新的系统,可采用功能分析系统技术(function analysis system technique,FAST)。

因此,对机械产品的系统分析可以从已有产品的改进和新产品的开发两个途径来应用(见图 2-5):基于组件的功能分析,即分析的是已有产品的结构系统,由产品的各零部件反映功能完成情况;基于 FAST 的功能分析,即首先分析满足新产品需求的功能系统,再由功能映射到结构。

图 2-4　功能系统与结构系统对应模式图

TRIZ 理论是在世界范围内的专利分析基础上而产生的,是一种定性的理论,而非数学理论或定量理论,缺乏有效的对已有技术系统进行问题识别与分析的工具。以俄罗斯系统工程师索伯列夫(Sobolev)为代表的 TRIZ 研究者基于价值工程的功能分析方法,提出了基于组件的功能分析方法,实现了对已有技术系统的功能建模。通过对已有技术系统进行分解,得到正常功能、不足功能、过剩功能和有害功能,以帮助工程师更详细地理解技术系统中部件之间的相互作用。其目的是优化技术系统功能,简化技术系统结构,以对系统进行较少的改变就能解决技术系统的问题,并最终实现技术系统理想度的提升。基于组件的功能分析作为 TRIZ 识别问题与分析问题的工具引入,极大地丰富了 TRIZ 的知识体系。这部分内容将从下一节开始重点介绍。

而新产品设计是一个"从无到有"的过程,它的功能原理都处于创新开发阶段,更不说它的各个功能部件了。因此,针对这一类新产品问题,系统分析的方法可以采用基于 FAST 的功能分析方法。这是一个由功能驱动组件设计的过程,如图 2-6 所示。主要分为以下几个步骤:

(1) 问题导入。首先由市场调查、问卷调查等方式获取该产品期望的所有功能,在此基础上提出该新产品定性或定量的设计任务或参数。

(2) 建立功能系统图。此阶段首先要分析新产品的特点,以定义产品的总功能,可以通过设定黑箱模型来解决,即找到所有的输入、输出信息。然后通过功能分解,将总功能分解为各功能元。在功能分解的基础上,利用 FAST 技术建立功能系统图时,常常采用"单向分析法",即从整体功能配置到局部功能。

(3) 功能映射结构。此阶段将功能系统图中各个下位功能用对应的结构来实现,即功能映射结构的过程。其中可以用到 TRIZ 理论中的功能导向搜索、发明原理、物质场模型等工具。

图 2-5 工程问题系统分析流程

图 2-6 基于 FAST 的新产品设计路线

（4）方案形成与评价。一般地，每个功能映射的结构都不止一个，这就形成了多种结构完成同一个功能的结果，也就使得产品的可行性方案不止一个。一般通过构建产品的形态学矩阵，通过排列组合可行方案，以获取整体设计方法。最后针对多个备选方案展开评价，从中选出最佳方案。

例 2.1　牙签包装机的功能模型

目前,单支和多支牙签的包装已实现自动化、半自动化,避免了牙签与操作者的双手接触,但是这种单支装和多支装一般适用于酒店和饭店,家庭往往会选用塑料袋大袋装和筒装,而这些包装现在普遍采用人工包装,这就不可避免地会使牙签与操作者的手接触,造成污染,威胁人们的身体健康,并且生产效率低。

根据牙签包装原理和系统组成的完整性,确定设计中的可用资源为成捆牙签、塑料薄膜、机械能及控制参数,待设计系统的输出为包装整齐的牙签,该系统的黑箱模型如图 2-7 所示。通过黑箱模型的分析,可以更加清晰地了解整个系统的输入参数及可用资源,为后续功能分析等提供足够的信息。

图 2-7　黑箱模型

下面进行基于 FAST 的功能分析。

(1) 确定总功能。功能分析,顾名思义,就是只考虑功能,而不考虑其具体结构。很显然用户对于自动牙签包装机的需求当然是用它来自动地"输出牙签包装成品"。

(2) 功能分类。在总功能确定的基础上,可以将牙签包装机的各功能分为基本功能和辅助功能。通过分析,基本功能为排列牙签、包装牙签,辅助功能则为控制运动、提供动力等。

(3) 功能整理及绘制功能系统图。主要按照"目的—手段"的逻辑关系进行整理,把各个构成要素的功能连接起来,绘制牙签包装机的功能系统图,如图 2-8 所示。

图 2-8　牙签包装机的功能系统图

通过功能系统图,可以清晰地看到实现牙签自动包装所需的各功能。接下来可以运用现有的结构、TRIZ 理论和专利库等来映射各功能对应的结构,实现对该装置的概念设计。

2.2 功能定义

2.2.1 技术系统的概念

技术系统(engineering system,ES)是由相互联系的组件与组件之间的相互作用以及子系统所组成,以实现某种(些)功能作用的组件与子系统的集合。技术系统存在的目的是实现某种(些)特定的功能(function),而这种(些)功能是通过一系列组件的集合实现的。例如,汽车是一个技术系统,发动机、车体、车厢、座位、轮胎等则是构成这一技术系统的子系统和系统组件。

组件(component)是指组成工程技术系统或者超系统的一个部分,是由物质或者场组成的一个物体,如汽车发动机属于汽车系统的组件。在基于组件的 TRIZ 功能分析中,物质(substance)是指拥有净质量的物体,而场(fields)是没有净质量的物体,但是场可以传递物质之间的相互作用。

超系统(super system)是将已经分析过的技术系统作为组件的系统,或不属于系统本身但是与系统及其组件有一定相关性的系统。例如,汽车在行驶过程中需要驾驶员的操作,需要道路的支撑,同时也会受到空气阻力的影响,驾驶员、道路、空气等则是汽车系统的超系统。由于超系统不属于已有的技术系统本身,因此无法对超系统进行改变,这是由超系统本身的特性所决定的:

(1)超系统不能裁剪或改变;
(2)超系统可能对技术系统产生问题;
(3)超系统可以作为技术系统的资源来利用,即解决问题的工具;
(4)一般只考虑对技术系统产生影响的超系统。

技术系统的**目标**(target)是指技术系统的作用对象。例如,汽车系统的作用对象是人(或物),汽车的主要功能是运载人(或物),它改变了目标对象的空间位置。技术系统的构成可用图 2-9 来描述。

图 2-9 技术系统与超系统的构成

2.2.2 基于组件的功能定义

在价值工程中,Miles 将功能定义为"起作用的特性",他认为一个技术系统可通过以最小成本提供必要功能来实现技术系统价值的最大化,即

$$价值(V) = \frac{功能(F)}{成本(C)}$$

凡是满足使用者需求的任何一种属性都属于功能的范畴,满足使用者现实需求的属性就是功能,而满足使用者潜在需求的属性也是功能。

另外,也有学者认为"功能是对象满足某种需求的一种属性""功能是向顾客表明产品在使用过程中的物质运动形态""功能是事物或方法所发挥的有利作用"等。由此可知,功能是对技术系统具体作用的抽象描述,技术系统作为满足某种需求的属性是功能,承载这种属性的客观物质则是功能载体,一种功能的实现不可能没有载体。

基于功能的二重性,TRIZ 中的功能定义是指某组件(或子系统,功能载体)改变或者保持另外一个组件(或子系统,功能对象)的某个参数的作用(action),如图 2-10 所示。

图 2-10 基于组件的功能定义

可采用"X 更改(或保持)Z 的参数 Y"的通用表达方式,这里 X 是指提供功能的组件,即功能载体(function carrier),它必须是物质、场或物质-场的组合,可以是技术系统的组件,也可以是技术系统的子系统或超系统。Z 是指功能对象(object of the function)。Y 是指功能对象的某个参数(parameter),功能载体对功能对象的作用结果就是参数 Y 发生了改变(或保持不变)。参数 Y 发生改变是功能载体 X 对功能对象 Z 的作用结果,例如,牙刷的刷毛 X 对牙齿上黏附的牙垢 Z 实施机械力的作用,使得牙垢从牙齿表面剥离,则牙垢的位置参数 Y 发生了改变;参数 Y 保持不变则指的是功能对象 Z 的某个参数 Y 在功能载体 X 的作用下保持不变,例如,机床夹具 X 对被加工工件 Z 实行定位与夹紧,使得加工过程中,工件 Z 在切削力等作用下,由于夹具提供的夹紧力作用保持工件位置 Y 不会发生改变。

因此,基于组件的功能定义有三要素,缺一不可:
(1) 功能载体 X 和功能对象 Z 都是组件(物质、场或物质场组合);
(2) 功能载体 X 与功能对象 Z 之间必须发生相互作用;
(3) 相互作用产生的结果是功能对象 Z 的参数 Y 发生改变或者保持不变。

在一个技术系统中,某一组件可能既是功能载体,又是功能对象,即该组件作为功能载体对其他组件产生某种功能,作为功能对象则接受其他组件的作用,如图 2-11 所示。

实际工作中,工程技术人员对功能的定义可能采用的是一种陈述性的方法。例如,牙刷的功能是"刷牙",洗衣机的功能是"洗衣服"等,这种定义方法不符合 TRIZ 对功能定义三要素的要求,也不利于后续的功能分析。因此,TRIZ 功能定义亦采用"动词+名词"的方式来描述,例如,牙刷的功能是"去除牙垢",洗衣机的功能是"分离脏物",机床夹具的功能是定位和夹紧工件,等等。值得注意的是,"动词+名词"的定义方式中,名词指的是"功能对象 Z",而不是功能对象的某个参数 Y。例如,如果将空调的功能定义为"改变温度",此时名词"温

图 2-11 功能载体与对象间的关系

度"只是空气的一个物理参数,而不是功能对象。

另外,在功能定义时需要避免使用负面定义的方式以及避免使用非因果关系的定义方式。例如,士兵所带的钢盔,如果将其功能定义为"阻止子弹穿透",则是一种负面定义方式,恰当的定义应该是"改变子弹运行轨迹"。一个普通的水杯,当盛满开水之后会慢慢冷却,空气作为超系统,此时的功能是"冷却水"或"降低开水的温度",而不能违背因果关系,将开水的功能定义为"(开水)加热空气",尽管空气冷却水的同时水也局部加热空气。

由设计的观点看,任何技术系统内的组件必有其存在的目的,即提供功能。那么,技术系统中的组件越多,系统具备的功能也就越多。而从顾客的观点来看,顾客购买的是技术系统(或产品)的某一项(或几项)功能,用于解决顾客问题的相关功能。例如,顾客购买削铅笔的卷笔刀,主要看中的是卷笔刀的"去除铅笔外壳的包覆物""削尖铅芯"功能,当然也可能包括外观、使用舒适性等美学功能(属于工业设计的内容,TRIZ 不能解决这类问题)。因此,对任何技术系统而言,必然存在着完成某种特定的用于解决主要问题的功能,即主要功能(main/basic function)。主要功能的功能对象是技术系统的目标,用以实现技术系统的主要目的。功能定义阶段的任务除对技术系统各功能进行定义和识别外,还需要识别对主要功能改善产生最大影响的组件参数,如图 2-12 所示。

图 2-12 技术系统的主要功能

以汽车系统为例,发动机、车身、座椅、变速箱子系统、轮胎等构成了汽车这一技术系统,超系统组件包含道路、乘客、货物、空气、汽油等,汽车系统的作用目标是乘客(包括驾驶员或货物),那么汽车系统的主要功能就是运载乘客(货物),作用的结果就是使乘客和货物的位置发生改变。

2.2.3 功能定义的表达

功能定义的表达(function formulation)是指如何采用合适的动词对功能进行定义,来描述功能载体对功能对象的作用(action)。例如,头发湿了,使用电吹风机吹干头发,使得我们通常认为电吹风机的功能是"吹干头发";夏天使用电风扇会使人觉得很凉爽,我们便认为电风扇的功能是"凉爽身体";使用放大镜观看微小的物体,通常认为放大镜的功能是"放大目标物";等等。这种功能定义的表达方式是直觉表达(common formulation),实质上是功能执行后的结果(result)。

而TRIZ功能定义中,采用的是本质表达方式(essence formulation),也可以采用二元(或多元)表达。直觉表达中,我们认为电吹风机是功能载体,湿头发是功能对象,自然就认为电吹风机的功能是"吹干头发",而从二元(或多元)表达方式看,电吹风机的功能是"加热空气并使空气流动""(热风)加热(头发上的)水分"使水分挥发以及流动的空气使头发上的水分挥发。因此,本质表达方式应该是"(热风)蒸发水分"。放大镜、眼镜等光学产品的本质功能是"改变光线",而不是直觉结果的"放大物体"。表2-1举例说明了这两种表达的区别。

表 2-1　功能的直觉表达和本质表达

技术系统	直觉表达	本质表达
电吹风机	(热风)吹干头发	(热风)蒸发(头发上的)水分
风扇	凉爽身体	移动空气
放大镜	放大物体	衍射光线
白炽灯	照亮房间	发光
汽车挡风玻璃	保护司机	防止车外物体(的撞击)
二极管	整流电流	阻滞某极性电流

本质表达方式可能违背了我们的直觉。例如,我们直觉认为船舶的螺旋桨的功能是"驱动船舶(前进)",事实上这种定义方式违反了功能定义三要素原则,在螺旋桨和船舶之间并没有直接的相互作用,那么"驱动"这个动词显然不合适用于表达螺旋桨的功能(可以用来表达螺旋桨马达的功能,如"马达驱动螺旋桨")。那么什么动词可以比较准确地表达功能载体对功能对象的作用呢?按照功能定义三要素中"功能载体X与功能对象Z之间必须发生相互作用"的约束,显然与螺旋桨直接接触的组件是超系统组件——水。螺旋桨接受船舶动力源提供的动力而旋转,从而实现"移动水"的功能。

作为功能定义本质表达的动词,不宜采用过于专业的词汇,亦不宜采用口语化的词汇,一个常见的错误就是使用非物理术语来表达,例如,炎热的天气里待在有空调的房间里感觉非常舒适,就认为空调的功能是"提高了人的舒适性"。实际上,"提高了人的舒适性"是空调功能"冷却空气"的一个结果而已。表2-2提供了一些在进行功能定义本质表达时的常用功能动词。

表 2-2　功能定义本质表达的常用功能动词

verb(function)	功能动词	verb(function)	功能动词	verb(function)	功能动词
absorb	吸收	change phase of melts	相变	corrode	腐蚀
accumulate	聚集			decompose	分解
assemble	装配(组装)	clean	清洁	deposit	沉淀
bend	弯曲	condense	凝结	destroy	破坏
break down	拆解	cool	冷却	detect	检测

续表

verb(function)	功能动词	verb(function)	功能动词	verb(function)	功能动词
dry	干燥	inform	告知	prevent	阻止
embed	嵌插	join	连接	produce	加工
erodes	侵蚀	locate	定位	protect	保护
evaporate	蒸发	mixes	混合	remove	移除
extract	析取	move	移动	rotate	旋转(转动)
freeze boils	煮沸	orient	定向	separate	分离
heat	加热	polish	擦亮	stabilize	稳定
hold	支撑	preserve	防护	vibrate	振动

其他近似的功能动词有：开动、包括、过滤、调整、扩大、控制、点燃、遮蔽、应用、创造、生成、储藏、改变、放射、防癌、矫正、支持、传递、建立、限制、减少、转移、引导、紧固、定位等。

2.3 功能分类

价值工程中，功能按发挥作用的具体内容与其所处地位不同，一般可从以下4个方面分类，分别为基本功能与辅助功能、上位功能和下位功能、使用功能和品味功能以及必要功能与不必要功能。而在TRIZ理论中，功能定义为"功能载体改变或者保持功能对象的某个参数的行为"，功能结果就是参数改变是沿着期望的方向变化还是背离了期望的方向，即功能是有用的还是有害的。例如，我们使用牙刷的目的是希望通过刷毛、牙膏和牙齿的摩擦作用，去除黏附在牙齿表面的牙垢，"去除牙垢"是牙刷（刷毛）的有用功能。但同时，在刷牙的过程中，刷毛可能也会和牙龈发生摩擦，导致牙龈出血或损伤牙龈的现象发生，这是我们不希望见到的，违背了设计使用牙刷的初衷，因此"损伤牙龈"是牙刷（刷毛）的有害功能。

1. 有用功能

有用功能(useful function, UF)是指功能载体对功能对象的作用沿着期望的方向改变功能对象的参数，这种期望是改"善"，是设计者、使用者希望达成的功能。

根据功能对象在技术系统中所处的位置不同，有用功能可分为不同的等级(ranking)，有用功能等级划分的依据是该功能离系统目标的位置，离系统目标越近，则功能等级越高，等级高低采用功能价值来表达。显然，某个组件提供的功能如果直接作用在系统目标上，则该功能等级是最高的，称为技术系统的基本(主要)功能(basic/main function)，用 B 表示。基本功能的功能价值为3分。

基本功能是与技术系统的主要目的直接有关的功能，是技术系统存在的主要理由，它回答"该系统能做什么"的问题。基本功能包括价值(使用价值和功能价值)，一个系统可能有多个基本功能。

如果功能对象为系统组件，那么该功能称为辅助功能(auxiliary function)，用 A_x 表示。如果接受该辅助功能的功能对象是产生基本功能的功能载体，则该辅助功能的功能等级为 A_1，以此类推。辅助功能的功能价值为1分。因此，辅助功能是为了更好地执行一个基本功能所服务的功能,是支撑基本功能的功能。辅助功能占据了大部分成本,对于基本功能来说很可能是不必要的。

如果功能对象为超系统组件,那么该功能称为附加功能(additional function)用 A_d 表示,它回答"该系统还有什么其他作用"的问题。例如,洗衣机的基本功能是"分离脏物",目标是脏衣物。在洗衣机系统中,需要的另外几个超系统组件就是水、洗衣液和柔润剂等,洗衣机波轮的作用对象是水,它的功能是"搅动水",这是一个附加功能。如果洗衣机用于洗衣物外的其他物品,不能认为系统目标发生改变了,而说洗衣机的附加功能为还可以"洗红薯""洗拖把"等,原因就在于不管放进洗衣机的具体物品是什么,目标是一致的,就是"分离(放进洗衣机内的物品中所含有的)脏物",而不是放进洗衣机内的物品本身。就像牙刷的目标是黏附在牙齿表面的牙垢、食物残渣等,而不是牙齿本身。

图 2-13 表示了基本功能、辅助功能和附加功能的关系。系统组件 1 作为功能载体提供系统的基本功能,同时作为功能对象又接受了组件 2 提供的辅助功能,则该辅助功能等级为 A_1。附加功能的功能价值为 2 分。

图 2-13 有用功能的等级

技术系统中的有用功能在实际过程中对功能对象参数的改善值可能和期望的改善值之间存在一定的差异,称为有用功能的"性能水平(performance)"。当实际的改善达到所期望的改善时,称为"正常功能(normal function)",用 N 表示;当实际的改善大于所期望的改善时,称为"功能过度(excessive function)",用 E 表示;当实际的改善小于所期望的改善时,称为"功能不足(insufficient function)",用 I 表示。任何局部必要功能的缺少或不足,都将影响整体功能的发挥,对功能系统具有破坏性,影响用户使用效果。

功能定义阶段需要确定各有用功能的性能水平,以便为后续功能分析和裁剪提供依据。功能的性能水平过度和不足都是技术系统的不利因素,除功能载体自身原因导致功能不足和功能过度外,多数情况下是由根原因产生的,经过功能链的传导而产生差异。因此,多数情况下,应用 TRIZ 的因果分析查找出产生问题的根原因并加以消除,那么经由功能链传导而产生的功能不足和功能过度可随之消失。

2. 有害功能

有害功能(harmful function)是功能载体提供的功能不是按照期望的方向对功能对象的参数进行改善,而是恶化了该参数,用 H 表示。

有害功能是导致技术系统出现问题的主要原因。通过功能分析与因果分析,找出产生有害作用的根本原因,通过裁剪等工具实现对系统进行较小的改变就能解决技术系统的问题,并最终实现技术系统理想度的提升。因此,对于有害作用不用确定其等级,也不用确定其性能水平。在TRIZ的功能分析中,不采用折中方法(即减少有害作用的影响),而是必须消除有害功能。

综上所述,基于组件的TRIZ功能分类方法可以帮助工程技术人员确定已有技术系统所提供的主功能、研究系统组件对系统功能的贡献以及分析技术系统中的有用功能及有害功能的关系,为下一步进行功能分析和改善技术系统奠定基础。

2.4 功能分析与功能模型

功能分析是指对已有技术系统(或已有产品)进行分解,明确系统各组件的有用功能及功能等级、性能水平(正常功能、过度功能、不足功能)和有害功能,帮助工程技术人员更详细地理解技术系统中组件之间的相互作用,建立组件功能模型。因此,在TRIZ中,功能分析是识别系统及超系统组件的功能、等级、性能水平及成本的一种分析工具,主要内容包括:

(1) 确定技术系统所提供的主功能;
(2) 研究各组件对系统功能的贡献;
(3) 分析系统中的有用功能及有害功能;
(4) 对于有用功能,确定功能等级与性能水平(正常、不足、过度);
(5) 建立组件功能模型,绘制功能模型图。

功能分析的目的:
(1) 明确各功能之间的相互关系,合理地匹配功能;
(2) 简化技术系统,优化系统结构,降低成本,提高产品价值;
(3) 使产品具有合理的功能结构,满足用户对产品功能的需求;
(4) 确定必要功能,发现不必要功能和过剩功能,弥补不足功能,去掉不合理的功能以及消除有害功能。

功能分析的作用:
(1) 发现系统中存在的多余的、不必要的功能;
(2) 采用TRIZ其他方法和工具(如矛盾分析、物质-场分析、裁剪等),完善及替代系统中的不足功能,消除有害功能;
(3) 裁剪系统中不必要的功能及有害功能;
(4) 改进系统的功能结构,提高系统功能效率,降低系统成本。

基于组件的功能分析分三步进行:首先,识别技术系统的组件及其超系统组件,建立组件列表,分析组件的层级关系;其次,识别组件之间的相互作用,进行组件相互作用分析,建立相互作用矩阵;最后,依据功能定义三要素原则,在相互作用矩阵的基础上对组件功能进行定义,并识别和评估组件的等级和性能水平,建立功能模型。

2.4.1 组件分析

组件分析是指识别技术系统的组件及其超系统组件,得到系统和超系统组件列表(见

表 2-3),即技术系统是由哪些组件构成的,这是识别问题的第一步。组件列表中明确技术系统的名称、技术系统的主要(基本)功能以及系统组件和超系统组件。

表 2-3 组件列表

技术系统	主要功能	系统组件	超系统组件
技术系统的名称	to/verb/target	组件 1 组件 2 ⋮ 组件 n	组件 1 组件 2 ⋮ 组件 m

例 2.2 热交换器

图 2-14 所示为热交换器的结构简图,热交换器的主要功能是降低高温介质的温度。热交换器的壳体左上端安装有一个高温介质流入口,右下端安装有一个冷却后介质流出口;壳体左右两端各有一个端面封堵,左端安装一个补偿装置,然后再连接一个冷却介质流出口,右端封堵连接冷却介质入口。交换器内部的低温介质承载管道由左右端堵支撑。

图 2-14 热交换器的结构简图

热交换器的工作原理是:高温介质 M_1 由交换器上端入口进入,流经交换器内部与管道外壁接触并加热管道,由交换器右下端的出口流出后,形成低温介质 m_1。冷却介质 m_2 由交换器右端进入内部管道,流经管道的过程中冷却管道,完成热交换过程后由交换器左端流出 M_2。

因此,热交换器的组件构成有:壳体、端堵、管道、管道支撑架和补偿装置,另外还有高温介质的流入口、流出口,冷却介质的流入口、流出口。在加工制造过程中,高温介质的流入口、流出口可能是两个单独的器件,但在本例的功能分析中,它们的功能和交换器壳体功能一样,起"引导、支撑高温介质"的功能,可以将它们和壳体视为一个组件。同样,冷却介质的流入口和右端堵,流出口和补偿装置一起,均可视为一个组件。

M_1 和 m_2 是系统的目标,属于超系统组件。同时,高温介质 M_1 会加热壳体,壳体热量有部分散失到空气中,因此空气也是超系统组件。这样得到热交换器的组件列表如表 2-4 所示。

表 2-4 热交换器的组件列表

技术系统	主要功能	系统组件	超系统组件
热交换器	降低高温介质的温度	壳体 端堵 管道 管道支撑架 补偿装置	高温介质 M_1 冷却介质 m_2 空气

由例 2.2 可以看出,组件分析的关键是如何确定技术系统内组件的层级。例如,一个矿泉水瓶,从零部件构成角度看,矿泉水瓶由瓶身和瓶盖组成,那么矿泉水瓶的组件构成是否就是瓶身和瓶盖呢?显然,层级的划分应考虑技术系统处于什么条件,如果是分析如何打开一瓶矿泉水,这种层级的划分可能适用。但是如果是分析矿泉水灌装封装系统的,则瓶身可能需要往更深层级划分:瓶嘴、瓶身和瓶底。这是因为在灌装封装系统中,瓶嘴和瓶身的功能各异。因此,在进行组件分析的层级划分时,有如下一些建议可以参考。

(1) 依据项目目标和限制条件选择层级。如果项目目标是优化技术系统中的某些特征性能参数,层级的划分与选择可考虑与目标相关联的系统组件和超系统组件。例如,需要优化风阻对汽车燃油消耗的影响,则组件的选择可考虑风阻会对汽车系统哪些组件产生影响,车身(形状)、进气栅、扰流板等和风阻直接相关,和汽车变速机构、座位等关联不大的组件则可以不予考虑或以一个大的结构组件来表达。

(2) 较低层级会增加分析的工作量,而较高层级会导致信息不充分。层级划分得越细,组件数量就越多,对于查找深层次的原因有好处,但相应的功能分析的工作量就会变得非常大;相反,层级划分较粗,则可能导致信息不完全,某些问题产生的原因被掩盖起来。

(3) 选择在同一层级的组件。如果明确问题所处的层级,则可以选择在同一层级的组件进行分析,在分析该层级组件对其他层级所产生的影响时,其他层级组件可视为一个组件。

(4) 将相似的组件看成为一个组件。如果某些组件完成的功能相似,可以考虑看成为一个组件。例如,机械紧固采用螺栓螺母结构,多个同种型号的螺栓、螺母可以看作为组件"螺栓"和"螺母",而将数量作为组件的参数来处理。这样一来,螺栓螺母的数量可以作为参数来进行矛盾的描述:螺栓螺母的数量越多,紧固效果越好,但是在维修拆卸时,操作所需花费的作业时间也就越多,显然这是一个物理矛盾问题。

(5) 如果一个组件需要更多的分析,则从最低层级开始重新做组件分析。

以汽车系统为例,图 2-15 表示了汽车系统的层级关系,具体选择哪一层级进行组件分析,可以参照上述 5 条建议进行。

文献[7]提供了一种反向鱼骨图的方法来分析系统的层级关系。鱼骨图(fishbone diagram)是描述产品装配顺序的一种图形工具,已成功地用于面向装配的设计;而反向鱼骨图(reverse fishbone diagram)则是鱼骨图的反向应用,是一种拆卸系统、系统零部件回收再利用与维修的系统分析工具。

技术系统生命周期的不同阶段具有不同的超系统,项目目标和限制条件的不同,超系统组件的选择也会有所不同,因此超系统组件的选择也是根据具体情况来进行的。总体上看,除系统的目标必须是超系统组件外,还有其他典型的超系统组件。

图 2-15 汽车系统的层级划分

(1) 生产阶段：设备、原料、生产场地、生产环境、作业人员等。
(2) 使用阶段：消费者、能量源、其他关联系统。
(3) 储存和运输阶段：交通工具、搬运工具、储存场所、储存环境、作业方法等。
(4) 与技术系统作用的外部环境：空气、水、灰尘、热场、重力场等。

综上所述，组件分析的一般流程为：
(1) 建立构成系统的组件层级；
(2) 选择一个组件层级；
(3) 识别选择的层级中的组件；
(4) 填写组件列表。

例 2.3　浸漆工艺系统

在产品或工件表面上漆工艺有油漆喷涂、浸漆等。浸漆工艺是指将待上漆工件浸泡在油漆箱(池)中使工件外表面黏附油漆，当工件离开油漆箱后，可通过旋转工件或其他方法去掉工件表面多余的油漆，然后对工件进行烘烤，从而达到在工件表面固化油漆的目的，如图 2-16 所示。

图 2-16　浸漆工艺系统

该系统的工作原理是：当油箱的油漆下降到一定高度时，浮球下降并带动杠杆，杠杆右端触发开关，接通电源，由电机带动油泵工作，将油桶内的油漆抽到油箱中去。当油箱液面上升到一定高度时，浮球上升带动杠杆，杠杆触发开关关闭，电机和油泵停止工作。

实际运行过程中,由于空气对黏附在浮球表面上的油漆的干燥作用,使得部分油漆干燥固化在浮球表面,增加了浮球的重量,从而使浮球控制杠杆的功能下降,引出一连串反应导致油泵不能及时停止工作而将多余油漆抽取到油箱中。情况严重时,油漆会漫出油箱边缘而溢出。

按照组件分析的流程,建立浸漆工艺系统的组件列表如表 2-5 所示。

表 2-5 浸漆工艺系统的组件列表

技术系统	主要功能	系统组件	超系统组件
浸漆工艺系统	移动(油桶中的)油漆(到油箱中)（为油箱补充油漆）	浮球 杠杆 开关 电机 油泵 油箱	油漆 油桶 工件 空气

2.4.2 相互作用分析

组件相互作用分析用于识别技术系统以及超系统的组件间的相互作用,这是功能分析的第二步。相互作用分析的结果就是构造组件列表中的系统组件和超系统组件的相互作用矩阵,用以描述和识别系统组件及超系统组件之间的相互作用关系。

相互作用矩阵的第一行和第一列均为组件列表中的系统组件和超系统组件,如表 2-6 所示。如果组件 i 和组件 j 之间有相互作用关系,则在相互作用矩阵表中两组件交汇单元格中填写"＋",否则填写"－"。判断组件 i 和组件 j 存在相互作用的依据是组件 i 和组件 j 必须存在相互接触(touch)。

表 2-6 相互作用矩阵

	组件 1	组件 2	组件 3	…	组件 n
组件 1		－	＋	－	－
组件 2			＋	－	－
组件 3				＋	＋
⋮					＋
组件 n					

在灯光下进行阅读,日光灯和阅读材料之间有相互作用吗?按照 2.2.3 节关于功能定义的表达,直觉表达可能会认为这二者之间有相互作用,因为日光灯照亮了阅读材料。实质上,日光灯和阅读材料并没有发生接触,也就没有相互作用,因为日光灯的本质功能是"发光",功能的结果是一种"光线场",之所以能看清阅读材料,是"光线场"作用在阅读材料上,阅读材料将光线场进行反射,使得阅读者的眼睛能够感应光线的变化。另一方面,如果将日光灯和它产生的光线场看成一个"物质-场"的组合而定义为一个组件,那么该组件则和阅读材料之间存在相互作用。

因此,确定组件之间的相互作用是否存在,必要条件是两个组件之间存在相互接触。当按照相同的顺序将组件列表中的组件和超系统组件构造相互作用矩阵的行和列之后,依次识别不同的行元素和列元素之间是否存在相互作用。如果某一行(列)与其他元素均不存在相互作用,则需要移除这一行(列),同时在组件列表中移除该组件。

一般情况下,相互作用矩阵的左下角和右上角呈对称状态,组件 i 对组件 j 产生一个作用,那么,组件 j 对组件 i 必产生一个反作用,这种情况下一般不列出反作用,但是在后续功能分析过程中必须识别是否需要考虑反作用影响。如果组件间存在多个相互作用,在构造矩阵列表时不用特别指出,但是在后续的功能分析中必须全部指出并进行相关分析工作。

表 2-7 和表 2-8 分别表示了热交换器和浸漆工艺系统的相互作用矩阵。

表 2-7　热交换器的相互作用矩阵

	壳体	端堵	管道	管道支撑	补偿装置	M_1	m_2	空气
壳体		+	−	−	+	+	−	+
端堵			+	−	+	−	−	+
管道				+		+	+	
管道支撑								
补偿装置						−		+
M_1							−	−
m_2								
空气								

表 2-8　浸漆工艺系统的相互作用矩阵

	浮球	杠杆	开关	电机	油泵	油箱	油漆	油桶	工件	空气
浮球		+	−	−	−	−	+	−	−	−
杠杆			+	−	−	+	−	−	−	+
开关				+	−	+			−	
电机					+					
油泵						+	+			
油箱							+	−		+
油漆								+	+	
油桶										
工件										+
空气										

从表 2-8 中可以看出,需要浸漆处理的工件只和油漆、空气存在相互作用。由于浸漆工艺系统的主要问题是"油泵不能及时停止工作而将多余油漆抽取到油箱中,导致油漆会漫出油箱边缘而溢出",该问题和需要浸漆处理的工件没有任何关系,可以将工件这一超系统组件从组件列表和相互作用矩阵中移除。在后续的功能分析与功能建模中,不再考虑工件这一个超系统组件。同样,热交换器中的超系统组件——空气,虽然和壳体、端堵及补偿装置均存在相互作用,由于和系统问题无关联,也可以移除不予考虑。

2.4.3 建立功能模型

由设计的观点看,任何系统内的组件必有其存在的目的,即提供功能。运用功能分析,可以重新发现系统组件的目的和其表现,进而发现问题的症结,并运用其他方法进一步加以改进。功能分析为创新提供了可能性,为后续技术系统裁剪实现突破性创新提供可能,功能分析的结果是功能模型。

功能模型(functional modeling)描述了技术系统和超系统组件的功能,以及有用功能、性能水平及成本水平。建立功能模型的流程为:

(1) 识别系统组件及超系统组件;
(2) 使用相互作用矩阵,识别及确定指定组件的所有功能;
(3) 确定及指出功能等级;
(4) 确定及指出功能的性能水平,可能的话,确定实现功能的成本水平;
(5) 对其他组件重复步骤(1)~(4)。

功能模型采用图形、文字及图例综合的模板进行表达,表2-9为功能模型的常用图例列表,表2-10为建立功能模型的模板。

表2-9 功能模型图例

功能分类	功能等级	性能水平	成本水平
有用功能	基本功能 B	正常 N	微不足道的 Ne(negligible)
	辅助功能 A_x	过度 E	可接受的 Ac(acceptable)
	附加功能 A_d	不足 I	难以接受的 UA(unacceptable)
有害功能	H		
图形	正常功能 过度功能 不足功能 有害功能	→　⇒　--→　(红色)—×—→ 或 ～～→	

表2-10 功能建模的模板

功能载体	功能名称	功能等级	性能水平	评价(成本)
功能载体1	to/动词/对象 X	B,A_x,A_d,或 H	N,E,I	Ne,Ac,UA
	to/动词/对象 Z	B,A_x,A_d,或 H	N,E,I	Ne,Ac,UA
……				
功能载体 n	to/动词/对象 X	B,A_x,A_d,或 H	N,E,I	Ne,Ac,UA
	to/动词/对象 Z	B,A_x,A_d,或 H	N,E,I	Ne,Ac,UA

建立功能模型时的注意事项:

(1) 针对特定条件下的具体技术系统进行功能定义;
(2) 组件之间只有相互作用才能体现出功能,所以在功能定义中必须有动词来表达该功能且采用本质表达方式,不建议使用否定动词;
(3) 严格遵循功能定义三要素原则,缺一不可;

(4) 功能对象是物质,不能仅仅使用物质的参数;

(5) 如果不能确定使用何种动词进行功能定义,请采用通用定义方式:"X 更改(或保持)Z 的参数 Y"。

有两种方法可以完成功能分析过程:

第一种是**功能对象分析法**,即以功能对象为单位,分析与功能对象相互作用的功能载体的功能,并且按照先分析与系统目标相互作用的功能载体的功能,然后分析与超系统组件相互作用的功能载体的功能,最后以前面两步分析得到的功能载体作为功能对象,来分析与其相互作用的其他功能载体的功能,直到每一个组件都分析完成。显然,这是一种由基本功能分析向附加功能分析,再向辅助功能分析的过程。

第二种是**顺序分析法**,即以相互作用矩阵为基础,按照矩阵中组件出现的先后顺序,将其作为功能载体,分析该功能载体可以提供的功能。本书采用第二条途径来进行功能分析并建立功能模型,以例 2.2 热交换器为例,说明功能模型的建立过程。参照表 2-7 热交换器的相互作用矩阵,分别以壳体、端堵、管道、管道支撑、补偿装置、M_1 和 m_2 作为功能载体进行功能分析。

壳体和端堵、补偿装置及 M_1 有相互作用,首先考虑壳体与系统目标 M_1 的作用,M_1 在壳体中流动,壳体对 M_1 的功能则是"导向和支撑",属于基本功能、正常的有用功能(但不是系统的主要功能)。同样,M_1 对壳体除有反作用外,M_1 还会加热壳体,M_1 也可能通过与壳体内壁摩擦而磨损或腐蚀内壁,这个在以 M_1 作为功能载体时再分析。端堵连接固定在壳体的端面,因此壳体对端堵的功能是"支撑(固定)端堵",这是系统组件之间的相互作用,属于辅助功能,是系统所期望的,属于有用功能且是正常功能;补偿装置用于补偿 M_1 对管道的加热作用导致的管道伸长,壳体需要对补偿装置进行支撑固定,因此对补偿装置而言,壳体的功能是"支撑",属于辅助功能、正常的有用功能。壳体的功能分析模板列表如表 2-11 所示。

表 2-11 壳体的功能分析表

功能载体	功能名称	功能等级	性能水平	评价(成本)
壳体	引导(支撑)M_1	B	N	
	支撑(固定)端堵	A_x	N	
	支撑补偿装置	A_x	N	

从表 2-7 可以看出,端堵与补偿装置、管道有相互作用,另外由于壳体对端堵的支撑固定功能,端堵会对壳体产生一个反作用,这个作用对系统问题分析没有什么影响则不予考虑了。端堵对补偿装置、管道而言,只起"支撑"功能,端堵的功能分析如表 2-12 所示。

表 2-12 端堵的功能分析表

功能载体	功能名称	功能等级	性能水平	评价(成本)
端堵	支撑补偿装置	A_x	N	
	支撑管道	A_x	N	

管道支撑安装在两端的端堵上,不和壳体内壁接触,多管道中间用几个管道支撑。因此,管道支撑的功能是"支撑管道",属于正常的辅助功能。同时由于 M_1 在壳体内从左端流

向右端,管道支撑会阻滞 M_1 的流动,属于有害功能。

高温介质 M_1 通过加热壳体和加热管道的方式来交换热量,加热壳体后由壳体散热到环境中去,属于被动方式,不属于系统设计功能范畴,作为正常有用功能。加热管道的散热方式属于系统设计目的,是基本(主要)功能,但是交换效率一般,属于功能不足。由于 M_1 高温作用("热胀冷缩"原理),会对管道产生拉长且产生振动这两个有害作用。为消除这两个有害作用的影响,当前系统采用了在壳体左端安装补偿装置的方式来补偿管道的拉长与振动,但是效果不是很理想,是该系统目前最主要的问题。另外,M_1 与壳体内壁摩擦而磨损或腐蚀内壁,属于有害功能,但由于有害作用微细且不是影响系统的主要问题,功能分析过程中可以忽略(如果腐蚀有害作用影响系统使用寿命,作为系统的主要问题之一的话,则需要进行功能分析)。

管道受热后,通过加热内部的冷却介质 m_2 完成热量交换,交换效率一般,属于功能不足。由于管道受热后长度变化会对端堵造成挤压,即对端堵而言,受热的管道功能是"移动端堵",显然这是系统不期望的结果,属于有害功能。

冷却介质 m_2 的功能是"冷却管道",是管道"加热 m_2"功能的反作用,属于功能不足,冷却的同时所造成管道的缩短,属于有害功能。而对于补偿装置而言,其设计的主要目的是补偿"管道受热造成端堵的位置移动",功能是"补偿端堵",为消除管道受热变形对端堵挤压影响而专门设计了补偿装置,显然属于功能过度。将热交换器的 7 个组件的上述功能分析进行汇总,得到如表 2-13 所示的热交换器的功能分析表。

表 2-13 热交换器的功能分析表

功能载体	功能名称	功能等级	性能水平	评价(成本)
壳体	引导(支撑)M_1	B	N	
	支撑(固定)端堵	A_x	N	
	支撑补偿装置	A_x	N	
端堵	支撑补偿装置	A_x	N	
	支撑管道	A_x	N	
管道支撑	支撑管道	A_x	N	
	阻滞 M_1	H		
M_1	加热壳体	B	N	
	加热管道	B	I	
	拉长管道	H		
	振动管道	H		
m_2	缩短管道	H		
管道	移动端堵	H		
	加热 m_2	B	I	
补偿装置	补偿端堵	A_x	E	

将系统的功能分析表以图形的方式表达出来就可以得到系统功能模型图。图 2-9 显示出"组件""超系统组件""目标"的不同图符表达方式,各类计算机辅助创新 CAI 软件也有不同的图形表达。功能模型图例则可以参照表 2-9 对于正常功能、功能不足、功能过度和有害功能的图形表示,建议与 TRIZ 中"物质-场模型"的表达方式保持一致。将表 2-13 进行一定的转化,就可以得到如图 2-17 所示的热交换器的功能模型图。

图 2-17 热交换器的功能模型图

按照同样的方法,可以得到例 2.3 浸漆工艺系统的功能分析表(见表 2-14)和相应的功能模型图(见图 2-18)。

表 2-14 浸漆工艺系统的功能分析表

功能载体	功能名称	功能等级	性能水平	评价(成本)
浮球	支撑油漆(黏附)	H		
	移动杠杆	A_x	I	
杠杆	支撑浮球	A_x	N	
	控制开关	A_x	I	
开关	控制电机	A_x	I	
电机	旋转油泵	A_x	E	
油泵	移动油漆	B	E	
油箱	容纳油漆	B	I	
	支撑杠杆	A_x	N	
	支撑开关	A_x	N	
油漆	移动浮球	A_x	I	
油桶	容纳(支撑)油漆	B	N	
空气	固化油漆	H		

图 2-18 浸漆工艺系统的功能模型图

2.4.4 功能模型的应用

通过功能分析建立起技术系统的功能模型后,接下来的工作就是应用功能模型帮助我们解决系统存在的问题。按照图1-8给出的 TRIZ 创新方法应用流程,有3条应用功能模型解决问题的路线。

1. 直接应用 TRIZ 的解决问题工具(图1-8中的路线①)

如果需要对系统做最小的变动或者期望改善成本最小的话,则可以应用物质-场模型和76个标准解;如果功能模型中表现出非常明显的矛盾问题,则可以应用40个发明原理和分离原理来产生解决问题方案;如果是明显的功能问题,可以将问题归纳为"How to"模型的话,则通过功能导向搜索和查找科学效应知识库来寻找解决方案。直接应用 TRIZ 工具的关键在于可以在功能模型中提炼出"技术系统的关键问题模型"。

以例2.3的浸漆工艺系统为例,从图2-18可以看出,由于空气干燥固化会将油漆黏附在浮球上,使浮球的重量增加,通过杠杆传递来控制开关的闭合失效,从而导致"油泵移动油漆"出现功能过度。显然系统需要浮球与油漆接触,由此产生的浮力可以使浮球上下运动;为了防止油漆固化在浮球上,希望油漆不和浮球接触。这是一个非常明显的物理矛盾。如果将这一物理矛盾转化成"How to 让固体(浮球)表面不黏附黏性物质"的话,通过功能导向搜索和查找科学效应知识库或者自身经验,生活中的"不粘锅"可能会给我们一个启发:在浮球表面涂覆一层材料 X,X 的性能保证油漆不会由于空气的干燥固化作用而黏附在 X 表面。这时,原有的技术问题就变成了"X 是什么?""能否低成本地获得 X?""如果没有现成的 X,什么样的方法可以获得 X?"等。

例2.4 安瓿(ampule)

安瓿是一种可熔封的硬质玻璃容器,用以盛装注射用药或注射用水。玻璃安瓿生产时,敞口瓶装好药水到一定的液面高度。在封口工序采用乙炔焰熔化瓶口玻璃并封口,但是安瓿内的药液在此高温下会发生变质,图2-19(a)为安瓿火焰封口工艺系统示意图,图2-19(b)为安瓿火焰封口工艺系统的功能模型图。

从功能模型中,可以确定产生问题的几个功能:(火焰)加热安瓿和(安瓿)加热药水属于有害功能,(空气)冷却安瓿属于功能不足。对于这三个问题,可以直接应用 TRIZ 的解决问题工具。火焰、安瓿可构建一个物质场,火焰除对安瓿产生一个正常有用功能(安瓿尖端需要高温,以便熔化玻璃实现安瓿密封),火焰高温作用到安瓿瓶身产生了一个有害作用(加热药水使其变质)。按照标准解1.1.8,"同时需要强的和弱的效应时,需要弱的效应的部位用物质 S_3 保护"。安瓿尖端需要强效应,而安瓿瓶身需要弱效应,则可能的解决方案是"安瓿瓶身药液部分浸入冷水(S_3)中",同时也增强了不足功能"(空气)冷却安瓿"。

如果将问题归纳为"How to"模型,则系统问题功能可描述为"How to eliminate the function heat medicine?(如何消除加热药物功能?)"和"How to intensify the function cool the ampule?(如何增强冷却安瓿瓶功能?)"(功能导向搜索 FOS 在 google 等搜索引擎中使用英文才能得到比较理想的参考范例),进一步提炼为"How to cool the ampule?(如何冷却安瓿瓶?)",然后在 https://www.google.com/patents 中进行搜索,就可以得到一些类

图 2-19 安瓿火焰封口工艺系统的功能模型图
(a) 安瓿火焰封口工艺系统示意图；(b) 安瓿火焰封口工艺系统

似问题的参考解决方案。图 2-20 为使用计算机辅助创新 CAI 软件 Goldfire Innovator 进行搜索而直接得到的一些参考解决方案。

图 2-20 功能导向搜索示例

2. 裁剪（trimming，图 1-8 中的路线②）

如果改善的目的是降低系统成本、提高系统稳健性、消除问题或者是进行专利规避、专利增强，则可以将系统中产生有害作用、功能不足、功能过度或低成本组件等系统组件进行裁剪。显然，如果产生有害作用的组件消失了，那么该组件产生的有害作用也就没有了，接下来的问题是该组件的有用功能也消失了，这就出现了"裁剪问题"。显然，改善的目的是消除有害功能，但是组件的有用功能必须保留，此时解决裁剪问题需要将原组件的有用功能转移到其他组件、新增组件或超系统组件中去。例如，将浸漆工艺系统中的浮球裁剪，"浮球支撑油漆"的有害功能消失了，但是"浮球移动杠杆"的有用功能如何保留就成了"裁剪问题"。进一步裁剪杠杆，"浮球移动杠杆"的功能不需要了，但是"（杠杆）控制开关"的功能如何实现依然是"裁剪问题"。因此，对技术系统实施裁剪，得到裁剪模型，原有技术系统问题就转化成"裁剪问题"。对于"裁剪问题"，可以通过建立"技术系统的关键问题模型"转而去直接应用 TRIZ 工具;也可以进行下一步"因果分析(根原因分析)"。

3. 因果分析(根原因分析,图 1-8 中的路线③)

因果分析也称因果链分析,目的是寻找技术系统中产生问题的最关键的根本原因,常用工具是"因果链图"(详细内容请参见第 3 章)。因果链图采用"结果-原因回溯"的方法,从结果去查找导致该结果的可能原因,并最终期望找出产生系统问题的根本原因(问题),通过消除根本原因(问题)或者对根本原因(问题)进行问题建模,变成 TRIZ 的一般化问题模型,最后应用 TRIZ 工具来解决问题。

2.5 裁　　剪

如果技术系统需要删减其某些组件,同时保留这些组件的有用功能,从而实现降低成本、提高系统理想度的目标,则称此类问题为技术系统的裁剪问题。对技术系统实施裁剪的关键在于"确保被裁剪的组件有用功能得到重新分配"。

裁剪问题也属于一类发明问题。针对技术系统实施裁剪,可以简化系统结构,提高理想度。在企业实施专利战略的过程中,裁剪方法也是进行专利规避的重要手段,有用功能得以保留和加强,降低成本,产生新的设计方案。

裁剪的作用:
(1) 精减组件数量,降低系统的组件成本;
(2) 优化功能结构,合理布局系统架构;
(3) 体现功能价值,提高系统实现功能效率;
(4) 消除过度、有害、重复功能,提高系统理想化程度。

2.5.1 裁剪对象的选择

按照功能分析的结果,对各组件进行价值评价,通常选择价值最低的组件作为裁剪对象开始实施系统裁剪,如提供辅助功能的组件、实现相同功能的组件、具有有害功能的组件等,不能选取超系统组件作为裁剪对象。

1. 基于项目目标和约束选择组件作为裁剪对象

降低成本、稳健设计、消除问题、增强专利。如果系统本身没有什么问题,只是出于降低成本的目的,则可以考虑裁剪系统中功能价值较低但是成本昂贵的组件。对于专利规避,假定竞争专利的技术系统是没有问题的,针对竞争专利权利书中独立权利声明的相关组件的一个或者几个实施裁剪,并将其原来承载的功能转移到独立声明中剩下的其他组件中或者超系统组件中,从而可以绕开竞争对手专利保护。如果需要最大限度地改善技术系统,则可以考虑裁剪有主要缺点的组件,提高系统的稳定性。

图 2-21 为摩托车系统的简易功能模型。为了将摩托车的成本降低,可以假定现有摩托车系统没有大的技术问题,只是期望通过裁剪来降低摩托车的成本。如果裁剪发动机组件,

成本可以降低非常大,但是系统缺少了动力系统,变成了"单车",原有系统的性能大幅降低了,显然裁剪发动机不合适。如果裁剪油箱,发动机需要的汽油储存在哪个剩下的组件中?即原来油箱"储存汽油"的功能转移到哪一个系统组件中去?通过资源分析,需要分析剩余组件中,哪些组件可以提供足够的空间来储存汽油且安全性良好。那么车架、座位等可以进行结构改变,即保留原来组件的功能,同时增加封闭空间可以储存汽油。另外,也可以考虑裁剪一个摩托车轮,获得单轮摩托车的创意设计(此时系统的主要问题是单轮的前后平衡),两种裁剪得到的创新设计如图2-22所示。

图2-21 摩托车系统的简易功能模型图

(a) (b)

图2-22 通过裁剪得到的新型摩托车创意设计
(a)车架油箱一体式;(b)单轮摩托车

2. 选择"具有有害功能的组件"作为裁剪对象

需要进行因果分析,构造因果链图,找出最根本的有害原因,然后只需要裁剪产生根本有害原因的组件,由此产生的一系列问题就可以一次性全部解决。例如,浸漆工艺系统中的"浮球支撑油漆"是产生系统问题的根本原因,如果消除该有害作用,由其导致的一系列的功能不足、功能过度等问题就可以全部解决。

3. 选择价值最低的组件作为裁剪对象

评估"具有有用功能的组件"的价值参数有三个:功能等级、性能水平和成本。

2.3节已对功能等级进行了划分,评估组件功能价值时,对功能等级赋予一定的等级分值。基本功能(B)分值为3,附加功能(A_d)分值为2,辅助功能(A_x)分值为1,特别地,对于辅助功能的功能对象如果是提供基本功能的组件,则该辅助功能分值为 2。图 2-23 为某系统的功能模型示意图,组件 1 的功能等级分值为 $F_1=3$,组件 2 的功能等级分值为 $F_2=3(2+1)$,组件 3 的功能等级分值为 $F_3=2$,组件 4/5 的功能等级分值为 $F_4=1$ 和 $F_5=1$。文献[7]提供了另外一种功能等级数值的确定办法,感兴趣的读者可参考阅读。

图 2-23 功能等级分值

功能性能水平是指功能载体对功能对象参数的改善值和期望的改善值之间的差异,即功能产生问题的严重程度,用 P(problem)来表示,由工程技术人员结合自身专业知识和问题实质进行确认,正常功能的 $P=0$。一般地,有害功能产生问题的严重性最大,功能不足和功能过度的问题严重性根据实际确定。

功能成本主要由功能载体的设计制造等成本因素构成,用 C(cost)来表示,实际工作中有相当多的成本计算方法,公司、企业均有一套成熟的成本计算方法。

当功能等级、性能水平和成本识别之后就可以计算每一功能的价值参数(parameters of value),用 PV 表示:

$$PV = F/(P+C)$$

这样一来,技术系统就可以计算出很多的功能价值参数 PV,以 $P+C$ 作为横坐标,F 作为纵坐标,就可以画出技术系统的功能-成本图(function-cost chart),如图 2-24 所示。根据实际情况,可以将各价值参数 PV 划分为 4 个区域。

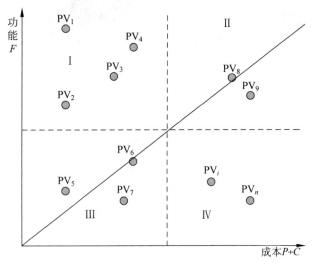

图 2-24 功能-成本图

如果某些价值参数 PV 落在 I 区,说明其功能价值高,这是系统所期望的。落在 II 区的功能价值参数 PV,虽然功能很强,但是实现功能的成本较高或产生问题的严重性较高,此时的改善策略是降低成本,减少某些功能产生问题的严重性。落在Ⅲ区的功能价值参数 PV,虽然成本较低或对系统不产生什么问题,但是功能偏弱,此时的改善策略是功能增强。对于Ⅱ区和Ⅲ区的功能价值参数 PV,均可使用裁剪和其他 TRIZ 工具进行系统功能改进。对于落在Ⅳ区的功能价值参数 PV,价值低且成本高,一般采取裁剪的方法去除这些功能,同时分配其有用功能给其他组件来完成。

在技术系统的多个功能参数中,总有一些对产品或者服务消费决策过程做出关键贡献或者结果的 PV 存在,称为主要价值参数(main parameters of value,MPV)。MPV 的架构思路聚焦于实现客户价值(需求),同时也关注公司新产品的未来盈利能力高低,MPV 体现了客户的重要需求信息,应该是指导创新的指南针。TRIZ 认为,技术系统的主要价值参数 MPV 的显著提升就是创新。

确定技术系统的裁剪对象之后,以下一些建议可以用于指导裁剪:
(1) 基于项目目标和约束选择组件;
(2) 裁剪具有主要缺点的组件,以最大限度地改善技术系统;
(3) 根据裁剪规则进行裁剪;
(4) 如果没有可接受的替代品可供再分配就不要裁剪;
(5) 如果项目的目标和约束条件允许,执行极端(暴力)裁剪而不是渐进式裁剪;
(6) 根据裁剪组件的数量和相对重要性,裁剪可以更极端,也可以很保守。

2.5.2 技术系统裁剪规则

裁剪规则是指对技术系统的组件进行裁剪时必须遵循的一些基本法则。世界各地的 TRIZ 研究者提出了许多裁剪规则,比较常用的有 C2C Solutions 公司的 David Verduyn 在 2006 PDMA 会议上介绍的技术系统裁剪六规则(见表 2-15),国际 MATRIZ 协会主席 Sergei 先生所在的 GEN3 PARTNERS 公司提出的三个裁剪规则。另外,河北工业大学的檀润华教授和中国台湾地区的学者朱晏樟提出了技术系统裁剪四规则,计算机辅助创新软件 Tech Optimizer 中也采用了类似的四规则。

表 2-15　C2C Solutions 公司的技术系统裁剪六规则

编号	规则内容	应用实例
1	The function does not need to exist 不再需要某种功能,则裁剪功能载体	裁剪磁带,随身听→MP3
2	The function can be performed by another component or an element in the larger system 功能可由其他系统组件或超系统组件提供	牙刷手柄功能由超系统替代

续表

编号	规则内容	应用实例
3	The recipient of the function can perform the function itself 功能对象能对自己提供功能	喷水牙刷
4	The recipient of the function can be eliminated 功能对象可以去除	去除长脚杯的支撑脚
5	The function can be performed better by a new/improved part providing enhanced performance or other benefits 新的/改进的组件可以提供更好的功能	固体硬盘在体积与存取速度上比目前的磁介质硬盘具有更显著的性能,因此高性能的平板电脑大多数已采用该组件,而裁剪掉原来使用的磁介质硬盘
6	A new or niche market can be identified for the trimmed product 新/已有市场能够找到类似的裁剪产品	无轮辐自行车

　　裁剪对象只能是系统组件,要么是裁剪功能载体,要么是裁剪功能对象。如果是裁剪功能对象,功能载体所产生的功能没有作用对象了,那么这个功能也就没有意义,即功能载体也不需要了。如果裁剪对象是功能载体,有两种情况:一是功能对象自身能提供相应的功能,功能载体的功能不再需要,也就可以裁剪功能载体;二是功能载体的功能可以由已有的或新增的其他系统组件(或超系统组件)来提供,功能载体可以裁剪。这也是 GEN3 PARTNERS 公司的三规则的核心,下面介绍该公司三规则的详细内容。

　　规则 A:如果移除有用功能的作用对象 B,那么功能载体 A 可被裁剪(见图 2-25);另一种表达为:如果功能对象 B 不需要功能载体 A 提供的有用功能,则功能载体 A 可被裁剪。

　　实例分析:浸漆工艺系统中,如果杠杆被移除了,作为功能载体的浮球"移动杠杆"也就没有功能对象了,那么功能载体浮球就可以被裁剪。

　　梳子的功能是梳理头发,对于常年剃光头的人士而言,若头发不存在了,则梳子就可以被裁减掉。电蚊拍的功能是消灭蚊子,假设在某个区域或某个时间,蚊子不存在了,则电蚊拍就可以被裁剪掉。

　　规则 B:功能对象 B 能自我完成功能载体 A 的有用功能(见图 2-26)。

图 2-25　裁剪规则 A　　　　　图 2-26　裁剪规则 B

实例分析：由于笔记本电脑提供的 USB 插口有限，当需要同时连接多个 USB 设备时，通常会采用外接一个 USB-HUB(见图 2-27(a))，需要花费一定的购置成本，携带也不太方便。对用户而言，USB-HUB 的功能是"扩充 USB 插口的数量"，如果需要的插口数量越多，USB-HUB 也就越复杂，体积越庞大。如果 USB 设备的插头在占用计算机的一个 USB 插口的同时又能自身提供出一个 USB 插口，USB-HUB 也就可以裁剪了。因此，将现有的 USB 设备需用的插头设计成图 2-27(c)所示的结构，理论上计算机能连接的 USB 设备是没有限制的。

图 2-27　自服务 USB 接线口

规则 C：技术系统或超系统中其他的组件 C 可以执行功能载体 A 的功能。组件 C 可以是系统中已有的，也可以是新增加的，如图 2-28 所示。

图 2-28　裁剪规则 C

实例分析：浸漆工艺系统中，应用规则 A 时假定杠杆被移除了，浮球就可以被裁剪。对于功能对象"开关"而言，原来功能载体"杠杆"提供控制功能，在杠杆被裁剪后必须重新分配到系统中的已有组件或新增组件，或者超系统组件。如果"(杠杆)控制开关"的功能可以由超系统组件——空气来执行，则功能载体 A——杠杆可以被裁剪。

如何将裁剪后的有用功能分配到系统组件或超系统组件上去，使之成为新的功能载体并提供已裁剪旧功能载体所保留的功能，这是新功能载体的选择问题。一个新的功能载体必须满足如下 4 个条件之一：

(1) 组件已经对功能对象执行了相同的或类似的功能；
(2) 组件已经对另一个对象执行了相同的或类似的功能；
(3) 组件对功能对象执行任一功能，或至少简化与功能对象的交互作用；
(4) 组件拥有必要的资源组合，以执行所需的功能。

例 2.5 戴森风扇（无叶风扇）

有叶电风扇（见图 2-29(a)）的主要问题是高速旋转的叶片可能对人造成伤害，为解决这个问题，目前有叶电风扇增加了前后栏栅罩盖，但手指或其他小物件还是有可能不小心伸进前后栏栅罩盖内被高速叶片伤害。如果能将风扇的叶片裁剪，前后栏栅罩盖也就可以裁剪了（规则 A）。如果裁剪了叶片，叶片"产生气流"的功能需要由剩下的组件或新增一个组件来完成（规则 C）。2009 年 10 月 12 日，由英国人詹姆斯·戴森发明的第一台无叶风扇问世，如图 2-29(b)所示。戴森风扇在普通有叶电风扇的基础上，裁剪了叶片和前后栏栅罩盖，将叶片"产生气流"的功能转移到戴森风扇的出风环来完成（见图 2-29(c)）。戴森风扇的出风环如何产生气流则是裁剪了叶片和前后栏栅罩盖之后的裁剪问题。

图 2-29 有叶电风扇和无叶戴森风扇

（资料来源：http://www.dyson.cn）

詹姆斯·戴森借用了很多在飞机构造上应用到的空气动力学知识，利用涡轮增压原理，空气从基座进入，形状似机翼的环高速转动，由于离心作用，基座内的空气从环中一条裂缝中高速喷出环外，同时带动环内的空气流动，从而能将周围比喷出气流大最高 16 倍量的空气加压并带动喷出，而由于环内空气被甩出环外，形成负压，也使空气不断从基座吸入，进入环体内补充。

例 2.6 翻页笔

翻页笔是讲课或演讲时常用到的一种工具，通过简单地按动翻页笔的上、下翻页按钮，即可以无线方式远程遥控电脑实现幻灯片的演示。考虑到人手持握的舒适性与便利性，该产品的体积并不大，因而内置电池容量相对有限。为了有效节电，翻页笔通常增加了电源开关。当用户使用翻页笔时，将电源开关置于"ON"挡位；当用户不再使用翻页笔时，则将电源开关置于"OFF"挡位。而在实际使用过程中，用户在使用完毕后往往忘记了将电源开关置于"OFF"挡位，从而使翻页笔待机时间显著缩短，影响了客户的使用体验。若基于常规思维，多数人都会很容易想到改善电池性能，那是否可以应用 TRIZ 理论的裁剪法呢？

依据裁剪思路，可尝试裁剪电源开关，但需保留其功能，电源开关的功能主要是通过两个触点的导通与断开以实现回路电流的通断。依据规则 C，有必要在系统内或超系统中寻找到一个组件替代电源开关，这就需要深入分析翻页笔的相关组件，例如外壳、上翻页键、下翻页键、激光束键、激光头、状态指示灯、激光头、电池、控制板等。可逐个分析这些组件，看其是否能实现与电源开关同样的功能，如果能则电源开关就可以被裁剪。

方案 1：将通断触点的功能转移给上翻页键或下翻页键，例如，长按这些按键一定时间，即可执行相同的功能。

图 2-30　翻页笔

方案 2：将通断触点的功能转移给控制板，若检测到翻页笔长时间未执行相关正常操作，则控制板自动断电，即可执行相同的功能。

方案 3：将通断触点的功能转移给 Nano 接收器，翻页笔外壳底部的插槽原本只有一个固定 Nano 接收器的功能，其通常是插入电脑的 USB 接口，方可使用翻页笔完成遥控操作电脑上相关文件的操作。若插入 Nano 接收器的同时断开触点，即可实现断电的功能；若拔出 Nano 接收器的同时接通触点，即可实现通电的功能。

通过对三个裁剪规则的应用分析可知，对技术系统实施裁剪的关键在于"确保被裁剪的组件有用功能得到重新分配"，新功能载体如何产生"被裁剪的组件有用功能"则是技术系统裁剪后产生的新问题，即裁剪问题。

2.5.3　裁剪模型与裁剪问题

裁剪模型是对技术系统实施裁剪后的功能模型，它包含为实施裁剪模型一系列需解决的裁剪问题。显然，运用不同的裁剪规则，实施不同的裁剪方式，可以产生不同的裁剪模型，同样可能得到的裁剪问题也不一样。创建裁剪模型的流程为：

(1) 使用前述选择指南选择要裁剪的技术系统组件；
(2) 选择要裁剪的第一个有用的功能组件；
(3) 选择适用的裁剪规则（不建议对基本功能使用规则 A）；
(4) 如果选择了规则 C，需选择新的功能载体；
(5) 拟定裁剪问题；
(6) 对所有功能组件重复步骤(2)～(5)；
(7) 对所有被裁剪的组件重复步骤(1)～(6)。

裁剪模型是指技术系统裁剪后剩余组件所构成的功能模型。按照裁剪模型建立流程，以浸漆工艺系统为例（参照图 2-18），选择要裁剪的系统组件为浮球和杠杆，第一个裁剪的功能载体为浮球，应用规则 A：如果杠杆被移除了，作为功能载体的浮球"移动杠杆"也就没有功能对象了，那么功能载体浮球就可以被裁剪。裁剪带来的好处是：空气干燥固化油漆使得浮球支撑（黏附）油漆的有害功能消失了；油漆移动浮球的不足功能也不存在了；浮球移动杠杆的不足功能也没有了。所有这一切的前提是"杠杆被移除"，但是系统需要杠杆控制开关的功能，而且是需要"正常功能"不是"不足功能"。应用规则 C，如果旧的功能载体

"杠杆"的"控制开关"功能可以由其他组件(已有的或新增的)或超系统组件来完成的话,则杠杆可以被裁剪。浮球和杠杆被裁剪后的裁剪模型如图 2-31 所示。

图 2-31　浸漆工艺系统的裁剪模型

从图 2-31 所示的裁剪模型可以看出,开关的控制功能要求是正常的有用功能,那么"(开关)控制电机""(电机)驱动油泵"和"(油泵)移动油漆"三个功能也就改善为正常有用功能了。现在的问题是,"控制开关"的功能由什么组件来承载?按照规则 C,必须找到一个新功能载体,且新功能载体必须满足 4 个条件之一,超系统组件"空气"是新功能载体的选择之一。"空气如何控制开关"则是裁剪产生的裁剪问题,可以利用自身专业知识得到答案,也可将该问题转化成"How to control switch by air"(如何用空气控制开关?)的"How to"模型,在 google 的 patents 中进行功能导向搜索,可以查找到很多空气控制开关的专利与文献(或者搜索科学效应知识库 http://www.productioninspiration.com/)。

空气不能自动控制开关,可以利用空气的压力参数来控制开关。图 2-32 为浸漆工艺系统的空气控制开关示意图。

图 2-32　浸漆工艺系统的空气控制开关示意图

考虑对例 2.4 安瓿火焰封口工艺系统实施裁剪,从图 2-19 的功能模型图中可以看出,导致系统问题的根本原因是火焰枪的火焰熔焊安瓿的高温使药水变质。可以考虑以下裁剪策略:

(1) 火焰枪的功能价值最低,选择它作为第一裁剪对象。移除火焰枪,将"生成火焰"功能分配到其他组件或新增组件或超系统组件(规则 C);但是火焰加热安瓿瓶身导致药水变质的有害作用依然存在。

(2) 移除组件"火焰",火焰枪也就可以裁剪(规则 A);火焰加热安瓿瓶身导致药水变质的有害作用消失,裁剪问题变成"如何密封安瓿"。

(3) 移除功能"生成火焰",火焰可被裁剪,但是火焰枪必须重新设计,使其具有非高温熔焊的密封功能,实现对安瓿的瓶尖端实施密封的功能。

(4) 不改变功能"生成火焰",消除火焰加热安瓿瓶身的有害作用。

途径(4)没有实施裁剪,可从后续章节"物质-场分析"中寻求解决方案:通过引入第三种物质或者系统中两种物质的变异或者引入一个场来消除火焰"加热安瓿(瓶身)"的有害作用。其他三种途径均对系统实施了裁剪,按途径(2)裁剪火焰枪和火焰,得到的裁剪模型如图 2-33 所示。裁剪问题是如何设计一个新的组件 X(系统外的新组件,或系统存在的资源),以完美实现"密封安瓿"功能。

图 2-33 安瓿火焰封口工艺系统的功能裁剪模型

2.5.4 极端裁剪

通过有限的系统组件裁剪可以减少系统组件的数量而不造成系统任何有用功能的缺失,同时加强有用功能消除有害功能,达到精简系统组件数量、降低系统复杂性和减少设计制造成本的目的,这种裁剪方法称为渐进式裁剪(incremental trimming)。如果工程技术人员希望研究系统是否可以大幅度移除零部件而彻底精简,以及新技术、新原理在精简系统上的应用,使技术系统向更高水平进化,那么可以采取极端裁剪(radical trimming)方式,又称激进裁剪。

极端裁剪是对目前技术系统一次未来进化方向的考验,也是系统精简的主要工具。实施极端裁剪后的裁剪模型相比原系统功能模型已变得面目全非,同时极端裁剪带来的裁剪问题比起渐进裁剪的裁剪问题要更尖锐,如果能够找出裁剪问题的解决方案,往往创新级别也是比较高的(L3 及以上)。

图 2-34(a)为一般机械式捕鼠器,可以有效捕捉老鼠,但可能对宠物、儿童,甚至成年人造成潜在伤害。由于采用机械夹紧方式,可能出现令人不适的血腥场面。图 2-34(b)为捕鼠器的功能分析模型。

图 2-34 机械式捕鼠器与功能模型图

由于捕鼠器主要由三个组件(捕鼠板、捕鼠夹和触发器)构成,实施极端裁剪后,原来的捕鼠器最终只剩下一个组件——捕鼠板。裁剪问题就是:一个捕鼠板如何能抓住老鼠而且不希望伤害老鼠,需要的话还能释放被捉住的老鼠。从物质-场模型来看,一个捕鼠板要捉住老鼠,只有两个物质,缺少场的作用。按照不完全物质-场模型的标准解,需要引入物质或者场来完成该物质-场模型。

引入物质:参照粘蝇胶系统,在捕鼠板某个区域涂覆强力胶,上面放置诱饵,当老鼠进入强力胶区域就被粘住。显然,强力胶粘住老鼠,也就可能粘住宠物或者小孩不小心被粘住手指等,相比原系统有了一定的结构简化。

引入场:捕鼠板除承载诱饵作用外,同时还是一种电波发生器,这种电波的频率和老鼠脑电波频率一致,当老鼠接近诱饵时,捕鼠板发出的电波和老鼠脑电波发生共振,瞬间杀死或者击昏老鼠。此时,裁剪问题转化成:如何设计一种频率与老鼠脑电波一样的电磁波发生器?

利用超系统和现有环境资源:老鼠是捕鼠器的目标,属于超系统组件,超系统组件的参数也是可利用的资源之一。考虑老鼠本身的重量,即存在一个重力场,需要利用老鼠的重力,由老鼠自己将自己关起来。这样,裁剪问题转化为:如何利用重力场捕捉老鼠?显然,需要对捕鼠板进行重新设计,捕鼠板必须设计成一种桶状的容器,当老鼠掉进去之后就难以爬出桶。那么诱饵就简单地放在桶底可以吗?试验证明,初期几次可以捉住几只,后来这种方法就失灵了。文献[3]介绍了一种利用重力场的捕鼠盒的创意设计,如图2-35(a)所示。图2-35(b)介绍了一种利用重力场的简易但是非常有效的捕鼠器创意方案。

图 2-35 利用重力场的捕鼠盒与滚筒捕鼠桶

例2.3 浸漆工艺系统经过渐进裁剪得到的裁剪模型如图2-31所示,图2-32所示新增的空气开关有效地解决了裁剪问题。如果我们需要将系统进一步简化,则可以实施极端裁剪:若移除电机,则开关可以被裁剪(规则A),此时渐进式裁剪可应用规则C,引入一个新组件——传感器,将开关控制电机的功能分配给传感器组件;若移除油泵,则电机可以被裁剪(规则A);如果油漆能够自动从油桶罐装到油箱,油泵可以被裁剪(规则B)。极端裁剪后的功能模型如图2-36(a)所示,极端裁剪将系统的电机、油泵等组件悉数裁剪,大大精简了系统,也消除了能源消耗。极端裁剪带来的裁剪问题是:如何让油桶里面的油漆自动罐装到油箱里面呢?按照TRIZ问题一般化描述,可以转化为:在无外来动力的情况下,液体如何自流动?我们已知的液体流动方法有阿基米德原理、伯努利定理、帕斯卡定律、势差、渗透、毛细效应、蒸发、漏斗效应、超声波、共振、抽水等,图2-36(b)是利用势差原理和帕斯卡原理而开发的油漆自动灌装创意设计方案。

图 2-36 极端裁剪后的浸漆工艺系统裁剪模型及解决方案

2.5.5 裁剪的应用

一旦对已有的技术系统完成功能模型的建立,技术系统存在的问题就可以在功能模型中展现出来。对于工程技术人员而言,接下来就是通过裁剪工具对系统组件进行裁剪,目的是减少系统组件的数量,精简系统的构成,以降低系统成本,提高系统理想度。

裁剪对于技术系统绝大多数问题均可适用,是 TRIZ 解决问题工具中最强大和最有效的工具之一,同时裁剪也是应用 TRIZ 工具进行专利规避和专利增强最重要和最强大的工具之一,随着裁剪过程进行而出现的裁剪问题,要比已有系统问题更尖锐、更复杂,往往会变成阻碍工程技术人员进行裁剪的绊索。因此,在裁剪工具的应用过程中,需要克服心理惯性和心理障碍,这一过程是比较痛苦的。但是通过裁剪得到的解决方案,尤其是极端裁剪得到的解决方案往往创新级别比较高。经过几次这样的裁剪创新训练之后,可以培养工程技术人员在解决问题的时候,头脑中的第一反应是:系统需要这么多组件吗?这样一来,很自然地就会应用裁剪工具,减少系统组件数量,增强系统稳定性、可靠性。

当然,裁剪并不是消除有害功能、增强不足功能和降低系统构成成本的唯一工具,但通过裁剪可以获得创意灵感、创新思维和获得意想不到的解决方案,这种创意创新就体现在尽量搜寻可用的系统资源、超系统资源来执行被裁剪系统组件的有用功能上面,从根本上改变或消除至少一个主要系统组件来解决系统的矛盾,按照 TRIZ 中发明等级划分的依据,裁剪后所获得的创新方案或发明基本上可以达到 3 级及以上。系统型寻找可用资源的有效方法是正确使用裁剪规则,2.5.2 节中关于裁剪模型的建立流程是非常简单而有效的,这和精益生产中消除一切浪费、着重于增值的实现这一基本思想是一致的。

裁剪应用过程中,识别系统中哪些组件可以被裁剪,哪些组件最应该被裁剪,寻找资源来执行这些被裁剪组件的有用功能,多数情况下采用的是 TRIZ 工具和方法。事实上,实施裁剪的工程技术人员的经验以及项目小组成员的头脑风暴法也是创意创新的有效方法。

裁剪应用中除了按照 2.5.2 节中裁剪模型建立流程进行之外,还可以参照文献[9]提供的应用流程来进行,如图 2-37 所示。

图 2-37 裁剪的应用流程

2.6 流程功能分析和裁剪

经典工业工程中,程序分析是指对工厂里从原材料至产成品这一连串的生产活动过程及个别过程进行分析改善的一种手法。程序分析依照工作流程,全程全面地分析有无多余、重复、不合理的作业,程序是否合理、搬运是否过多、延迟等待是否太长等问题,通过对整个工作过程的逐步分析,改进现行的作业方法及空间布置,提高生产效率。也可以说,程序分析是通过调查分析现行工作流程,改进流程中不经济、不均衡、不合理的现象,提高工作效率的一种研究方法。程序分析的工具是程序分析图(process chart, flow chart, flow route analysis),是一种偏于定性分析的方法和工具。

在工艺过程或是商业流程中,技术系统由多种类设备、不同的制造工艺和不同的操作对象所构成,例如,手机的外壳生产过程为:塑料原料颗粒的配比、调色和预热→搬运到注塑机并加入注塑机料筒中→加热熔化原料颗粒→高压注射→模具成型→喷油(喷漆)→印刷→包装。在每道工序或每台设备或者每个操作中,操作对象都在发生不同的变化,最后形成所需要的产品或服务。因此,经典程序分析方法和工具是基于时间序列先后关系的一种分析方法,难以反映出工艺流程中所有的操作状态,操作与操作之间的相互关系。

TRIZ 的工艺分析主要用来优化和诊断工艺过程或是商业流程,帮助用户确定与工艺操作相关的设计问题,理清操作间的逻辑相互关系,系统地产生优化工艺过程的解决方案。TRIZ 工艺分析的工具是流程的功能分析,流程功能分析结果则是流程的功能模型。

2.6.1 流程功能分析概述

基于组件的功能分析(function analysis, FA),简称器件型功能分析,是一种识别技术系统中组件之间正常、不足、过剩和有害功能的分析工具,目的是发现技术系统中的问题。流程功能分析(function analysis for process, FAP)是由功能分析所延伸发展的 TRIZ 问题分析工具,是一种识别和分类在流程中的操作功能(function of operations)的分析工具,流程功能分析的输出是流程的功能模型和功能缺陷,用于后续各阶段的分析和解决问题。

操作(operation)是指工艺流程系统中的物质对象及物质对象之间相互作用,操作功能(或任务)是功能载体对功能对象执行的作用(action)。因此,操作是功能载体、功能对象以及操作功能的集合:

$$O = \{功能载体,功能对象(操作对象),操作功能\}$$

一个操作可包含一个或多个操作功能,操作与操作之间不存在相互作用,但操作之间存在相互关系,即操作产生的结果会影响或传递到下一个(或其他)操作。

流程则是操作序列,即一系列操作的有序集合:

$$P = \{O_1, O_2, \cdots, O_i, \cdots, O_n\}$$

工艺流程则是使操作对象(物质对象,如原材料、劳动力、能源、机械装置等)从毛坯向产成品的转换过程。图 2-38 为操作、流程关系的示意图,生产流程中的操作 1 一般为生产准备性作业,最后一个操作 n 一般为装配、终检、入库或发货等作业。商业流程、服务流程则是一系列活动序列，TRIZ 在商业流程、服务流程中的创新应用请参考文献[12]。

图 2-38 操作、流程关系示意图

注：生产流程中，工序是指一个（或一组）工人在一个工作地（如一台机床）对一个或多个物质对象连续完成的各项生产活动的总和。图中并没有包含工程技术人员熟知的工序，原因在于一个工序可以包含一个或多个操作，由于流程功能分析会对构成流程的所有操作进行分析，也就无须对工序进行单独功能分析了。

如果操作的功能载体是超系统组件，那么该操作功能可称为操作的主要功能，操作主要功能的作用对象称为操作对象。在一个流程中各操作之间的操作对象可以是不同的，但经常，一个流程内的所有操作对象都起源于最初的来源，只不过在流程中以不同的形态表现出来。例如，不锈钢杯的制作流程，最初表现为不锈钢薄板，冲压裁剪后成为薄钢片，拉伸弯曲成形后变成了桶状物，焊接握持的手把后就成为不锈钢水杯。每道工序每个操作的操作对象看起来都不一样，但它们都来自于一个最初来源——不锈钢薄板。

流程功能分析的目的是建立和分析流程的功能模型（function model for process），该模型包括各操作功能的贡献及相应的成本、功能类型及性能水平。流程功能分析阶段包括流程组件分析和流程功能模型，构成流程的操作称为流程的组件，因此流程的组件分析就是构成流程的操作分析，需要识别流程中的操作和识别这些操作流。在功能模型阶段，识别和评估不同的流程操作的功能性能。

流程系统中所识别出的功能划分为有用（useful）功能与有害（harmful）功能两种：有用功能是指对产品开发制造有贡献的功能；有害功能是指流程中导致产品出现临时性或永久性缺陷的功能。与组件功能类似，流程有用功能等级是指对产品开发制造贡献度的高低与对最终产品的改变类型（采用功能等级分值表示），有用功能可划分为生产功能（productive function）、条件功能（providing function）和矫正功能（corrective function），功能等级分值从高到低。条件功能又可划分为支持功能（supporting function）、运输（搬运）功能（transporting function）和测量功能（measurement function）。流程的功能分类如图 2-39 所示。

图 2-39 流程的功能分类

流程有用功能的性能水平与组件功能分析一致,亦分为 3 种水平:正常功能、过度功能、不足功能。

生产功能是指对产品参数产生不可逆转改变的有用功能。如手机外壳生产流程中,"熔化胶粒"和"(模具)成形外壳"属于生产功能,功能"熔化胶粒"是将已混色和预热的塑胶原料颗粒高温加热熔化成液体,这种改变是很难逆转的(即将已熔化的液体胶恢复成无色的塑胶颗粒和色粉),属于流程中间变化,可能在最终产品中不能体现出来。同样,"(模具)成型外壳"也是一种不可逆转的改变,这种改变在最终产品中可以很明显地体现出来。生产功能如果表现为功能不足,则需要在操作中增加条件功能来帮助生产功能达到正常水平;生产功能如果表现为功能过度,则需要在操作中增加矫正功能来修正过度功能达到正常水平。

条件功能是指帮助其他有用功能更好地达到期望的有用功能。例如,加工过程中的工件定位、加紧,将零件安放到机床(夹具)上,或将已加工好的零件从机器上取出;切削过程中的冷却、润滑;机械加工中的去毛刺;目标对象的移动;检测测量;等等。条件功能的功能等级分值从高到低依次为:支持功能、运输功能和测量功能。

支持功能是指流程中暂时改变一个产品参数的功能,如"定位并夹紧工件"。注塑时,塑胶颗粒在某种温度范围内色粉和塑胶颗粒混合均匀性最好,因此在手机外壳生产流程中增加了"预热胶粒"的功能,属于支持功能。

运输功能是指改变物质对象的位置坐标(搬运是指改变物质对象的存放状态)。例如,利用传输带输送零件,利用叉车搬运,利用重力传送工件等。生产流程中工序之间都需要进行操作对象的搬运,这类运输功能除非存在特别作用,一般情况下不单独列出。

测量功能是一种获取物质对象相关参数信息的条件功能,如外观检验、尺寸测量。当所分析的流程系统为测量系统或最终产品为测量结果作为产出时,测量功能需要作为生产功能处理;当测量结果是用来支持其他操作时,测量功能需要作为支持功能来处理。

矫正功能是指旨在改善缺陷的有益功能。缺陷(defect)是一种物质-场对象,是流程的有用功能的性能被损害或者执行了有害功能的结果。例如,刀具磨损使得加工出的工件外圆尺寸偏大是一种缺陷,切削颤振导致工件表面出现微观振纹也是一种缺陷,需要额外矫正功能操作来修复。矫正功能一般发生在操作对象被有害功能作用导致出现缺陷或者操作对象作为功能载体对系统组件产生了有害功能的情况。确认矫正功能的关键在于谁对操作对象施加了有害功能、谁执行了矫正功能以及被动缺陷的操作对象所影响的对象组件是谁。

例 2.7 边角乳胶吸取(edge suck off)系统

涂层涂覆技术在传统产业、机电产品制造及半导体工业应用广泛。某公司在生产系统中导入了滑动涂覆(slide coating)技术,生产过程中,涂层的外缘会产生一些乳胶物边角料(edge of emulsion),该公司设计了一套真空吸取系统用来吸取滑动涂覆过程中所产生的乳胶混合物。此设备系统包含了一组吸嘴(吸瓶)、一组真空泵、一个喷雾罐、一个分离池以及一条排放管,如图 2-40 所示。

该系统目前存在的主要问题有:

(1) 被吸取出来的乳胶混合物(mixture),会随着真空泵抽取空气的过程中沿着真空导管进入真空泵,造成真空泵的阻塞并损害真空泵。

(2) 为解决上述问题,该公司先在真空泵外增加一层滤网阻隔乳胶混合物,然而虽然滤

图 2-40 边角乳胶吸取系统

网可以成功地隔绝乳胶混合物,但乳胶混合物却在滤网上阻挡了风路导致抽真空的效率恶化与更换滤网频率的增加。

(3) 为了解决上述次生问题,该公司又在分离池内增设水雾喷射器,希望增加乳胶混合物的分子量,使其沉淀于分离池中。然而乳胶混合物附着水雾的效果不佳,因此系统并没有获得改善。

(4) 其次,用以稀释乳胶混合物的液体会与乳胶混合物产生额外的化学变化,使乳胶混合物凝固并造成导管与排放槽的阻塞。

改进目标:

(1) 乳胶混合物从产品边缘吸取后,在容器中不需要分离;

(2) 出于定期清理乳胶混合物造成的堵塞的需要,系统有些组件设计为可方便更换;

(3) 即便是双重保护措施情况下,仍然存在的真空泵堵塞问题;

(4) 不能在目前系统上再增加新系统组件来解决问题,需要通过简化来解决问题。

边角乳胶吸取流程的主要功能是将涂覆产品边缘的边角料乳胶吸出,并用热水稀释,然后排放。因而与乳胶和水的混合物的相关操作,基本上属于生产功能范畴:①吸瓶内的热水进入吸嘴内稀释乳胶,以便让乳胶溶化在水中形成汽化混合物并最终以废水形式排放到废水处理池;②经由导管进入喷雾罐的混合物由喷头喷出冷水消散(凝结),并在喷雾罐内分离出空气和乳胶混合物,属于生产功能,性能水平为功能不足;③凝结混合物在分离池与废水混合分离出空气,空气则由真空泵经真空导管抽取,分离功能不足。

乳胶吸取流程中帮助完成水和乳胶的稀释液生成、水乳分离等操作,一般属于支持功能:①吸瓶容纳水;②为使水乳胶稀释液与空气更好地分离,采用水雾来消散(凝结)混合物。

乳胶吸取流程中的运输功能:①改变乳胶混合物在整个流程中的存放状态相关的功能;②流动的空气将涂覆产品边缘的乳胶移除到喷嘴内;③排放管移动乳胶混合物。

"(滤网)隔绝乳胶混合物"是对"(乳胶混合物)损害真空泵"有害功能的矫正,"吸嘴热水冲洗吸嘴"是对"边角乳胶黏附吸嘴"有害功能的矫正。在乳胶吸取流程中,没有与检验有关的功能。

2.6.2 流程功能模型的建立流程

流程功能分析分为两个阶段。

1. 流程组件分析：构成流程的操作分析

对于流程中的每一个操作，首先列出该操作中的组件和超系统组件，如表 2-16 所示；然后，进行各操作中的组件之间相互作用分析，如表 2-6 所示。

边角乳胶吸取流程主要由边角乳胶吸取、导管输送、混合物分离、抽取空气和排放管排放废水这 5 个操作构成，如表 2-16 所示。

表 2-16 边角乳胶吸取流程组件列表

操作编号	操作名称	操作主要功能	组件	超系统组件
1	边角乳胶吸取	移除（滑动涂覆产品）边角乳胶物	吸嘴 吸瓶	边角乳胶 水 空气
2	导管输送	移动乳胶混合物	导管	乳胶混合物 空气
3	混合物分离	消散（凝结）乳胶混合物	喷雾罐 分离池 水雾喷头	乳胶混合物 水雾 空气 水
4	抽取空气	移动空气	真空泵 真空导管 滤网	乳胶混合物 空气
5	排放管排放废水	移动混合物和水	排放管	乳胶混合物 水

操作 1 的相互作用分析：滑动涂覆产生的边角乳胶，是边角乳胶吸取系统的作用目标，属于操作对象，需要与热水混合并稀释，形成汽化乳胶混合物，是操作 1 的输出，也是操作 2/3 的目标。吸瓶装载水，与吸取的边角乳胶混合。导管内形成的负压在吸嘴周围产生高速气流，移除乳胶与乳胶混合物。操作 1 的相互作用分析矩阵如表 2-17 所示。

表 2-17 操作 1 的相互作用分析矩阵

	吸嘴	吸瓶	边角乳胶	水	空气
吸嘴		+（支撑）	+（引导、黏附）	+	+（引导）
吸瓶				+（支撑）	
边角乳胶	+			+	+
水	+（冲洗）		+（稀释、凝结）		+
空气			+（移动）	+（移动）	

注：+表示有相互作用，+（作用）表示正向作用。

操作 2 的相互作用分析：被吸取后的边角乳胶与水、空气混合形成乳胶混合物，空气移动混合物，导管引导混合物和空气，属于操作的正常功能，混合物黏附在导管内壁，这是有害作用。

操作 3 的相互作用分析：喷雾罐安装有水雾喷头，水雾喷头喷出水雾消散混合物，分离池中的废水凝结混合物后沉入分离池底，达到分离空气和混合物的目的，这是操作 3 的主要功能，但是分离效果较差，属于功能不足。操作 3 的相互作用分析矩阵如表 2-18 所示。

表 2-18 操作 3 的相互作用分析矩阵

	分离池	喷雾罐	水雾喷头	混合物	水雾	空气	（池）水
分离池				+(支撑)		+(容纳)	+(支撑)
喷雾罐			+(支撑)	+(支撑)	+(容纳)	+(容纳)	
水雾喷头		+			+(生成)		
混合物	+	+			+	+	+
水雾		+	+	+(消散)			
空气	+	+		+(移动)			
（池）水	+			+(凝结)			

操作 4 的相互作用分析：真空泵抽取空气，在分离池、喷雾罐和导管内形成负压从而使空气快速流动，分离池分离混合物不充分，部分混合物会由空气进入真空导管，为防止混合物进入真空泵对其造成损害，在真空泵和真空导管之间加装了滤网，期望阻止(stop)混合物，一段时间后混合物会堵塞滤网，少量混合物会通过滤网损害真空泵。操作 4 的相互作用分析矩阵如表 2-19 所示。

表 2-19 操作 4 的相互作用分析矩阵

	真空泵	滤网	真空导管	混合物	空气
真空泵		+(支撑)		+	+(抽取)
滤网	+		+	+(阻止)	
真空导管		+(支撑)		+(引导)	+(引导)
混合物	+(损害)	+	+		+
空气	+		+	+(移动)	

操作 5 的相互作用分析：排放管起导引废水与乳胶混合物的作用，乳胶混合物部分黏附在排放管内壁，属于较轻的有害作用。

2. 建立和分析流程的功能模型

该模型包括各操作功能的贡献及相应的成本、功能类型及性能，对不同的操作功能按照其功能性能进行比较和排序，基于功能的类型和性能结果等信息，用来进一步提升和裁剪。建立流程功能模型时，采用表 2-20 所示的模板来进行。

表 2-20　建立流程功能模型的模板

操作	功能	类别	类型	性能水平		成本
				准则	水平	
操作名称	操作执行的功能	功能类别	功能类型	功能性能的重要度标准	性能水平	成本高低
	X 改变(或保持)了 Z 的 Y 参数	有用功能 V 有害功能 H	生产功能 P 支持功能 S 运输功能 T 矫正功能 C 测量功能 M	速度、温度、容量、浓度……	正常 N 不足 I 过度 E	微不足道的 Ne 可接受的 Ac 难以接受的 UA

综合边角乳胶吸取系统的组件分析和各操作的相互作用分析,去除与流程无关仅属于操作内组件与组件之间的相互作用,如"(吸嘴)支撑吸瓶""(真空导管)支撑滤网"之类,仅保留与操作对象相关的功能。按照表 2-20 所示模板建立边角乳胶吸取流程系统的流程功能模板,如表 2-21 所示。

表 2-21　边角乳胶吸取系统的流程功能模型的模板

操作	功能	类别	类型	性能水平		成本
				准则	水平	
边角乳胶吸取	(吸嘴)引导边角乳胶	U	S		N	Ac
	(水)冲洗(吸嘴上凝结的)乳胶	U	C	速度	I	Ac
	(水)稀释边角乳胶	U	S	浓度	N	Ac
	凝结边角乳胶(使之黏附在吸嘴)	H				
	(空气)移动边角乳胶	U	P	速度	N	Ac
导管输送	导引乳胶混合物	U	S	导管形状	N	Ac
	移动乳胶混合物	U	T	速度	N	Ac
	支撑(黏附)混合物	H		内壁光滑度		UA(清理费用)
混合物分离	(水雾)消散混合物	U	S	附着能力	I	UA(装置复杂)
	(池水)凝结混合物	U	P	凝结能力	I	Ac
抽取空气	(真空泵)移动空气	U	S	吸力	N	Ac
	(真空导管)引导混合物	U	S		N	Ac
	(混合物)损害真空泵	H				UA
	(滤网)阻止混合物	U	C		I	UA(清理更换)
排放管排放废水	移动混合物和水	U	T	速度	N	Ac
	支撑(黏附)混合物	H				UA(清理费用)

按照表 2-21 中各操作的功能分析结果,构造边角乳胶吸取系统的各操作的功能模型图,如图 2-41 所示。

2.6.3　流程的裁剪

经典工业工程中,程序优化工具为 ECRS(E—eliminate(取消)、C—combine(合并)、R—rearrange(重排)、S—simple(简化)),取消不必要的程序(工序、操作、动作),合并一些过于细分或重复的工作,改变部分操作程序,以避免重复,以及重排和简化剩余的程序,重新

图 2-41 边角乳胶吸取流程的操作功能模型

组织一个效率更高的程序。

TRIZ 流程分析中,采用裁剪低性能水平和(或)高成本的操作,以使流程更简单。流程裁剪法是一种移除(裁剪)工艺流程中的某些操作并在剩余操作之间重新分配被裁剪操作的有用功能的分析方法与工具。通过对流程中的操作实施裁剪,借以降低产品制造成本,改善产品制造过程。

流程的裁剪步骤如下。

1) 识别实施裁剪的操作

使用因果链分析、价值分析等方法来识别需裁剪的操作,可参照组件裁剪时裁剪对象的选择方法。流程裁剪的操作选择以流程执行的操作功能类型的相对重要性为依据,从相对重要性低的操作开始选择,依次向相对重要性高的操作进行。操作的相对重要性由高到低的顺序为:

生产功能的操作(相对重要性最高);

支持功能的操作;

运输功能的操作;

测量功能的操作;

矫正功能的操作(相对重要性最低)。

2) 选择裁剪规则实施裁剪,被裁剪的操作有用功能进行再分配

每种功能类型的裁剪都有各自不同的规则,一旦识别实施裁剪的操作功能类型之后,就按相应的规则去实施裁剪。以裁剪矫正功能的操作为例,校正功能操作的裁剪规则如表 2-22 所示。

表 2-22 校正功能操作的裁剪规则

规则号	规则内容	规则图示
A	如果产生缺陷的操作被移除，则执行矫正缺陷功能的操作可裁剪	
B	改进产生缺陷的操作，不再产生缺陷，则执行矫正缺陷功能的操作可裁剪	
C	改变产生缺陷的操作后，该操作和其他参数一起产生另一缺陷，但是新产生的缺陷无须矫正功能去消除，则原来执行矫正缺陷功能的操作可裁剪	
D	如果被缺陷损害的操作被裁剪，且缺陷无法对其他操作继续产生有害作用，则执行矫正缺陷功能的操作可裁剪	
E	如果被缺陷损害的操作被改变，且变得对缺陷不再敏感，缺陷不再是缺陷，则执行矫正缺陷功能的操作可裁剪	
F	矫正功能从缺陷损害的操作转移到产生缺陷的操作，则原来执行矫正缺陷功能的操作可裁剪	

续表

规则号	规则内容	规则图示
G	转移分析的矫正功能到前后操作中去，则原矫正缺陷功能的操作可裁剪	之前的操作 —矫正→ 缺陷；矫正功能的操作 ✗ 矫正； 之后的操作 —矫正→ 缺陷

2.6.4 案例分析

水雾喷头是改进系统时增加的组件，水雾消散混合物的操作属于支持功能，性能水平不足，同时还使流程复杂化，可作为流程裁剪的第一个操作。裁剪该操作后执行该操作的系统组件——水雾喷头和喷雾罐以及输送产生水雾所需的能源及相应机构可以一并裁剪，简化系统的同时并没有使混合物分离功能不足的特性得到恶化。因此，裁剪操作 3 的一部分，虽然对解决流程问题没有什么帮助，但是可以显著简化系统，降低成本。

流程问题的焦点仍然集中在如何有效地分离乳胶、水和空气的混合物。分离池分离混合物不充分，或者说分离池分离混合物是通过气体移动混合物与分离池中的水凝结，未完全凝结的空气中仍然含有少量混合乳胶混合物，然后被空气移动到过滤网，最终损害真空泵。根本原因在于气流是由真空泵抽取空气而产生的，属于拉动的过程，少量混合乳胶混合物在高速气流带动下仍然会对真空泵产生有害作用，产生缺陷。在真空泵前加过滤网进行矫正操作，由于矫正功能不足，缺陷依然存在。因此，按照校正功能操作的裁剪规则 D，如果被缺陷损害的操作（真空泵抽取空气）被裁剪，那么少量混合乳胶混合物缺少了作用对象，则执行矫正缺陷功能的操作——过滤网阻止混合物的矫正操作可裁剪，也就是说流程裁剪的第二个操作是裁剪操作 4。

经过前面两次裁剪，导管传输过来的混合物直接进入分离池中，与废水混合后再经排放管排入废水池。显然这两个操作属于功能重复了，执行第 3 次裁剪：裁剪分离池和排放管，由导管直接传输混合物到废水池。这样一来，操作 1 完成边角乳胶的吸取并稀释后形成混合物，操作 2 由导管引导混合物直接排入废水池。由于裁剪了真空泵，没有动力形成气流，也就没有功能载体来完成"运输（搬运）混合物"的操作功能，这是流程裁剪后必须保留的。由于真空泵抽取空气的问题比较多，可以改进从导管的右端吹入高压气体来移动混合物。现在的问题是，在导管的右端吹入气流，如何在吸嘴处形成吸取边角乳胶的吸取气流呢？

在高速流动的气体附近会产生低压，从而产生吸附作用，这就是文丘里效应，利用文丘里效应可以制作出文丘里管。由文丘里效应而设计的边角乳胶吸取创新系统如图 2-42 所示。

图 2-42 边角乳胶吸取系统的创新方案

思 考 题

1. 请定义以下产品的主要功能：安装在屋顶的避雷针，电线，单车上的铃铛，十字路口的红绿灯，镶嵌在戒指上的钻石，室内空调，窗帘。

2. 生活中会遇到以下情景：打吊瓶（点滴输液）的患者在治疗过程中，需要观察药水瓶中液面高度来获取输液的进程信息，以便通过传呼器通知护士及时更换吊瓶，这个过程会影响到患者的休息。即便是有陪护人员的情况下，也需要陪护者注意观察输液进展，特别是长期输液的情况下，陪护者也会十分疲劳，影响其他陪护工作。

请对上述输液系统进行功能分析并画出功能模型图。

3. 图 2-43 所示为一种透明胶带座盒（tape dispenser），请对其进行组件分析，相互作业分析，然后建立功能模型。

4. 日常工作学习中，佩戴眼镜的人数呈增加的趋势。请建立眼镜的功能模型进行相应裁剪操作，看看可以获得什么样的创意。

5. 图 2-44 所示为一种正在申请发明专利的产品：一种铅笔延长器（申请公布号 CN 102381083 A）。专利权利申明为：该铅笔延长器，其特征是包括两端开口的延长管和旋紧套，延长管一端的管壁分割为若干相隔一定间隙的夹紧片，夹紧片的外围设有相对应的外螺纹，旋紧套内壁设有与夹紧片外螺纹相适配的内螺纹，延长管另一端安装有一推进杆，推进杆的末端设有一凸环，凸环的外径略大于延长管的外径。

请对该铅笔延长器作功能分析并画出功能模型图。试用裁剪方法设计一种新的铅笔延长器。

图 2-43　一种透明胶带座盒

图 2-44　一种铅笔延长器

参 考 文 献

[1] 维基百科. 价值工程[EB/OL]. http://zh.wikipedia.org/wiki/%E4%BB%B7%E5%80%BC%E5%B7%A5%E7%A8%8B,2013.10.

[2] 创新方法研究会,中国 21 世纪议程管理中心. 创新方法教程(中级)[M]. 北京:高等教育出版社,2012.

[3] GEN3 PARTNERS. Advanced TRIZ Training (Level 2 of MATRIZ Certification)[R]. 上海:上海交通大学,2013.

[4] FEY V,RIVIN E. Innovation on Demand:New Product Development Using TRIZ[M]. Cambridge:Cambridge University Press,2005.

[5] CREAX Innovation Consulting. Production Inspiration[EB/OL]. http://www.productioninspiration.com/,2009.

[6] BUSOY B,MANN D,JIRMAN P. Heat Exchangers Case Studies in TRIZ:A Novel Heat Exchanger (Use of Function Analysis Modeling to Find Eliminate Contradictions)[J/OL]. TRIZ Journal,12,1999. www.triz-journal.com/archives/1999/12/b/index.htm.

[7] 创新方法研究会,中国 21 世纪议程管理中心. 创新方法教程(高级)[M]. 北京:高等教育出版社,2012.

[8] MARIN R,RICA C. TRIZ and the Optimization Conjecture(part 1)[C]. Saint-Petersbourg-Russia:TRIZ Conference,2007.

[9] GADD K. TRIZ For Engineers:Enabling Inventive Problem Solving[M]. John Wiley & Sons,Ltd., Publication,2011.

[10] MITCHELL I F. Edge Suck Off—Towards the Ideal System[J/OL]. TRIZ Journal,08,2000. http://www.triz-journal.com/archives/2000/08/c/.

[11] MANN D. The TRIZ Route To Naturally Better System Design[J/OL]. http://www.systematic-innovation.com/Articles/02,03,04/Mar02-The TRIZ Route To Naturally Better System Design.pdf.

[12] MANN D. Hands-On Systematic Innovation[M]. Belgium:CREAX Press,2002.

[13] 吕瑟,成思源,杨雪荣,等. 基于功能分析系统技术与 TRIZ 的牙签包装机设计[J]. 包装工程,2015,36(20):65-69.

第 3 章

因果分析方法

因果分析(cause and effect analysis)法是研究事物发展的结果与产生的原因之间的关系,并对影响因果关系的因素进行分析的方法。

因果分析就是在研究对象的先行情况时,把作为它的原因的现象与其他非原因的现象区别开来,或者是在研究对象的后行情况时,把作为它的结果的现象与其他现象区别开来。因果分析主要解决"为什么"的问题。

从创新问题求解流程(见图 3-1)中可以看出,因果分析属于求解流程开始时的问题分析阶段。通过问题分析,并结合各种解决问题的方法得到问题的解决方案。

图 3-1 TRIZ 创新问题求解流程

常见的因果分析方法有:因果轴分析、5W 分析法(又称五问法,5 个为什么分析法,5Why 分析法)、鱼骨图分析、故障树、失效模式与后果分析……本章主要介绍因果轴分析、5W 分析法、鱼骨图分析三种因果分析方法。

3.1 因果轴分析

3.1.1 三轴问题分析法

三轴问题分析法(见图3-2),即沿流程时序轴(操作轴)、系统层次轴(系统轴)和因果关系轴(因果轴)对初始问题进行分析与定义,将复杂的工程问题分解成为若干子问题,以帮助工程师发现隐藏在表层问题之后的真正问题,以及充分利用系统资源途径的方法。

图 3-2 三轴分析

三轴问题分析法的目的是:发现问题产生的根本原因,寻找解决问题的"薄弱点",并分析解决问题的资源,以降低解决问题的成本。

下面主要介绍三轴问题分析法中的因果轴分析。

3.1.2 因果轴分析简介

因果轴(也称为因果链)分析:通过构建因果链探明事件发生的原因和产生的结果之间关系的分析方法,以找出问题产生的根本原因。

因果轴分析的目的:由于根本原因与产生结果之间存在的一系列因果关系,这样便可构成一条或多条的因果关系链(见图3-3),通过发现问题的产生原因与发现链中的"薄弱点",为解决问题寻找切入点。

图 3-3 因果链模型

根据图3-3,从问题往前可以寻找问题出现的原因,示例过程如图3-4所示。

从问题寻找问题出现的结果,示例过程如图3-5所示。

图 3-4 从问题寻找原因

图 3-5 从问题寻找结果

3.1.3 因果轴分析的步骤

1. 原因轴分析

目的：了解事件的根本原因，确定解决问题的最佳时间点。

分析过程如下：

(1) 从发现的问题出发，列出其直接原因。

(2) 以这些原因为结果，寻找产生这些结果的上一层原因。按照(1)→(2)的方法继续分析，直至找到根本原因。

(3) 结束原因轴分析的判定条件是：当不能继续找到上一层的原因时，或当达到自然现象时，或当达到制度/法规/权利/成本等极限时，则不再寻找原因。

(4) 将每个原因与其结果用箭头连接，箭头从原因指向结果，构成原因链，见图 3-6。

图 3-6 原因链

对应一个问题，可能会有多个原因，因此原因轴可以有多条链，如图 3-7 所示。

例 3.1 大楼火灾原因轴分析（见图 3-8）

例 3.2 央视新址大楼起火分析

2009 年 2 月 10 日，中央电视台电视文化中心（见图 3-9）发生火灾，据分析可能的原因如下。

A：烟花与金属幕墙相撞，烧穿装饰幕墙；

B：火种落入内侧，引燃内侧保温材料，保温材料大面积焖烧过火，烧穿防水层进入室内；

C：引燃室内可燃物，可燃装饰材料和施工材料着火又扩大了火势；

D：沿外墙面连续的金属幕墙部分形成了竖向火势延伸通道；

E：中庭部分产生"烟囱效应"，最终突破空中花园玻璃，发生爆炸。

图 3-7 多条原因链模型

图 3-8 大楼火灾原因轴

图 3-9　央视新址大楼火灾

2. 结果轴分析

目的：了解问题可能造成的影响，并寻找可以控制结果发生和蔓延的时机和手段。

分析过程如下：

（1）从目前的现象（问题）出发，推测其继续发展可能会造成的各种直接结果。

（2）从每个直接结果出发，再寻找可能产生的下一步结果，按照（1）→（2）的方法继续分析。

（3）结束结果轴分析的判定条件是：当不能继续找到下一层的结果时，当达到重大人员、经济和环境损失时，当达到技术系统的可控极限时，结束分析。

（4）将每个现象与其后果用箭头连接，箭头从现象指向后果，构成结果链（见图 3-10）。

（5）原因链与结果链构成因果轴。

图 3-10　结果链模型

对应一个问题，可能会有多个结果，因此结果轴可以有多条链（见图 3-11）。

央视新址大楼火灾的结果轴分析见图 3-12。

因果轴分析的注意点：

（1）如果因果关系不能确定，应增加其他方法进行分析。

① 定性分析方法：鱼骨图、因果矩阵、失效模式与影响分析等。

② 定量分析方法：假设检验、柏拉图、实验设计与分析等。

（2）如果同一个结果有多个原因，应该分析这些原因与造成的问题（现象）之间，以及原

图 3-11 多条结果链模型

图 3-12 央视新址大楼火灾结果轴分析

因之间的关系。通常只有一个是原因,其他是导致结果出现的条件。条件与原因之间存在以下逻辑关系。

① 与关系:几个条件或原因同时存在,才会导致结果。
② 或关系:几个条件或原因只要有一个存在,就会导致结果。
③ 必要时可以加上每个原因发生的概率,以便轻重缓急加以处理。

(3) 有时候从一个实际问题开始进行结果轴分析,其严重后果已经显而易见,就不需要继续分析结果轴。如果一个问题会引发后续多种后果,有必要了解这些后果出现的关系,如时间先后关系、共存关系或排斥关系。

3. 因果问题分析法的规范化格式

如图 3-3 所示的因果链模型,其规范化描述如下所述。
1) 因果的规范化

因果的规范化原则:原因的规范化应与功能描述一致。

功能定义采用2.2.2节关于功能定义的表达方式,V+O(动宾结构),改变(或保持)物体的某个参数。

问题:功能没有达到预计的效果,功能对象的参数表现出偏离目标值。

原因:因果是相对的,对象的某参数没有达到预计要求,直接导致结果的参数偏离目标。

因果的规范化描述类型如下所述。

(1) 缺乏

对象应该提供有用的功能,但是没有对象提供此功能。

规范描述:缺乏—对象。

实例:仓库的零件因搁置时间太长生锈了,原因是没有上油保护。

零件生锈原因的规范描述:缺乏—防锈油。

(2) 存在

某个对象在提供有用功能的同时,也产生了有害影响。

规范描述:存在—对象。

实例:家具上的油漆能使家具表面变得美观,但挥发的气体影响人的健康。

影响人的健康原因的规范描述:存在—油漆。

(3) 有害

不需要某个对象,但这个对象却出现了。

规范描述:(存在)有害的—对象。

实例:汽车缩短了距离,改善了人们的生活品质,但是产生的尾气污染了环境。

污染环境原因的规范描述:有害的—尾气。

"存在的"对象是为了提供有用功能而存在的,但同时它有时存在负作用,即有害影响。

"有害的"对象是不希望有的,因为其提供的是有害影响,但当"有害的"对象能够提供一些有用功能时其描述可转化为"存在",当"存在的"对象的有用功能完全消失时,其描述可转化为"有害"。

实例:现在有的汽车生产厂家开始利用尾气,如尾气制热。

尾气制热的原因:存在—尾气。

实例:汽车缩短了距离,改善了人们的生活品质,但是产生的尾气污染了环境。

污染环境的原因:有害的—尾气

产生尾气的原因:存在—汽车。

当有用的对象提供了有用功能,但是其效果不令人满意时,按照导致问题的功能参数特征,又分为:过度、不足、不稳定、不可控。此时功能描述的一般格式为:A+S+P,即定语+主语+表语,表示物体存在某个参数的状态。

(4) 过度

有用的功能,因其性能水平超过了上阈值而产生有害影响。

规范描述:对象(的)—参数—(是)过度(的),简写为:对象—参数—过度。

实例:工厂的围墙太高,造成厂区通风不好。

厂区通风不好原因的规范描述:围墙—高度—过度。

(5) 不足

有用的功能,因其性能水平低于下阈值而效果不足。

规范描述:对象(的)—参数—(是)不足(的),简写为:对象—参数—不足。
实例:自行车负重太大,轮胎爆了。
轮胎爆裂原因的规范描述:轮胎—强度—不足。
实例:用老式计算机显示器,眼睛看久了很累。
眼睛累的原因的规范描述:显示器—刷新频率—不足。
实例:笔记本电脑用了2年后,需要经常充电。
需要经常充电原因的规范描述:笔记本电脑电池—待机时间—不足。

(6)不可控

有用的功能,但是无法有效地控制其性能水平。

规范描述:对象(的)—参数—(是)不可控(的),简写为:对象—参数—不可控。

实例:夏季南方城市的机场经常因恶劣天气造成大量航班延误。

航班延误原因的规范描述:机场—天气—不可控。

(7)不稳定

有用的功能,但是其性能水平不够稳定,带来了有害影响。

规范描述:对象(的)—参数—(是)不稳定(的),简写为:对象—参数—不稳定。

实例:恒温车间由于人员进出频繁,造成车间内温度发生一定变化。

恒温车间温度不稳定原因的规范描述:恒温车间—温度—不稳定。

"不可控"的原因有时也可以表示为"不稳定"。

2)因果分析的图形化表示

因果类型标准描述有缺乏、存在、有害、有用4类。

因果格式标准描述:对象+(参数)+描述。

因果图形标准描述如图3-13(a)所示,图3-13(b)为电线燃烧的图形标准描述实例。

图3-13 电线燃烧的图形标准描述

例如,存在—尾气、显示器—刷新频率—不足、笔记本电脑电池—待机时间—不足、机场—天气—不可控、交通系统—畅通程度—不稳定的图形标准描述如图3-14所示。

存在	不足	不足	不可控	不稳定
	刷新频率	待机时间	天气	畅通程度
尾气	显示器	笔记本电脑电池	机场	交通系统

图3-14 图形标准描述实例

3) 因果分析图形标准化描述示例

(1) 缺乏

例：电路中缺少电流过载保护装置，如图 3-15 所示。

图 3-15　缺乏的标准化描述

(2) 存在

例：电路有电流过载保护装置，如图 3-16 所示。

图 3-16　存在的标准化描述

(3) 有害

例：电路存在电流过载现象，引起短路，如图 3-17 所示。

图 3-17　有害的标准化描述

(4) 有用

有用功能具体体现在不足、过度、不稳定、不可控 4 个方面。

① 不足

例：电路中的电流过载保护装置的灵敏度太低，导致电流有过载时，保护装置仍未反应，如图 3-18 所示。

② 过度

例：电路中的电流过载保护装置的灵敏度太高，导致电流未过载时也出现跳闸现象，导致电路切断，如图 3-19 所示。

标准化描述：对象—参数—不足
⇩
标准化描述：过载保护装置—灵敏度—不足

图3-18　不足的标准化描述

标准化描述：对象—参数—过度
⇩
标准化描述：过载保护装置—灵敏度—过度

图3-19　过度的标准化描述

③ 不稳定

例：电路中电流过载保护装置性能不稳定，在过载时有时切断电路，但有时却不能切断电路，如图3-20所示。

标准化描述：对象—参数—不稳定
⇩
标准化描述：过载保护装置—性能—不稳定

图3-20　不稳定的标准化描述

④ 不可控

例：电路中的电流过载保护装置灵敏度不能控制，比如在希望电路短时间允许过载时却被切断，如图3-21所示。

标准化描述：对象—参数—不可控
⇩
标准化描述：过载保护装置—灵敏度—不可控

图3-21　不可控的标准化描述

综上所述,因果关系标准化类型汇总如下。

(1) 缺乏：对象—缺乏。

(2) 存在：对象—存在。

(3) 有害：对象—有害。

(4) 有用：

① 不足：对象—参数—不足；

② 过度：对象—参数—过度；

③ 不稳定：对象—参数—不稳定；

④ 不可控：对象—参数—不可控。

在以上所有类型的因果描述中,有用功能是需要参数的,其他不需要参数。

4. 选择解题的入手点

选择解题的入手点,就是要发现从原因到问题所构成的整个链中的"薄弱点",如果能够从根本原因上解决问题,则应首先从根本原因上解决问题。但如果根本原因不可改变或不可控制,那么就需从原因链中逐个检查原因节点,找到第一个可以改变或控制的原因节点,提出解决问题的方法。在解决问题时,要考虑解决问题的成本,如果消除结果的不良影响的成本比消除原因低,就从结果上采取解决不良影响的方法。

在选择解题入手点时,如果有多个原因节点,在采用解题方法上,可以选择其中容易实现、周期较短、成本较低、技术成熟等的节点实施解题。

在解决问题时,也可以利用专利分析的结果,按照企业的专利战略选择其中一个节点。例如,专利进攻：竞争对手在某个方向的专利薄弱,一旦攻克,就可以形成竞争优势；专利规避：竞争对手在某个方向的专利强大,可以选择专利规避方法以解决问题,或者通过专利交易直接利用对方的资源,或者放弃在此方向解决问题。

3.1.4 因果轴分析案例

例3.3 铁路机车柴油机油泵振动因果轴分析

某公司主要制造多系列电力机车以及多系列柴油机等产品。试制新型发动机的过程中,遇到了多项技术问题,其中最严重的问题之一是：润滑油管路振动超标。当柴油机运转的时候,润滑管路系统会产生高频振动,影响产品性能。表3-1描述了几个主要振动测量部位的测量值和期望值。

表3-1 振动测量值

位置	测量的振动频率/(mm·s^{-1})	期望的振动速率/(mm·s^{-1})
油泵出口	30～40	25
溢流阀	50～60	40
波纹管阀	35～50	30

图3-22是油泵的结构图。

从振动测量结果结合结构图可以看出,柴油机管路的振动主要有三个方面：波纹管振

图 3-22 油泵结构图
(a) 主视图；(b) 侧视图

动、溢流阀连接处振动、油泵出口振动。

对于"油泵出口振动"，我们采用前述提到的各种因果分析方法，可进一步分析其产生的原因，并把这些原因运用因果轴分析的形式表达出来，如图 3-23(a) 所示。图 3-23(b) 是采用图形化的规范描述后的情形。

(a)

图 3-23 油泵振动因果轴分析

(b)

图 3-23 （续）

3.2 5W 分析法

3.2.1 5W 分析法概述

5W 分析法又称五问法(亦称 5 个为什么分析法、5Why 分析法)，最初由丰田公司提出并在丰田公司广泛采用,因此也被称为丰田五问法。

5W 分析法是一种用不断问"为什么"来寻找现象发生的根本原因的方法,这种方法是对现象发生的可能原因进行分析,在事实的基础上寻找根本原因的分析方法。它是一种更进一步的因果分析方法。

在遇到实际问题时,怎么找到问题发生的根本原因？在丰田汽车公司有一个著名的案例,这是大野耐一先生提到过的一个例子。有一次,大野耐一发现一条生产线上的机器总是停转,虽然修过多次,但问题总不能解决。于是,大野耐一与工人进行了一段对话。

一问：为什么机器停了？
答：因为超过了负荷,保险丝就断了。

二问：为什么超负荷呢？
答：因为轴承的润滑不够。
三问：为什么润滑不够？
答：因为润滑泵吸不上油来。
四问：为什么吸不上油来？
答：因为油泵轴磨损、松动了。
五问：为什么磨损了呢？
答：因为没有安装过滤器，混进了铁屑等杂质。

经过连续 5 次不停地问"为什么"，找到了问题的真正原因和解决的方法，就是在油泵上安装过滤器。如果没有这种追根究底的精神来发掘问题，而只看到问题的表象，很可能就换根保险丝了事，真正的问题还是没有解决。

另一个例子，林肯纪念堂外墙是花岗岩制成的，后来脱落和破损严重，再继续下去就需要重建，这需要花纳税人一大笔钱，还需要市议会进行商讨决议，于是在投票之前请专家进行了分析。针对外墙花岗岩经常脱落和破损的问题，专家经过分析提出了 5 个问题。

（1）脱落和破损的直接原因是经常清洗，而清洗液中含有酸性成分。为什么需要用酸性清洗液？

（2）花岗岩表面特别脏，因此使用去污性能强的酸性清洗液，究其原因主要是由于鸟粪造成的。为什么这个大楼的鸟粪特别多？

（3）楼顶常有很多鸟。为什么鸟愿意在这个大厦上聚集？

（4）大厦上有一种鸟喜欢吃的蜘蛛。为什么这个大厦的蜘蛛特别多？

（5）楼里有一种蜘蛛喜欢吃的虫。为什么这个大厦会滋生这种虫？

问题的根源是因为大厦采用了整面的玻璃幕墙，阳光充足，温度适宜（见图 3-24）。

图 3-24 林肯纪念堂外墙脱落和破损问题

至此,解决方案就简单了:拉上窗帘!

从以上两个例子来看,5W分析法的目的是:鼓励解决问题的人要努力避开主观或自负的假设和逻辑陷阱,从结果着手,沿着因果关系链条,顺藤摸瓜,找出问题的根本原因。

3.2.2　5W分析法的应用步骤

5W分析法用在原因调查阶段,要真正解决问题必须找出问题的根本原因,而不是问题表象。根本原因总是隐藏在问题的背后,因此在原因调查阶段需认真收集问题发生的原因以及相关的数据。

用5W分析法寻找问题的根本原因时,要注意两点:

(1) 所找的原因必须建立在事实基础上,而不是猜测、推测、假设的。

(2) 阐明现象时为避免猜测,需到现场去察看现象。这里现象是指能观察到的事件或事实。

如图3-25所示,当遇到异常现象时,先问第一个为什么,获得答案后,再问为何会发生,以此类推,层层推进,直到找到问题的根本原因,并确定治本对策。运用5W分析法进行分析时,真因必须靠更深入的挖掘,询问问题何以发生。

图3-25　5个为什么分析法应用步骤

3.2.3 5W分析法的常用工具

1. 5W分析法链式图表

进行5W分析时,可按下面的链式图表来描述问题,进行提问和对问题结果进行分析,层层推进,直到找到问题的根源,如图3-26所示。

图 3-26 5个为什么链式图表

2. 研讨表

如表3-2所示,在进行问题分析时,将问题和得到的问题原因填在表中,并将每一次提问得到的即时解决方案填在表中,最后得到彻底解决方案。

表 3-2 5W分析法研讨表

次数	为什么	原因	即时和最终解决方案
1			
2			
3			
4			
5			

3.2.4 5W分析法的注意要点

从图3-25中可以看出,每个现象可能都存在很多原因,这就需要找出问题的主要原因,找主要原因与提问技巧是有很大关系的,下面介绍提问时的注意事项。

1. 提问和答问时要注意的事项

(1)"现象"栏(问题栏)的写法。

① 提问时针对所提问题要用简洁的词汇来表达。如螺丝拧不动;镀层的厚度超过了

规格要求。

② 避免使用 2 个动词。如电流过大,镀层变厚了。这样提问要点不明确,是要分析电流过大,还是要分析镀层变厚?

③ 不要用抽象、含糊的词汇。如在××工序中,零部件的组装缺陷很多。未明确具体缺陷,不清楚到底要分析什么。再如原材料不好。未说明材料哪方面有什么不好。

（2）"为什么"栏和"原因"栏的写法。

① 使用像"哪里不行"的简洁词汇。

② 避免使用两个动词。

③ 以写"事实"为原则,不能不做调查研究而只是推测原因。

④ 采用过去时态来提问。如"曾经怎么样"。

⑤ 不使用像"太忙了""太乐观了"等辩解和主观借口。

⑥ 不仅仅写有关自己、本部门的事情,也可写上上一级或其他部门的情况。根据需要,还可以按照部门分析。

（3）一个为什么的原因往往不止一个,有两个以上时,我们将其并列写在分析表上,并各自反复追问为什么。

（4）最后从"根本原因"向"现象"追溯验证。

倒过来重新读一遍,以验证逻辑上是否存在不自然的地方。如果有不自然的地方,说明分析不当,对此部分必须重新分析。

2. 提问要点

1）提问方向

下面从一个错误使用 5W 分析法的例子来分析提问要点。5W 分析法的分析不是随意进行的,必须是朝解决问题的方向进行分析,如果脱离了这个方向,5W 分析法就可能会误入歧途。

例 3.4 一个人摔了一跤

分析原因：

(1) 为什么摔跤?　　　　　　　　　——因为地面滑。

(2) 为什么地面滑?　　　　　　　　——因为地面有水。

(3) 为什么有水?　　　　　　　　　——因为喝水时水洒了。

(4) 为什么水洒了?　　　　　　　　——因为纸水杯掉地上了。

(5) 为什么纸水杯掉地上了?　　　　——因为没有杯托。

(6) 为什么没有杯托?　　　　　　　——因为总务小妹休息了没拿出来。

(7) 为什么总务小妹休息了?　　　　——因为总务小妹感冒了。

(8) 为什么总务小妹感冒了?

如果按照这样的方法进行分析,就会发现离主题越来越远,且分析不出真正的原因。上述分析错在哪里? 错在查找原因时没找到可控的原因。找原因要基于组织内部,去找内部的原因,而不能去找不可控的原因(比如卖不出东西去找顾客的原因)。

实际上对上述例子进行提问时：

① 问到第(2)问时,可以采取纠正措施了,将水清除。

② 第(1)至第(4)问的潜在因子都存在摔跤者"大意摔跤",如果走路小心点,即使地面滑、即使地面有水,也不会造成摔跤现象。

③ 第(5)问的回答存在逻辑错误。纸水杯掉地上一定是因为没有杯托吗?或者没有杯托一定会导致纸杯掉地上吗?

由于思维方式的差异,有些人喜欢找借口,这些借口就是那些不可控的原因。上述例子可控的原因是走路不小心,小心点就能避免摔跤,否则地上没水也会摔跤。

2) "为什么"要持续几次?

5W分析法的"5"是反复追问多个"为什么"的意思。需要说明的是,提问时并非一定要提问5次。有时追问3次便得到最后解决方案,有时却要反复追问10次以上甚至更多。反复追问到能采取具体的对策防止问题的再度发生为止。再追问下去就成了重复或概念性的东西,采取不了具体对策了,这时候就应停止追问为什么。

例3.5 阿波罗13号服务舱的氧气罐发生爆炸

阿波罗13号(Apollo 13)是阿波罗计划(Project Apollo)中的第三次载人登月任务。发射后两天,服务舱的氧气罐发生的爆炸严重损坏了航天器(见图3-27),使其损失大量氧气和电力;3位宇航员使用航天器的登月舱作为太空中的救生艇。指令舱系统并没有损坏,但是为了节省电力在返回地球大气层之前都被关闭。3位宇航员在太空中经历了缺少电力、正常温度以及饮用水的问题,但仍然成功返回了地球。

图3-27 阿波罗13号服务舱的氧气罐爆炸

针对1970年4月13日氧气舱内的风扇开启后氧气舱爆炸的事故,下面用5W分析法进行分析。

(1) 为什么爆炸会发生? ——电线使风扇变成拱形并引燃舱内的氧气。
(2) 为什么会被电线弄成拱形? ——导线中心被引爆。
(3) 为什么中心被引爆? ——绝缘被烧坏。
(4) 为什么绝缘被烧坏? ——在前导系统测试过程中氧气舱过热。
(5) 为什么氧气舱过热? ——氧气舱中的加热器通常会维持舱内的压力,但在舱内被清空后(也就是测试结束后)没有被关掉。

（6）为什么加热器没有被关掉？——切断电源的开关可以在舱过热时自动关掉加热器，可是它失效了。

（7）为什么开关会失效？——在测试中它超过了额定电压。工程师们确信舱内的液氧可以使开关保持冷却，然而，当舱内被清空时，开关就迅速地变热从而失效。

（8）为什么加热器首先被启动？——当测试结束时舱内的氧气并没有彻底清除干净（注：为了安全起见，测试结束后舱内不应留有氧气）。

（9）为什么舱内没有完全被清空？——在前导系统测试中插口管被振松了。

3.2.5　5W分析法案例分析

例3.6　针对螺栓松了的问题进行原因查找

不好的分析如图3-28所示。图中的分析没找到"螺栓松了"这个问题的根本原因。

图3-28　"螺栓松了"不好的分析

好的分析如图3-29所示。图中的分析对螺栓松动的原因作了进一步原因查找。为什么螺栓松了？扭力太小。为什么扭力太小？螺栓的直径太小。这样就找到根本原因了。

图3-29　"螺栓松了"好的分析

例3.7　设备清扫问题的原因查找

不好的分析如图3-30所示。图中的分析没找到"设备没有清扫"的根本原因。对没有清扫问题，只是采取简单的加强清扫的对策。

图3-30　"设备没有清扫"不好的分析

好的分析如图3-31所示。好的分析中追究到了没有清扫的原因，采取了合适的对策。

图3-31　"设备没有清扫"好的分析

3.2.6 5W分析法的补充说明

(1) 5W分析法的优点

① 5W分析法重视潜在的系统性问题,能找出问题发生的根源,彻底解决问题。

② 5W分析法的格式容易被人理解,"为什么-为什么"图表会把因果路径简单地呈现出来,因果关系被概括成摘要而不是技术细节,提供了一种大众语言使人不必去考虑具体的方法。

(2) 5W分析法的不足

① 5W分析法报告虽然是解决品质问题的一种形式,但与8D(团队导向问题解决方法)报告还是有很大区别。8D报告可以包含5W分析法报告内的所有内容,但5W分析法报告不能涵盖8D报告的所有内容,而且5W分析法报告并不强调团队作用,这是两者最大的区别。

② 5W分析法比较适合作为专题改善的一种工具。它是一种追溯根源的逆向思维分析方式,每个为什么问完后都有很多可能,甚至需要做试验验证,确定下一步可能的问题。有些问题仅仅靠问为什么也是解决不了的,这需要与其他工具组合使用。

③ 在5W分析法找出原因后确定对策时,要权衡利润与成本的关系,要考虑对策的成本,尽量采用成本不高的对策。

3.3 鱼骨图分析法

3.3.1 鱼骨图分析法概述

鱼骨图(fishbone diagram):1953年,日本管理大师石川馨提出的一种把握结果(特性)与原因(影响特性的要因)的极方便而有效的方法,名为石川图。因其形状很像鱼骨,是一种发现问题根本原因和透过现象看本质的分析方法,也称为鱼骨图(亦称鱼刺图、特性要因图、因果图)。

问题的特性总是受到一些因素的影响,我们可以通过头脑风暴法找出这些因素,并将它们与特性值一起,按相互关联性整理而成的层次分明、条理清楚,并标出重要因素的图形就构成鱼骨图。

头脑风暴法(brain storming,BS):一种通过集思广益、发挥团体智慧,从各种不同角度找出问题所有原因或构成要素的会议方法。头脑风暴法有四大原则:严禁批评、自由奔放、多多益善、搭便车。

3.3.2 鱼骨图的用法

鱼骨图是一个非定量的工具,可以帮助我们找出引起问题的潜在的根本原因,提示问题为什么会发生,使项目小组聚焦于问题的原因,而不是问题的症状。

鱼骨图能够集中于问题的实质内容,以团队努力,聚集并攻克复杂难题。辨识导致问题或情况的所有原因,并从中找到根本原因。

1. 鱼骨图的三种类型

整理问题型:各要素与特性值间不存在原因关系,而是结构构成关系,对问题进行结构化整理。

原因型:鱼头在右,特性值通常以"为什么……"来写。

对策型:鱼头在左,特性值通常以"如何提高和改善……"来写。

2. 鱼骨图的基本结构

如图 3-32 和图 3-33 所示,鱼骨图由特性(现象或待解决的问题)①、主骨②、要因③、大骨④、中骨⑤、小骨⑥、孙骨⑦等构成。

图 3-32 鱼骨图基本形状　　图 3-33 鱼骨图的构成

特性①是指某种现象或待解决的问题,画在鱼骨图的最右端。

主骨②(也称为主刺),画在特性①的左端,可用粗线表示。

要因③,也称为大原因,一般鱼骨图有 3~6 个要因,并用大骨④将要因和主骨连接起来。绘图时,一般情况下应保证大骨与主骨成 60°夹角,中骨与主骨平行。要因一般用四方框圈起来。

要因的确定方法:召开头脑风暴研讨会,在最初的草案阶段,对于制造类鱼骨图的大骨通常采用 6M 确定要因,如图 3-34 所示。6M 是指人员(man)、测量(measurement)、环境(mother-nature)、方法(methods)、材料(materials)、机器(machine)。

6M 方法常规鱼骨图如图 3-35 所示。

图 3-34 制造类 6M 要因图

图 3-35 6M 方法常规鱼骨图

服务与流程类鱼骨图如图 3-36 和图 3-37 所示。

图 3-36　服务与流程类鱼骨图模板

图 3-37　服务与流程类鱼骨图

中骨⑤要说明"事实",小骨⑥要围绕"为什么会那样"来描述,孙骨⑦要更进一步追查"为什么会那样"。

中骨、小骨、孙骨的记录要点:要围绕事实系统整理要因。要因一般使用动宾结构的形式,如"没有照明""没有盖子""没有报警""没有干劲""学习不足""注意不足"。

3. 嵌套式鱼骨图

进行因果分析时,也可以用以下嵌套式鱼骨图的形式进行分析,如图 3-38 所示。

波峰焊、虚焊多原因	人员	质量意识淡薄	
		对操作技能不熟	理论培训时间不够
			实习操作时间不够
		新员工在操作	
	机器	喷雾不良	
		机器没维护	
		轨道不好	
	材料	线路板焊盘	
		元件脚氧化	
	方法	没有作业指导书	
	环境	照明不好	

图 3-38　嵌套式鱼骨图样例

4. 鱼骨图的画法要点

怎么对某个现象进行原因分析？具体做法是，在绘制时，重点应放在为什么会有这样的原因，并依照5W1H的方法进行提问分析，这样可以理顺现象与原因之间的关系（见表3-3）。

表3-3　5W1H提问表

	为什么？	能否改变？	该怎么改变？
1. What（做什么）	为什么生产这种产品或配件？	是否可以生产别的？	到底应该生产什么？
2. Where（何地）	为什么在那干？	是否可在别处干？	在何处做效率才最高？
3. When（何时）	为何在那时做？	是否在别的时间做更有利？	应该什么时候做？
4. Who（何人）	为何要这个人做？	是否有可以做得更好的人？	到底应该谁做？
5. How（如何做）	为何要这么做？	有无其他可替代的更好的方法？	应该怎么做？
6. Why（为何）	为何要照目前的工作方式进行？	有无其他更好的方式？	更好的方式是什么？

例3.8　搬运空箱较费时间的问题

搬运空箱较费时间的鱼骨图分析如图3-39所示。

图3-39　搬运空箱较费时间的鱼骨图分析

例3.9　改善活动不活跃

改善活动不活跃的鱼骨图分析如图3-40所示。

例3.10　曲别针安装不良品多

曲别针安装不良品多的鱼骨图分析如图3-41所示。

图 3-40 改善活动不活跃的鱼骨图分析

图 3-41 曲别针安装不良品多的鱼骨图分析

5. 鱼骨图分析案例

例 3.11 管道焊接裂缝问题

图 3-42 中的"鱼头"表示需要解决的问题,即管道焊接出现裂缝的问题。根据现场调

查,可以把产生管道焊接出现裂缝问题的要因概括为管道缺陷、扩产和人的因素3类。在每一类要因中包括若干造成管道焊接裂缝的可能因素,如焊接设备存在缺陷、采购的管道存在裂缝、无人监控裂缝等。

图 3-42　管道焊接裂缝鱼骨图

将3类要因及其相关因素分别以鱼骨分布态势展开,形成鱼骨分析图。

下一步的工作是找出产生问题的主要原因,为此可以根据现场调查的数据,计算出每种原因或相关因素在产生问题过程中所占的比重,以百分数表示。最后针对这三大因素提出改进方案,以解决管道焊接裂缝的问题。

例 3.12　A12立式车床换件准备时间过长

图3-43中的"鱼头"表示需要解决的问题是A12立式车床换件准备时间过长的问题。通过现场调查与分析,换件准备时间过长的要因为5类,即人、机、胎具、方法和环境。在每一类中包括若干造成这些换件准备时间过长的可能因素,如机类要因,就包括以下可能因

图 3-43　立式车床换件准备时间过长鱼骨图

素：安装T形螺栓不顺利、机床三爪不灵活、调整三爪位置麻烦。再如人的要因，也包括以下可能的因素：胎具找正时间长、操作不稳定，而操作不稳定又可能是操作工人对机床性能不熟悉或者体力不支等原因。

即根据经验规律，20%的原因往往产生80%的问题。以上5类要因中，根据现场调查的数据，在人力有限的条件下，抓住主要原因并想出办法解决，可以大大提高换件效率。

3.3.3 鱼骨图的评价

鱼骨图画好后，可进一步评价所找出的原因发生的可能性（见表3-4）。用下面三种类型来标志：

V：非常可能（very likely to occur）；
S：有些可能（somewhat likely to occur）；
N：不太可能（not likely to occur）。

表3-4 原因发生可能性标示

原因	非常可能	有些可能	不太可能
××××	V	S	N

对标有V和S（见表3-4中椭圆框内的部分）的原因，评价其解决的可能性（见表3-5）。用下面三种类型来标志：

V：非常容易解决（very easy to fix）；
S：比较容易解决（some what easy to fix）；
N：不太容易解决（not likely to fix）。

表3-5 原因发生可能性和解决可能性标示

发生可能性 \ 解决可能性	V	S	N
V	VV	VS	VN
S	SV	SS	SN

对标有VV、VS、SV、SS（见表3-5中椭圆框内部分）的原因，评价其实施纠正措施的难易度（见表3-6）。用下面三种类型来标志：

V：非常容易验证（very easy to test）；
S：比较容易验证（somewhat easy to test）；
N：不太容易解决（not likely to test）。

为了全面了解上述三个方面，也可以通过表3-7所示的鱼骨图分析评估表，将以上内容合并到一起。

通过上述三个步骤的评价，将VVV、VVS等原因在鱼骨图中标识出来。图3-44是"某物流企业管理问题"所绘制的鱼骨图，并通过三方面评价后，将比较容易解决的方面直接在图3-44中标识出来。

表3-6 原因发生可能性、解决可能性和验证难易度标示

发生与解决的可能性	难易度		
	V	S	N
VV	VVV	VVS	VVN
VS	VSV	VSS	VSN
SV	SVV	SVS	SVN
SS	SSV	SSS	SSN

表3-7 合并后样式

序号	因素	发生可能性			解决可能性			验证可能性		
		V	S	N	V	S	N	V	S	N
1										
2										
3										
4										
5										
6										
7										
8										
9										
10										

例3.13 送货时间太长（见图3-44）

图3-44 完整鱼骨图样例

3.4 因果矩阵分析简介

矩阵图法是从多维问题的事件中，找出成对的因素，排列成矩阵图，然后根据矩阵图来分析问题，确定关键点（见表3-8）。它适用于分析多个结果与不同的原因之间的影响关系，是一种通过多因素综合思考探索问题的方法。

表 3-8 因果矩阵样式

顾客重要度																	
			1	2	3	4	5	6	7	8	9	10	11	12	13	14	15
			Y1	Y2	Y3	Y4	Y5										累计值
	过程步骤	过程输入																
1																		
2																		
3																		
4																		
5																		
6																		
7																		
8																		
9																		

因果矩阵分析采用头脑风暴法，由客户确定主要价值参数（main parameter of value，MPV）作为输出 Y 及其重要度 I；团队搜集影响因素作为输入，然后评价每个输入与输出之间的相关性 R，从而找出影响这些 Y 的最重要因素。

因果矩阵分析的实施步骤，一般可分为 5 步，如表 3-9 所示：

(1) 列出输出；
(2) 根据对客户的重要性给输出打分(1～10 分)；
(3) 列出输入；
(4) 对每一个输入与输出之间的相关性打分(1～10 分)；
(5) 交叉相乘，累计数由相乘之和决定，然后选择重点。

表 3-9 因果矩阵 5 步法示意矩阵

对客户的重要性																	
			1	2	3	4	5	6	7	8	9	10	11	12	13	14	15
																		累计值
	过程步骤	过程输入																
1																		
2																		
3																		
4																		
5																		
6																		
7																		
8																		
9																		

例 3.14 如何开好咖啡店

如何开好咖啡店？对于这个问题，考察哪些参数是影响 MPV 的重要参数。假设对客户而言,咖啡店最重要的 MPV 是:服务速度,口味,咖啡浓度。咖啡店老板选出了制作咖啡的输入参数:豆的种类,装水量,烧煮时间,咖啡辅料。然后根据对每一个输入与输出之间的相关性打分,并最后累计出重点的影响因素。从表 3-10 可以看出,"豆的种类"是最关键的影响因素。

表 3-10 因果矩阵实例

客户打分	5	10	4													
	1	2	3	4	5	6	7	8	9	10	11	12	13	14	15	
工序输入	服务速度	口味	咖啡浓度													累计值
1	豆的种类	2	10	3											122	
2	装水量	0	5	10											90	
3	烧煮时间	8	5	1											94	
4	咖啡辅料	3	8	2											103	
5																
6																
7																
8																
9																

3.5 故障树简介

故障树分析(FTA)技术是美国贝尔电报公司的电话实验室于 1962 年开发的,它采用逻辑方法,形象地进行失效风险的分析工作。其特点是直观、明了,思路清晰,逻辑性强,可以做定性分析,也可以做定量分析。

故障树是一种特殊的倒立树状逻辑因果关系图,它用事件符号、逻辑门符号和转移符号描述系统中各种事件之间的因果关系,如图 3-45 所示。故障树的建立可以按照以下步骤执行:

(1) 自顶向下按层分析直接原因;
(2) 列出每个事件的故障内容及发生条件;
(3) 分析事件之间的关系,用与或门表示;
(4) 按照事件结构和发生概率,确定导致故障发生的重要事件,按照轻重缓急采取对策。

图 3-45 故障树示意图

思 考 题

1. 三轴分析法的目的是什么?包括哪三个轴?
2. 在因果轴分析时,可以用哪些方法来分析技术系统中问题的原因和结果?

3. 因果轴分析时,主要包括几个步骤?
4. 因果轴描述中,规范的原因描述有几类?
5. 如何准确地按照规范来描述原因?
6. 哪些原因的规范描述不需要参数?
7. 如何在因果轴上选择解题的入手点?
8. 请用原因的规范化图示方式,描述图3-8中的原因链。
9. 根据部件发生故障的5W分析表(见表3-11),完成"即时的解决方案"一栏的内容。

表3-11 5W分析表(习题9)

次数	为什么	原因	即时的解决方案
1	为什么部件发生故障?	材料不好	
2	为什么材料不好?	供应商提供的材料有问题	
3	为什么供应商提供的材料有问题?	生产方法不好	
4	为什么要使用该供应商?	应对紧急纳期变更	
5	为什么会发生纳期变更?	销售经常发生纳期变更	

注:纳期是指从签订合同到交货的时间。

10. 根据工作中出现问题的5W分析表(见表3-12),完成"即时的解决方案"一栏的内容。

表3-12 5W分析表(习题10)

次数	为什么	原因	即时的解决方案
1	为什么工作中出现问题?	A在工作中出现了失误	
2	为什么A出现失误?	A在工作时使用的操作指导书里有缺陷	
3	为什么操作指导书有缺陷?	B以前也出现过一样的失误,B在出错后没有将操作指导书进行完善	
4	为什么至今没能对操作指导书进行完善?	发现缺陷时没有立即纠正	
5	为什么没能及时处理?	操作流程里没有灵活处理的规定	

11. 降低客户流失率是个非常庞大的系统工程,需要涉及人事、IT、产品、风险、市场、销售、服务等业务运营的各个层面。降低流失率首先需要知道的关键问题是:客户为什么流失?是哪些原因在导致客户流失?其中哪些是主要原因,哪些是次要原因?这些原因之间有没有交互作用?应该怎样改变这些因素来影响客户流失率?试画出鱼骨图。

参 考 文 献

[1] 创新方法研究会,中国21世纪议程管理中心.创新方法教程(初级)[M].北京:高等教育出版社,2012.
[2] 林岳,谭培波,史晓凌,等.技术创新实施方法论(DAOV)[M].北京:中国科学技术出版社,2009.

[3] 鱼骨图_鱼刺图_特性要因图_因果图_PPT_模板_范本_培训_教材[M/OL]. http://wenku.baidu.com/view/59989d06647d27284b735147.html.
[4] Causal-Analysis-因果分析. http://wenku.baidu.com/view/67cdc72acfc789eb172dc8cb.html.
[5] 5WHY 培训(同创公司). http://wenku.baidu.com/view/4c2daf523c1ec5da50e27029.html.
[6] BUSOV B, MANN D, JIRMAN P. Heat exchangers Case Studies In TRIZ: A Novel Heat Exchanger (Use of Function Analysis Modeling to Find Eliminate Contradictions)[J/OL]. TRIZ Journal, 12, 1999. www.triz-journal.com/archives/1999/12/b/index.htm.

第 4 章

矛盾问题与解决方法

工程师在解决问题时,最为有效的解决方案就是解决技术难题中的矛盾(有时也称作"冲突")。矛盾是客观社会中普遍存在的现象,对矛盾(冲突)的认识以及如何解决矛盾(冲突)问题是 TRIZ 理论中非常重要的基础思想之一。

矛盾是指内在要素、作用或主张彼此不一致或相反的情境。TRIZ 理论认为:发明问题的核心是解决矛盾,未克服矛盾的设计不是创新设计。即 TRIZ 理论认为创新必须克服冲突,而产品进化的过程就是不断解决产品中所存在冲突的过程。并且认为,当产品因前一个冲突的解决而获得进化后,产品的进化又将出现停滞不前的现象,直到另一个冲突被解决。

TRIZ 理论将常见的矛盾分为三种:管理矛盾、技术矛盾和物理矛盾。管理矛盾指为了避免某些现象或希望取得某些结果,需要做一些事情,但不知如何去做。管理矛盾本身具有暂时性,无启发价值,不能表现出问题的解的可能方向。因此,TRIZ 主要考虑的是后两类矛盾,即技术矛盾和物理矛盾。本章将对创新问题中的技术矛盾、物理矛盾以及如何定义矛盾、解决矛盾问题的流程和方法进行详细的论述。

4.1 技术矛盾

4.1.1 什么是技术矛盾

当改善技术系统中某一特性或参数时,同时引起系统中另一特性或参数的恶化,这种矛盾就称为**技术矛盾**。

技术矛盾是我们常见的一类矛盾,在生活中普遍存在。如在雨天撑伞走路时,我们喜欢比较大的伞,这样可以更好地挡雨。但同时大伞一般较重,撑起来十分费力。这个例子中,改善的参数是雨伞的面积,面积是我们希望提高的参数,恶化的参数是雨伞的重量,这是我们不希望看到的结果。所以,面积和重量这两个参数就构成了技术矛盾。又如,对于一个测量系统,我们希望这个测量系统的精度高以减小测量误差,可要使精度高则要花费更多的时间以及更复杂的流程来制造它。这里,改善的参数是测量系统的精度,恶化的参数是制造该系统所需的时间及流程的复杂性。

从上面的例子中,我们可以看出技术矛盾描述的是两个参数的矛盾,是存在于技术系统内部的矛盾。改善的一方在很多情况下就是指技术系统或产品的功能、目的或效果等,而恶化的一方对于一个具体的技术系统一般也是可以客观判断的。

4.1.2 39个通用技术参数

阿奇舒勒分析了大量专利后发现工程中存在大量的工程参数,每个行业、每个领域都有各自的工程参数。为了方便、准确地描述出工程领域中的技术矛盾,阿奇舒勒通过对大量的专利文献进行分析,陆续总结出 39 个参数,把它们称为 39 个通用技术参数。他分析,利用 39 个技术参数,就足以描述工程领域中出现的绝大多数技术矛盾。可以说,通用技术参数是连接具体问题与 TRIZ 的桥梁,是开启问题之门的第一把"金钥匙"。借助 39 个通用技术参数可以将一个具体的实际问题转化并表达为标准的 TRIZ 问题。这 39 个通用技术参数如表 4-1 所示。

表 4-1 39 个通用技术参数

No.	名称	No.	名称	No.	名称
1	运动物体的重量	14	强度	27	可靠性
2	静止物体的重量	15	运动物体的作用时间	28	测量精度
3	运动物体的长度	16	静止物体的作用时间	29	制造精度
4	静止物体的长度	17	温度	30	作用于物体的有害因素
5	运动物体的面积	18	照度	31	物体产生的有害因素
6	静止物体的面积	19	运动物体的能量消耗	32	可制造性
7	运动物体的体积	20	静止物体的能量消耗	33	操作流程的方便性
8	静止物体的体积	21	功率	34	可维修性
9	速度	22	能量损失	35	适应性及通用性
10	力	23	物质损失	36	系统的复杂性
11	应力或压强	24	信息损失	37	控制和测量的复杂性
12	形状	25	时间损失	38	自动化程度
13	稳定性	26	物质的量	39	生产率

注:这 39 个通用技术参数都具有固定的序号,其中任意两个不同的参数就可以表示一种技术矛盾。通过组合,利用这 39 个技术参数可以表示大约 1500 种标准的技术矛盾。

在实际问题分析过程中,为了表述系统存在的问题,工程参数的选择是一个难度较大的工作。工程参数的选择不仅需要拥有关于技术系统的全面专业知识,还要对 TRIZ 的 39 个通用技术参数有正确的理解。39 个通用技术参数及其简明注释详见附录 A。

为了便于理解及应用,可以对上述的 39 个通用技术参数分类。依据不同的方法可有不同的分类。

(1) 根据 39 个通用技术参数的特点,可分为物理及几何参数、技术负向参数、技术正向参数三大类。

① 通用物理及几何参数:1～12、17、18、21。

② 通用技术负向参数:15、16、19、20、22～26、30、31。

③ 通用技术正向参数:13、14、27～29、32～39。

负向参数(negative parameters)是指这些参数的数值变大时,使系统或子系统的性能变差。如子系统为完成指定的功能时,所消耗的能量(No.19 和 No.20)越大,则说明子系统设计得越不合理。

正向参数(positive parameters)是指这些参数的数值变大时,使系统或子系统的性能变好。如子系统的可制造性(No.32)指标越高,则这个子系统的制造成本就越低。

(2) 根据系统改进时工程参数的变化,可分为改善的参数和恶化的参数两大类。

① 改善的参数:系统改进中将提升或加强的特性所对应的通用技术参数。当这些参数提高时,系统的性能变好。

② 恶化的参数:在某个技术参数得到改善的同时,将会导致其他一个或多个技术参数变差,这些变差的参数称为恶化的参数。

改善的参数和恶化的参数构成了技术系统内部的技术矛盾。创新的过程也就是消除这些矛盾,让相互矛盾的通用技术参数不再相互制约,能同时得到改善,实现"双赢",从而推动产品向提高理想度方向发展。

4.1.3 40个发明原理及实例

工程中存在大量的技术矛盾,将实际问题转化为技术矛盾后,接着就需要一种针对技术矛盾的解决方法。从1946年开始,阿奇舒勒对世界各国的大量发明专利进行研究,对其进行深入的统计和分析后,得出了一个重要的结论:虽然不同的专利解决的是不同领域内的问题,但是它们所使用的方法(技巧)却是相同的。即一种方法可以解决来自不同工程技术领域的类似问题。通过对这些方法的归纳和总结,阿奇舒勒最终找到了40种最常用的解决问题的方法,即40条发明原理,如表4-2所示。

表4-2 40条发明原理

No.	名 称	No.	名 称
1	分割原理	21	减少有害作用的时间原理
2	抽取原理	22	变害为利原理
3	局部质量原理	23	反馈原理
4	增加不对称原理	24	借助中介物原理
5	组合原理	25	自服务原理
6	多用性原理	26	复制原理
7	嵌套原理	27	廉价代替品原理
8	重量补偿原理	28	机械系统替代原理
9	预先反作用原理	29	气压和液压结构原理
10	预先作用原理	30	柔性壳体或薄膜原理
11	预补偿原理	31	多孔材料原理
12	等势原理	32	颜色改变原理
13	反向作用原理	33	均质性原理
14	曲面化原理	34	抛弃或再生原理
15	动态特性原理	35	物理或化学参数改变原理
16	未达到或过度作用原理	36	相变原理
17	空间维数变化原理	37	热膨胀原理
18	机械振动原理	38	强氧化剂原理
19	周期性作用原理	39	惰性环境原理
20	有效作用的连续性原理	40	复合材料原理

通过实践,人们认识到发明原理是用于解决技术矛盾的行之有效的创造性方法。当前,40个发明原理已经从传统的工程领域扩展到微电子、医学、管理、文化教育等各个领域,这些发明原理的广泛应用,产生了不计其数的发明专利。在今天,创新方法已经成为全人类共有的知识成果,强有力地推动着人类的发展与进步。学习并掌握40条创新原理,对于解决科研、生产以及生活中的各类问题都有着重要的意义。

下面是对40条TRIZ发明原理的具体介绍以及一些应用实例,大部分的发明原理包括几种具体的应用方法。

1. 分割原理(segmentation)

1) 分割原理具体描述

分割原理是指以虚拟的方式或实物的方式将一个系统分成若干部分,以便分解(分开、分隔、抽取)或合并(结合、集成、联合)一种有益的或有害的系统属性。在多数情况下,可对各部分进行重组或合并,以执行某些新的功能,并(或)消除某一问题。分割原理体现在三个方面:

(1) 将一个物体分割成相互独立的几个部分;

(2) 使一个物体分成容易组装及拆卸的部分;

(3) 提高物体的可分性,以实现系统的改造。

2) 应用实例

(1) 废旧物资回收系统,如图4-1所示。为了解决垃圾可回收问题,以及不同材料(如玻璃、纸、铁罐等)的综合利用,人们把一个大的垃圾箱分为相互独立的几个小的回收箱。

图4-1 废旧物资回收系统

(2) 卫星在探测提供地球陆地表面及周围海岸区域的遥感图像时,是对地球表面进行分割及重组,以便观察、分析大的空间。

(3) 将卡车分割成相互独立的部分,如图4-2所示。

图4-2 卡车分割成相互独立的部分

(4) 使物体成为可组合的(组合家具),如图 4-3 所示。

(5) 一个挖掘机铲斗的唇缘是由钢板制成的。只要它的一部分磨损或毁坏,就必须更换整个唇缘。这是一项即费力又费时的工作,而且挖掘机也不得不停止工作。使用"分割原理"来解决这一问题,将唇缘分割成单独的可分离的几部分。这样,可以快速地将毁坏或磨损的部分更换,具体如图 4-4 所示。

图 4-3 组合家具

图 4-4 挖掘机铲斗

2. 抽取原理(taking out)

1) 抽取原理具体描述

抽取原理是指从整体中分离出有用的(或有害的)部分(或属性)。由于每个物体都是一个矛盾体,都同时存在着正面和负面、必要和不必要的因素,我们可以通过抽取的方法使系统增加价值。抽取原理体现在两个方面:

(1) 从物体中抽取出可产生负面影响的部分或属性;

(2) 从物体中抽出必要的部分或属性。

2) 应用实例

(1) 将空调中产生噪声的空气压缩机置于室外;

(2) 飞机场候机大厅中都设有专用吸烟室;

(3) 维修和售后服务外包给其他公司。

3. 局部质量原理(local quality)

1) 局部质量原理具体描述

局部质量原理是指在一个对象中,特殊的(特定的)部分应该具有相应的功能或条件,能够最好地适应其所在的环境,或更好地满足特定的要求。局部质量原理体现在三个方面:

(1) 将物体、环境或外部作用的均匀结构变为不均匀的;

(2) 让物体的不同部分具有不同的功能;

(3) 使物体的各部分均处于完成各自动作的最佳状态。

2) 应用实例

(1) 增加建筑物下部墙的厚度使其能承受更大的负载。

(2) 午餐盒可以被分为盛放热食、冷食及液体等的各种空间。

(3) 数控折弯机在对板材进行折弯加工时,由于作用力作用在滑块和工作台的两端,从而导致中间部分受力不均匀产生挠曲变形,影响板材的折弯精度,严重的还会出现"中开"现象。解决方案为:从两端到中间逐步增加下模厚度,形成局部质量。

(4) 伞的遮挡面积更大些容易遮挡雨水,但也容易干扰打伞人的视线,从而影响行路安全,图 4-5 中局部透明的伞成为解决方案之一。

(5) 有时候人们只需要喝汤或只需要盛舀非液态的食材,通常需要准备两个不同的勺子,而图 4-6 中仅一把勺子就可以实现两个不同的功能。

图 4-5　局部透明的雨伞

图 4-6　带漏孔的勺子

4. 增加不对称原理(asymmetry)

1) 增加不对称原理具体描述

增加不对称原理涉及从"各向同性"向"各向异性"的转换,或是与之相反的过程。各向同性是指,无论在对象的哪个部位,沿哪个方向进行测量,都是对称的。各向异性就是不对称,指在对象的不同部位或沿不同的方向进行测量,测量结果是不同的。增加不对称原理具体体现在两个方面:

(1) 将原来对称的物体变为不对称的;

(2) 增加不对称物体的不对称程度。

2) 应用实例

(1) 倾斜的屋顶及复合的多斜面屋顶;

(2) 对不同的顾客群可以采用不同的营销策略来达到营销目的;

(3) 非圆截面的烟囱改变气流的分布。

5. 组合原理(merging)

1) 组合原理具体描述

为了提高效率或改善性能,可以将相同的物体或相似的操作进行组合。组合原理体现在两个方面:

(1) 在空间上,将相同的物体或相关操作组合在一起;

(2) 在时间上,将相同或相关的操作进行合并。

2) 应用实例

(1) 将装饮料的盒子与装点心的盒子组合为一个盒子,即饮料点心杯如图 4-7 所示;

图 4-7　饮料点心杯

(2) 将两把伞组合为情人雨伞,如图 4-8 所示;

(3) 将风扇与晾衣架组合为带风扇的晾衣架,如图 4-9 所示。

图 4-8　情人雨伞

图 4-9　带风扇的晾衣架

6. 多用性原理(universality)

1) 多用性原理具体描述

多用性或通用性是指将不同的功能或非相邻的操作合并。使一个对象具备一个功能,从而消除这些功能在其他对象内存在的必要性,使对象具有多用性,因而可以产生在其他情况下不存在的机会和协力优势。多用性原理体现在两个方面:

(1) 使一个物体具备多项功能;

(2) 消除了该功能在其他物体内存在的必要性后,进而裁剪其他物体。

2) 应用实例

(1) 将手表设计成为可听歌、看电视的手表;

(2) 可调扳手(一把扳手可适合多种螺母)具有多用性,如图 4-10 所示;

(3) 在白天为沙发而在晚上可转换为床的沙发床。

图 4-10　可调扳手

7. 嵌套原理（nested doll）

1）嵌套原理具体描述

通过递归的方法将一个物体嵌入另一个物体的内部，或让一个物体通过另一个物体的空腔而实现嵌套。即物体之间彼此吻合、彼此组合、内部配合的性质。

2）应用实例

（1）俄罗斯套娃；

（2）自动铅笔的空腔可以放置多根备用的铅笔芯；

（3）瑞士军刀是将多种功能嵌套于同一对象内的经典实例；

（4）汽车安全带收缩机构。

8. 重量补偿原理（anti-weight）

1）重量补偿原理具体描述

通过一个相反的平衡力（浮力、弹力或类似的力）来阻碍（或抵消）一个不良的（或不希望有的）力。重量补偿原理体现在两个方面：

（1）将某一物体与另一能提供上升力的物体组合，以补偿其重量；

（2）通过与环境（利用空气动力、流体动力或其他力等）的相互作用，实现物体的相互补偿。

2）应用实例

（1）在圆木中注入发泡剂，可以使其更好地漂浮；

（2）飞艇利用浮力来补偿人和货物的重量；

（3）直升机的螺旋桨与空气发生相对运动时，可以提升上升力。

9. 预先反作用原理（preliminary anti-action）

1）预先反作用原理具体描述

预先了解可能出现的问题，提前采取行动来消除出现的问题、降低问题的危害、防止问题的出现。预先反作用原理体现在以下两个方面：

（1）事先施加机械应力，以抵消工作状态下不期望的过大压力；

（2）如果问题定义中需要某种相互作用，那么事先施加反作用。

2）应用实例

（1）涂用防晒霜可防止晒伤。

（2）对于会产生高水平热量的部件，可设计带有散热功能的表面。

（3）预应力钢筋混凝土（在灌注混凝土之前，拉伸钢筋，然后在拉伸状态把钢筋固定在模型里并注入水泥。当水泥硬化后，把钢筋两头松开，钢筋缩短并使水泥收缩，从而提高钢筋混凝土的强度）。

（4）建筑物着火时，若有人要冲进建筑物救人，通常先要用水将这个人的全身浇湿，这样就可以在短时间内防止其被火烧伤。

10. 预先作用原理（preliminary action）

1）预先作用原理具体描述

在真正需要某种作用之前，预先执行该作用的全部或一部分。预先作用原理体现在两个方面：

（1）预先对物体（全部或部分）施加必要的改变；

（2）在最方便的位置预先安置物体，使其在第一时间发挥作用，避免时间的浪费。

2）应用实例

（1）在灌装生产线中使瓶口朝一个方向，以增加灌装效率。

（2）建筑业中大量使用的预制件。

（3）产生出来的棉布被水洗后通常会"缩水"。如果用没经过"缩水"处理的棉布做成衣服，用水洗过一次后就会变小而影响使用。因此，当棉布被纺织出来以后，通常要进行预先缩水处理，这样制造出来的衣物被水洗后就不会再缩水了。

11. 预补偿原理（beforehand cushioning）

1）预补偿原理具体描述

通过预先准备好的应急措施（如备用系统、矫正措施等）来补偿对象较低的可靠性。

2）应用实例

（1）汽车上的备用轮胎；

（2）在溜直排滑轮时，戴上护膝或肘垫及安全帽，可防范无法避免的风险；

（3）预先准备应急防火通道，以防范火灾危险。

12. 等势原理（equipotentiality）

1）等势原理具体描述

通过始终在相同的高度（级别）上执行某个过程或操作，来减轻工作的要求。等势原理涉及三个既可以单独使用又可以合并起来使用的概念。等势原理具体体现在以下三个方面：

（1）将一个系统或程序内所有通过点建立在同一个势能状态下，以获得某种系统增益；

（2）在系统内部建立关联，使系统可以支持等势状态；

（3）建立连续的、完全互相联系的组合与关系。

2）应用实例

（1）电梯可以将乘客运送到高层建筑上，从而避免了人们自己爬楼梯；

（2）汽车修理时，汽车高度不变，修理工改变位置；

（3）为在高低不同的水位之间实现船舶的通航，人们利用船闸来进行船体的升降。

13. 反向作用原理（the other way round）

1）反向作用原理具体描述

此原理是 TRIZ 最重要的发明原理之一：逆向思维。若某事物以一种特殊的方式制造或执行，则尝试以一种相反的方式来制造或执行，以避免固有的问题。反向作用原理体现在

以下三个方面:
(1) 用相反的动作来代替问题定义中所规定的动作;
(2) 把物体上下或内外颠倒过来;
(3) 让物体或环境,可动部分不动,不动部分可动。
2) 应用实例
(1) 为了拆卸配合紧密的两个零件,采用冷却内部零件的方法,而不采用加热外部零件的方法;
(2) 翻转型窗户,使在屋内擦外面的玻璃成为可能;
(3) 使工件旋转,使刀具固定;
(4) 人在地面跑步,地面不动人向前运动,而跑步机则是地面向后运动,人保持不动;
(5) 利用黑笔和白板的组合代替传统的黑板和白粉笔的组合;
(6) 用平车运送货物时,既可以采用推的方式,又可以采用拉的方式,都可以实现相同的结果;
(7) 图4-11所示为游不完的泳池,即利用水循环使水动而人的位置不动,既节约了空间又达到了运动的效果。

图4-11 游不完的泳池

14. 曲面化原理(spheroidality)

1) 曲面化原理具体描述

使用弯曲或球面的元件代替线性的元件,使用转动取代直线运动,使用滚轮、球或螺线。曲面化原理具体体现在三个方面:

(1) 将物体的直线或平面部分用曲面或球面代替,变平行六面体或立方体结构为球形结构;
(2) 采用滚筒及球状、螺旋状等结构;
(3) 改直线运动为螺旋运动,利用离心力。

2) 应用实例

(1) 洗衣机甩干的电机高速旋转时可以产生很大的离心力,去除衣物上的水分;

(2) 在家具腿部装上滚轮,以便于家具的移动;

(3) 两表面间引入圆弧结构以降低应力集中,如机械零件中的倒角、圆弧过渡结构。

(4) 折叠键盘的面积要大,较大空间便于用户正常使用;折叠键盘的面积又要小,以增加用户携带的便利性。图 4-12 所示的可折叠键盘较好地解决了这个问题。

(5) 轮椅在使用时希望其体积大些,但在存放不使用时则希望其体积小些,而轮子既要大又要小成为一个尖锐的物理矛盾,图 4-13 所示的动态可折叠轮子较好地解决了这个问题。

图 4-12　折叠键盘

图 4-13　轮椅

15. 动态特性原理(dynamics)

1) 动态特性原理具体描述

使构成整体的各个部分处于动态,即各个部分是可以调整的、活动的或可互换的,以便使其在工作过程中的每个动作或阶段都处于最佳状态。动态特性原理体现在三个方面:

(1) 调整物体或环境的性能,使之在工作的各个阶段都达到最优状态;

(2) 将物体分成能彼此相对移动的几个部分;

(3) 如果一个物体整体是静止的,使之移动或可动。

2) 应用实例

(1) 可调整的驱动轮、可调整的座椅、可调整的反光镜等;

(2) 电子广告牌可以顺序显示多幅平面广告;

(3) 折叠椅和笔记本通过分割物体的几何结构,引入铰链连接使其各部分可以改变相对位置。

16. 未达到或过度作用原理(partial or excessive action)

1) 未达到或过度作用原理具体描述

如果很难百分之百达到所要求的效果,则可以采用"略少一点"或"略多一点"的做法,此时可以大大降低解决问题的难度。既可以采用局部不足的作用来"略微不足地"初步完成某项任务,然后再进行最后的调整;也可以采用过度过量的作用来"略微过量地"初步完成某项任务,然后再进行最后的调整。

2) 应用实例

(1) 用灰泥填墙上的小洞时首先多填一些,之后再将多余的部分去掉;

(2) 过度的辐射是致命的,但是未达到的剂量可以帮助减缓恶性肿瘤生长;

(3) 在机械加工领域中,对一个零件毛坯进行加工时,首先进行的是粗加工,目的是快速去除绝大部分多余的材料,然后再进行精加工,慢慢地去除剩余的少量材料,使零件的加工精度能达到所要求的公差范围。

17. 空间维数变化原理(another dimension)

1) 空间维数变化原理具体描述

通过将对象转换到不同维度,或将对象分层或改变对象的方向来改变对象的维度。空间维数变化原理体现在以下四个方面:

(1) 将物体变成二维(如平面)运动来克服一维直线运动或定位的困难,或过渡到三维空间运动以消除物体在二维平面运动或定位的问题;

(2) 将单层排列的物体变为多层排列;

(3) 将物体倾斜或侧向放置;

(4) 利用照射到邻近表面或物体背面的光线。

2) 应用实例

(1) 从顺序操作(一维)变为并行操作(二维)。

(2) 摩天大楼可以提高土地利用率。

(3) 向汽车上装卸油桶时,在地面与车厢之间利用木板形成斜坡,从而使装卸变得容易。

(4) 阳光无法直接照射到位于山坳里的小镇上,居民们在附近的山顶上利用大镜子将太阳光反射到小镇里。

(5) 在拥挤的城市搜索停车位往往很恼人。新型机械式停车设备采用垂直停车模式,其大小和噪声可达到最小,因此可以很容易地安装在建筑上。此外,该停车设备灵活方便,可以适应不同高度的车型,如图 4-14 所示。

图 4-14 新型机械式停车设备

18. 机械振动原理(mechanical vibration)

1) 机械振动原理具体描述

通过振动使对象产生机械振动,增加振动的频率或利用共振频率;利用振动或振荡,在某个区间内产生一种规则的、周期性的变化。机械振动原理体现在以下五个方面:

(1) 使物体发生机械振动；
(2) 如果物体已处于振动状态,则提高其振动的频率(直至超声振动)；
(3) 利用共振频率；
(4) 用压电振动代替机械振动；
(5) 利用超声波振动和电磁场耦合。

2) 应用实例

(1) 利用振动,乐器可以发出悦耳的声音；
(2) 利用超声波进行无损检测；
(3) 在浇筑混凝土时,利用振动式励磁机(激励器)去除混凝土中的孔隙；
(4) 石英表利用石英振动机芯代替了机械表的机械振动机芯；
(5) 在高频炉中对液态金属进行电磁搅拌,使其均匀混合；
(6) 隔振减振器建筑物。

19. 周期性作用原理(periodic action)

1) 周期性作用原理具体描述

通过有节奏的行为、振幅和频率的变化及利用脉冲间隔,来实现周期性的作用。周期性作用原理体现在三个方面：
(1) 用周期性的动作或者脉冲来代替连续动作；
(2) 如果作用已经是周期性的,则改变其运动频率；
(3) 在脉冲周期中,利用暂停来完成其他有用动作。

2) 应用实例

(1) 医用呼吸器系统按照人的吸气期和呼气期来周期性地帮助患者呼吸；
(2) 在不同工作状态下,洗衣机会采用不同的水流喷射方式；
(3) 盘铣刀的加工效率比普通铣刀的效率要高(盘铣刀对金属的切割是周期性的,普通铣刀对金属的切割是连续的)。

20. 有效作用的连续性原理(continuity of useful action)

1) 有效作用的连续性原理具体描述

建立连续的流程或移除所有空闲及间歇性以提高效率。有效作用的连续性原理体现在三个方面：
(1) 使物体的各个部分同时满载持续工作；
(2) 消除空闲和间歇性的动作；
(3) 用旋转运动代替往复运动。

2) 应用实例

(1) 设计自动流水线时,是以整个流水线的设计产量为基础来设计的。只有当流水线上所有的设备都是连续的、同时满负荷工作时,才能达到流水线的设计产量。
(2) 用加工中心代替多台机床,能消除零件在不同机床之间的运输时间。
(3) 利用旋转是此原理迄今为止最为重大的一个成果。滚动可以产生连续性的有效作用,这为人们发现其他技术机会提供了思考的方向。

21. 减少有害作用的时间原理（skipping）

1）减少有害作用的时间原理具体描述

若某事物在一个给定的速度下出现问题，则使其速度加快，将危险或有害的流程在高速下进行。

2）应用实例

（1）UHT（ultra-high temperature processing）瞬间高温灭菌技术，短时间超热处理灭菌；

（2）修理牙齿的钻头高速旋转，以防止牙组织升温；

（3）闪光的瞬间强光用于拍摄，可使人免受伤害。

22. 变害为利原理（turn the harm to one's good）

1）变害为利原理具体描述

将有害的作用或情况变为有用的作用以利用有害因素。变害为利原理体现在三个方面：

（1）利用有害因素（特别是环境中的有害影响），得到有益的效果；

（2）将两个有害的因素相结合，以此消除它们；

（3）加入有害的幅度，直至有害性消失。

2）应用实例

（1）燃烧垃圾用来发电，不仅可以解决能源短缺问题，燃烧后的灰分还可以作为化肥或制成建筑材料，为人类带来有益的效果。

（2）使人致病的病毒也可以用来治疗疾病。

（3）潜水员使用氮氧混合气体以避免单独使用时造成的氮昏迷或氧中毒。

（4）以火攻火是森林消防员们常用的灭火方法之一，俗称"放逆火"。即森林灭火时，可以在大火蔓延方向的前方燃起另一场易于控制的火，将大火蔓延所需要的燃料烧光。

（5）利用激光手术刀烧灼皮肤和血管可以有效减少患者的失血。

23. 反馈原理（feedback）

1）反馈原理具体描述

将系统的输出作为输入返回到系统中，以便增强对输出的控制。反馈原理具体体现在两个方面：

（1）在系统中引入反馈来改善系统性能；

（2）如果已引入反馈，则改变其大小或作用。

2）应用实例

（1）电子元件可感觉（测量/检测）到系统的不稳定性，并产生一种补偿不稳定性的反馈信号；

（2）用于探测火与烟的热烟传感器；

（3）来自建议制度及员工测评的信息可以用来向管理者提供反馈，使管理者纠正业务实施的方式。

24. 借助中介物原理（intermediary）

1）借助中介物原理具体描述

利用某种可轻松去除的中间载体、阻挡物或过程，在不相容的部分、功能、事件或情况之间经调解或协商而建立的一种临时链接。借助中介物原理体现在两个方面：

（1）使中介物实现所需动作；

（2）把一个物体与另一个容易去除的物体暂时结合。

2）应用实例

（1）化学反应中的催化剂；

（2）各种行业领域的代理人；

（3）盘或锅具有绝缘手柄，这样在加热时可以防止烫伤手；

（4）钻孔时，使用导套作为钻头或丝锥定位的工具；

（5）图4-15所示为吉他拨片，手指借助了拨片这个中介物，动作精准并且不伤害手指；

图4-15　吉他拨片

（6）数控刀柄中存在刀把刚性与定位精度的矛盾，解决方法是引入中介物——钢球，具体如图4-16所示。

图4-16　数控刀柄中引入中介物——钢球

25. 自服务原理（self-service）

1）自服务原理具体描述

在执行主要功能（或操作）的同时，以协同或并行的方式执行相关功能（或操作）。自服务原理体现在以下两个方面：

（1）物体通过执行辅助性的或维护性的工作，为自身服务；

（2）利用废弃的资源、能量或物资。

2）应用实例

（1）自动售货机在没有人员的情况下可以提供售货服务；

（2）自清洁玻璃；

（3）用生活垃圾做肥料；

（4）工业生态系统。

26. 复制原理（copying）

1）复制原理具体描述

通过使用较为便宜的复制品或模型来代替成本过高而不能使用的物体。复制原理具体体现在以下三个方面：

（1）用经过简化的、廉价的复制品代替复杂的、昂贵的、易损的或不易获得的物体；

（2）用光学复制品（图像）代替实物或实物系统，同时还可以按一定的比例放大或缩小图像；

（3）如果已经使用了可见光的复制品，则可进一步扩展到红外线或紫外线等非可见光的复制品。

2）应用实例

（1）通过看一名教授的讲座录像可代替亲自参加他的讲座；

（2）服装店里代替真人的塑料模特；

（3）虚拟现实技术；

（4）通过卫星照片来代替实际地理测量；

（5）汽车碰撞试验，如图 4-17 所示。

图 4-17　汽车碰撞试验

27. 廉价代替品原理（cheap short-life instead of costly long-life）

1）廉价代替品原理具体描述

用廉价的物品代替昂贵的物体，同时降低某些质量要求（如工作寿命等）。

2）应用实例

（1）一次性的餐具、医疗耗材、纸尿布等。

（2）相对于打火机来说，火柴是廉价的代替品。

（3）有时，机场跑道太短，飞机会因为无法着陆而造成严重事故。解决问题的一个可能办法是加长跑道，但多建一段跑道耗时耗材，可用泡沫塑料板铺跑道来代替水泥跑道。这样，当飞机不能停在水泥跑道上时，可以继续在塑胶跑道上减速。

28. 机械系统替代原理（mechanics substitution）

1）机械系统替代原理具体描述

利用物理场（光场、电场、磁场等）或其他的物理结构、物理作用及状态来代替机械相互作用、装置、机构和系统。此原理涉及操作原理的改变或替代。机械系统替代原理体现在以下四个方面：

（1）用光学系统、声学系统、电磁学系统或影响人类感觉的系统，替代机械系统；
（2）采用与物体相互作用的电场、磁场或电磁场；
（3）用运动场代替静止场，时变场代替恒定场，结构化场代替非结构化场；
（4）将场与场作用和铁磁粒子组合使用。

2）应用实例
（1）用电子系统代替机械计算系统（用计算机代替算盘）；
（2）利用磁性轴承代替传统的轴承；
（3）混合两种粉末时，如用电磁场代替机械振动，可以使粉末混合得更加均匀；
（4）用变化的磁场加热含铁磁粒子的物质，当温度达到居里点时，物质变成顺磁，不再吸收热量，从而实现恒温。

29. 气压和液压结构原理（pneumatic and hydraulic structures）

1）气压和液压结构原理具体描述

利用空气或液压技术代替普通的系统部件，即通过利用气体或液体，甚至利用可膨胀的或可充气的对象来实现气压和液压原理。

2）应用实例
（1）汽车的安全气囊；
（2）用气垫船或橡皮艇代替木船；
（3）利用液压传动装置代替机械传动装置。

30. 柔性壳体或薄膜原理（flexible shells and thin films）

1）柔性壳体或薄膜原理具体描述

用柔性壳体或薄膜代替传统结构，或利用柔性壳体或薄膜将一个物体与其所处的外界环境隔离开。柔性壳体或薄膜原理体现在以下两个方面：
（1）使用柔性壳体或薄膜代替传统结构；
（2）使用柔性壳体或薄膜将物体与环境隔离。

2）应用实例
（1）装牛奶的利乐包；
（2）帐篷、雨伞、皮包等；
（3）舞台上的幕布将舞台与观众隔开。

31. 多孔材料原理（porous materials）

1）多孔材料原理具体描述

通过在材料或对象中打孔、开空腔或通道来增强其多孔性，从而改变某种气体、液体或固体的形态。多孔材料原理体现在以下两个方面：
（1）使物体变为多孔或加入多孔物体；
（2）若物体已是多孔结构，在小孔中事先填入某种物质。

2）应用实例
（1）泡沫材料或海绵状结构，如泡沫塑料、泡沫金属等；

（2）活性炭过滤器、金属过滤器、陶瓷过滤器等，图4-18所示为泡沫陶瓷金属液过滤器；
（3）利用多孔金属网通过毛细作用从焊接处吸除多余的焊料。

图4-18 泡沫陶瓷金属液过滤器

32．颜色改变原理（color changes）

1）颜色改变原理具体描述

通过改变颜色或一些其他的光学特性来改变对象的光学性质，以便提升系统的价值或解决检测问题。颜色改变原理体现在以下四个方面：

（1）改变物体或环境的颜色；
（2）改变物体或环境的透明度；
（3）采用有颜色的添加物，使不易被观察到的对象或过程被观察到；
（4）如果已经添加了颜色，则考虑利用荧光（发光）物质。

2）应用实例

（1）用有机玻璃做外壳的透明家电；
（2）在无损检测中，利用着色探伤法可检测工件表面缺陷；
（3）在纸币中加入荧光物质，提高纸币的防伪能力；
（4）图4-19所示为韩国发明的虚拟墙（virtual wall），虚拟墙上会显示红色、绿色或黄色信号来代替红绿灯。

图4-19 替代红绿灯的虚拟墙

33. 均质性原理（homogeneity）

1）均质性原理具体描述

存在相互作用的物体，用相同的材料或特性相近的材料制成。

2）应用实例

（1）用金刚石切割钻石；

（2）为减少化学反应，尽量使包装材料与被包装对象一致；

（3）企业通过一致的行为及共同的价值观而建立的企业文化也是均质性原理的应用。

（4）图 4-20 所示的可以食用的杯子采用饼干类材料制作，喝完牛奶顺便把杯子吃掉的感觉是否会有别样的不同呢？

（5）图 4-21 所示的管子接头通常采用与管子同材质的材料，可以消除变形不一致导致的一些问题。

图 4-20　可以食用的杯子

图 4-21　接头

34. 抛弃或再生原理（discarding and recovering）

1）抛弃或再生原理具体描述

抛弃和再生原理是两条原理合二为一而形成的发明原理。抛弃是指从系统中去除某些对象，再生是指对系统中某些被消耗的对象进行恢复，以进行再次利用。抛弃或再生原理体现在两个方面：

（1）采用溶解、蒸发等手段，抛弃已完成功能的组件，或在系统运行过程中直接修改它们；

（2）在工作过程中补充被消耗的部分。

2）应用实例

（1）普通的子弹被使用后，一般会将子弹壳抛弃；

（2）药物胶囊的外壳起包装药粉的作用，进入人体后自动溶解掉；

（3）自动步枪可以在发射出一发子弹后自动装填另一发子弹。

35. 物理或化学参数改变原理（change of physical and chemical parameters）

1）物理或化学参数改变原理具体描述

改变一个对象或系统的属性，以便提供某种有用的功能。物理或化学参数改变原理体现在以下四个方面：
(1) 改变对象或系统的物理状态；
(2) 改变浓度或密度；
(3) 改变柔度；
(4) 改变温度。
2) 应用实例
(1) 将二氧化碳制成干冰。
(2) 改变硫酸的浓度,不同浓度的硫酸具有不同的性质。
(3) 通过硫化过程提高天然橡胶的强度和耐久性。
(4) 利用冰箱将食物冷冻起来,可以延长保存时间。
(5) 在热机械钻眼过程中,高温喷气嘴将研磨剂喷到岩石表面。已经分散成岩石颗粒的研磨剂可以在高温喷气嘴中循环使用。但由于热作用研磨剂被软化使得钻岩石的效率很低。采用该原理,用冷水冷却研磨剂以硬化研磨剂并适当地瓦解物质,从而提高钻岩石的效率。

36. 相变原理（phase transitions）

1) 相变原理具体描述
利用一种材料或情况的相变,实现某种效应或产生某种系统改变。典型的相变包括：
(1) 气体到液体,以及相反的过程；
(2) 液体到固体,以及相反的过程；
(3) 固体到液体,以及相反的过程。
2) 应用实例
(1) 固体香料在变热时释放出怡人的香气；
(2) 膨胀蒸汽使涡轮机转动以产生电力；
(3) 利用冷凝回流,带走热量,使物体降低温度。

37. 热膨胀原理（thermal expansion）

1) 热膨胀原理具体描述
利用对象受热膨胀的基本原理产生"动力",从而将热能转换为机械能或机械作用。热膨胀原理体现在以下两个方面：
(1) 利用材料的热膨胀或热收缩；
(2) 组合使用不同热膨胀系统的几种材料。
2) 应用实例
(1) 葡萄洗干净放到冰箱的速冻室里,等它们变硬时取出,用热水冲一下,利用热胀冷缩原理,皮特别好剥；
(2) 收缩包装；
(3) 双金属片热敏开关(两条粘在一起的金属片,由于两片金属的热膨胀系数不同,对温度的敏感程度也不一样,温度改变时就能产生弯曲,从而实现开关功能)。

38. 强氧化剂原理(strong oxidants)

1) 强氧化剂原理具体描述

加速氧化过程(增加氧化作用的强度),以改善系统的作用或功能。强氧化剂原理体现在以下四个方面:

(1) 用富氧空气代替普通空气;
(2) 用纯氧代替空气;
(3) 将空气或氧气进行电离辐射;
(4) 用臭氧代替氧气。

2) 应用实例

(1) 将患者放入氧气舱中,为其增加氧气供应量;
(2) 用高压氧杀灭伤口处的厌氧菌,加速伤口的愈合;
(3) 用臭氧杀死谷物中的微生物。

39. 惰性环境原理(inert atmosphere)

1) 惰性环境原理具体描述

制造一种中性(惰性)环境,以便支持所需功能。惰性环境原理体现在以下三个方面:

(1) 用惰性环境代替通常环境;
(2) 向对象中添加中性或惰性成分;
(3) 使用真空环境。

2) 应用实例

(1) 利用二氧化碳灭火器灭火;
(2) 向航空燃油中加入添加剂以改变其燃点;
(3) 真空包装可用来保鲜食物。

40. 复合材料原理(composites)

1) 复合材料原理具体描述

通过将两种或多种不同的材料(或服务)紧密结合在一起而形成复合材料。

2) 应用实例

(1) 钢筋混凝土是由钢筋、水泥、小石子等物质组成的复合材料。

(2) 双层玻璃(中空玻璃可以分为三层:玻璃层、真空层、玻璃层)。

(3) 在插头和插孔的接触面涂敷一层抗摩擦导电涂层,涂层材料为加入0.7%聚四氟乙烯聚酯粉的烧结锡粉。该涂层可使电气接头的使用寿命增加三倍。

4.1.4 矛盾矩阵

通过对大量专利进行研究,阿奇舒勒发现对于某一种由两个通用工程参数所确定的技术矛盾来说,40个发明原理中的某一个或某几个发明原理被使用的次数要明显比其他发明原理多,即一个发明原理对不同技术矛盾的有效性是不同的。如果能够将发明原理与技术矛盾之间的这种对应关系描述出来,技术人员就可以直接使用那些对解决自己所遇到的技术矛盾最有效的发明原理,而不再需要一一尝试所有的 40 个发明原理了,这将大大提高解决技术矛盾的效率。

基于这种想法,阿奇舒勒创建了矛盾矩阵(或冲突矩阵),该矩阵将技术矛盾的 39 个工程参数与 40 条发明原理建立了对应关系,很好地解决了设计过程中怎样选择发明原理的问题,详见附录 B。下面对矛盾矩阵(表 4-3)的组成特点做简要说明。

表 4-3 矛盾矩阵(部分)

改善的参数 \ 恶化的参数	运动物体的重量	静止物体的重量	运动物体的长度	静止物体的长度	运动物体的面积	静止物体的面积
运动物体的重量	＋	－	15,8,29,34	－	29,17,38,34	－
静止物体的重量	－	＋	－	10,1,29,35	－	35,30,13,2
运动物体的长度	8,15,29,34	－	＋	－	15,17,4	－
静止物体的长度	－	35,28,40,29	－	＋	－	17,7,10,40
运动物体的面积	2,17,29,4	－	14,15,18,4	－	＋	－
静止物体的面积	－	30,2,14,18	－	26,7,9,39	－	＋

(1) 矛盾矩阵为一个 40 行 40 列的矩阵,矩阵中的第一行和第一列均由 39 个标准参数组成。不同的是,第一列表示的是系统需要改善的参数的名称;而第一行表示的是系统在改善那个参数的同时,导致恶化了的另一个参数的名称。

(2) 矛盾矩阵中间单元上的数字给出了 TRIZ 建议的、用于解决相应技术冲突的发明原理号,与 40 条发明原理(表 4-2)中的序号相对应。

(3) 由于矛盾矩阵是专为解决技术矛盾(两个不同参数之间所存在的冲突)而设计的,而 45°对角线元素上的冲突双方为同一参数,表示产生的矛盾不是技术矛盾而是物理矛盾(我们将在 4.2 节进行讨论),此时,就不能再用矛盾矩阵求解。因此,矛盾矩阵的对角线所对应的方格没有对应的发明原理,用"＋"表示。

(4) 除了对角线元素外,TRIZ 的矛盾矩阵中还存在一些用"－"表示的方格,这说明对于这些标准工程参数所构成的矛盾对,TRIZ 的研究者尚未发现出常用的相应原理解。

需要注意的是,用于解决某个技术矛盾对的发明原理绝对不仅仅只有该方格中所列出的几个,只是从统计的角度来说,方格中所列出来的发明原理的使用次数明显比其他的发明原理的使用次数多,仅此而已。随着人们对 TRIZ 研究的深入,原理解可能进一步增加或有所调整;而对于尚不存在原理解的矩阵方格,也可能会被加入新的原理解。

了解矛盾矩阵后,接下来面临的问题就是如何利用矛盾矩阵。对实际问题进行分析得到技术矛盾后,接着就是查找矛盾矩阵。首先沿"改善的参数"箭头方向,从矩阵的第一列向下查找"改善的参数"所在的行;然后再沿"恶化的参数"箭头方向,从矩阵的第一行向右查找"恶化的参数"所在的列;最后,将上述所查的行与列对应到矩阵表的方格中,方格中的系列数字就是矛盾矩阵建议解决此对技术矛盾的发明原理所对应的序号。

例如,某一对技术矛盾是:为了改善技术系统的"强度"条件,而导致"速度"降低。可以利用矛盾矩阵来解决这一技术矛盾(详细的矛盾矩阵见附录 B)。具体步骤是:在矛盾矩阵表的第一列找到强度这个参数的名称,在第一行里找到速度这个参数的名称;强度所在的行与速度所在的列的交叉处有一个单元格,单元格中有系列数字,即 8、13、26、14;这些数字就对应于建议解决该工程问题的创新原理的序号。即常用来解决强度与速度之间技术矛盾的创新原理是 8 重量补偿原理、13 反向作用原理、26 复制原理及 14 曲面化原理。

4.2 物理矛盾

4.2.1 什么是物理矛盾

看到矛盾矩阵表以后,我们会发现在矩阵中,从左上角到右下角的对角线上的方格里,全部是空着的,没有任何数字显示,即没有可以推荐的创新原理,因为这些空着的方格里所表示的均属于物理矛盾。例如用矛盾来表达的话,应该写成"运动对象的重量 VS 运动对象的重量""生产率 VS 生产率"等,对这些问题该如何解决呢?首先要了解什么是物理矛盾。

所谓**物理矛盾**,是指在一个技术系统中对同一个参数提出了相反的或是不同的要求时,就出现了物理矛盾。例如,狮子和驯兽师之间的矛盾,既要狮子表现出野性,又不能伤害驯兽师,这时对狮子的要求既要野性又不能表现野性,这就是一个物理矛盾。

我们再看一些其他的物理矛盾的例子:

(1) 飞机的机翼应该尽量大,以便在起飞时获得更大的升力;飞机的机翼又应该尽量小,以减少在高速飞行时产生的阻力。

(2) 墙体的设计应该有足够的厚度,以使其足够坚固;墙体的设计又应该尽量薄,以使其重量比较轻,并节省材料。

(3) 钢笔的笔尖应该较细一些,以便钢笔能够写出较细的文字;钢笔的笔尖应该较粗一些,以避免锋利的笔尖将纸划破。

(4) 道路应该有十字路口,以便车辆驶向目的地;道路又应该没有十字路口,以避免车辆相撞。

通过上面的实例可以看出,物理矛盾是对技术系统中的同一参数,提出相互排斥需求的一种物理状态。对于包含物理矛盾的对象来说,承载物理矛盾的那个特性,无论对于技术系统描述宏观量的参数,如长度、电导率及摩擦系数等,还是对于描述微观量的参数,如离子浓度、离子电量及电子速度等,都可以对其中存在的物理矛盾进行描述。

在表 4-4 中,我们列出了一些常见的物理矛盾相反特性。

表 4-4 常见物理矛盾的相反特性列表

几何参数	材料和能量参数	功能参数
长 VS 短	大 VS 小	扔 VS 抓
对称 VS 不对称	密度	拉 VS 推
平行 VS 不平行	传导率	热 VS 冷
薄 VS 厚	温度	快 VS 慢
圆 VS 非圆	时间	移动 VS 静止
尖 VS 钝	黏滞度	强 VS 弱

续表

几何参数	材料和能量参数	功能参数
窄 VS 宽	能量	软 VS 硬
水平 VS 垂直	摩擦力	便宜 VS 昂贵
……	……	……

当然,我们可以扩展这个列表,增加一些对我们所研究的技术系统来说比较重要的其他特性。

总的来说,物理矛盾反映的是唯物辩证法中的对立统一规律,即矛盾双方存在着既对立又统一的关系。一方面,物理矛盾讲的是相互排斥,即同一性质相互对立的状态,假定为非此即彼;另一方面,物理矛盾又要求所有相互排斥和对立状态的统一,即矛盾的双方存在于同一客体之中。要解决物理矛盾,就需要对矛盾所涉及的参数进行选择,用一种适当的方式改变所选的参数,让矛盾从对立走向统一,进而使矛盾得以解决。

相对于技术矛盾,物理矛盾是技术系统中一种更突出、更难以解决的矛盾。每当我们遇到物理矛盾的时候,可以考虑用一个原理解决它——分离原理。

4.2.2　4 种分离原理

解决物理矛盾的核心思想是实现矛盾双方的分离。TRIZ 理论在总结物理矛盾解决的各种研究方法的基础上,将各种分离原理总结为 4 种基本类型,即空间分离、时间分离、条件分离和整体与部分分离,如图 4-22 所示。

图 4-22　分离原理的 4 种方法

这 4 种分离方法的核心思想是完全相同的,都是为了将针对同一对象(系统、参数、特性、功能等)的相互矛盾的需求分离开,从而使矛盾的双方都得到完全的满足。它们的不同点在于,不同的分离方法通过不同的方向来分离矛盾的双方,在分离方法确认之后,可以使用符合这个分离方法的创新原理来得到具体问题的解决方案。以下我们对各种分离方法进行逐一介绍。

1. 空间分离原理

所谓空间分离原理,是将矛盾双方在不同的空间上分离,即通过在不同的空间上满足不同的需求,让关键子系统矛盾的双方在某一空间只出现一方,从而解决物理矛盾。

以下是几个应用空间分离原理的例子。

(1) 利用轮船进行海底测量工作时,早期是将声呐探测器安装在船上某一部位,在实际测量中,轮船上的各种干扰会影响测量精度和准确性。解决问题的方法之一就是将声呐探测器单独置于船后千米之外,用电缆连接,使声呐探测器和轮船内的各种干扰在空间上得以分离，互不影响，可大大提高测试精度，实现了矛盾的合理解决。

(2) 早期自行车（见图 4-23）的脚踏板是与前轮连接成一体的，骑车人既要快蹬（脚踏板），提高车轮转速以提高自行车的速度，又希望慢蹬（脚踏板），不至于太累。链条、链轮及飞轮的发明就解决了这个物理矛盾，改进后的自行车如图 4-24 所示。在空间上将链轮（脚踏板）和飞轮（车轮）分离，再用链条将它们连接起来，链轮直径大于飞轮，链轮只需以较慢的速度旋转就能使飞轮较快旋转，即骑车人通过较慢的速度蹬脚踏板就可以使自行车的车轮以较快的速度旋转。

图 4-23　早期自行车

图 4-24　改进后的自行车

2. 时间分离原理

所谓时间分离原理，是将矛盾双方在不同的时间段上分离，即通过在不同的时刻满足不同的需求，从而解决物理矛盾。

以下是几个应用时间分离原理的例子。

(1) 舰载飞机的机翼我们希望大一些，这样使飞机有更好的承载能力，大机翼提供更大的升力；但是我们又希望小一些，因为要在航空母舰有限的面积上多放些飞机。用时间分离可解决这个物理矛盾，在航母舰上飞机机翼可以折叠存放，在飞行时飞机机翼打开，如图 4-25 所示。

(前)

(后)

图 4-25　舰载飞机的机翼改进

（2）一般的自行车由于体积较大，不便于储存，采用折叠的方式，如图 4-26 所示，使自行车的体积可以在行走时变大，在储存时变小。行走与储存发生在不同的时间段，使用时间分离原理成功地解决了物理矛盾。

图 4-26　折叠式自行车

3. 条件分离原理

所谓条件分离原理，是根据条件的不同将矛盾双方不同的需求分离，即通过在不同的条件下满足不同的需求，从而解决物理矛盾。

以下是几个应用条件分离原理的例子。

（1）水射流可以当作软质物质，用于洗澡时按摩；也可以当作硬质物质，以高压、高速射流用于加工或作为武器使用，这取决于射流的速度条件或射流中有无其他物质。

（2）在厨房中使用的水池箅子，对于水而言是多孔的，允许水流过；而对于食物而言则是刚性的，不允许食物通过。

4. 整体与部分分离原理

所谓整体与部分分离原理，是将矛盾双方在不同层次上分离，即通过在不同的层次上满足不同的需求来解决物理矛盾。

以下是几个应用整体与部分分离原理的例子。

（1）自动装配生产线与零件供应的批量化之间存在着矛盾。自动装配生产线要求零部件连续不断地供应，但是，零部件从自身的加工车间或供应商处运到装配车间时，却只能批量地、间断地运来。我们可使用专用的转换装置，接收间断运来的批量零部件，但连续地将零部件输送到自动装配生产线。

（2）自行车链条应该是柔软的，以便精确地环绕在传动链轮上，它又该是刚性的，以便在链轮之间传递相当大的作用力。因此，系统的各个部分（链条上的每一个链节）是刚性的，但是系统在整体上（链条）是柔性的，如图 4-27 所示。

如何实现矛盾双方的分离，是解决物理矛盾

图 4-27　传动链条的柔性和刚性

的关键。对同一个物理矛盾运用不同的分离原理可以得到不同的问题解决方法,为了让读者容易理解 4 个分离原理解决物理矛盾的过程,这里举两个例子。

例 4.1 设计十字路口的物理矛盾

为了建设城市交通路网,必须在道路上设置许多交叉的十字路口。设计十字路口遇到的问题让很多人感到左右为难——道路应该有十字路口,以便让车辆驶向目的地;道路又不得有十字路口,以避免车辆相撞。那么,怎样设计十字路口才能兼顾两方面的需求呢?让我们看看如何利用 4 个分离原理来解决这个难题。

(1) 运用空间分离原理解决十字路口问题:采用高架桥、深槽路和地下通道(消除十字路口),如图 4-28 所示。

(2) 运用时间分离原理:使用红绿灯,让车辆分时通过,如图 4-29 所示。

图 4-28 高架桥   图 4-29 红绿灯

(3) 运用条件分离原理:在十字路口中心使用转盘,四个方向的车流到达路口后,均进入转盘,形成减速和分流。其所遵循的条件是,遇到该去的路口就右转弯,否则就逆时针绕着转盘行驶,如图 4-30 所示。另外,图 4-31 所示的类似于北京西单路口的"平面立交"的设计,也是运用条件分离原理的一个例子,每个方向车辆在通过路口时只能直行。另外在十字路口的四个角各修建一条小型环路,如同将一座立交桥放到平面上,汽车转弯必须经过路口旁边的环路实现——右转弯的车辆在十字路口前面提前拐弯,左转弯的车辆在直行通过十字路口后连续三个右转弯,彻底消除了最容易引起拥堵的左转弯现象,让车辆各行其道,互不干涉。车辆"只能直行,转弯走环路"就是实现分离的条件。

图 4-30 转盘

(4) 运用整体与部分分离原理：将十字路口设计成两个丁字路口，延缓一个方向的行车速度，加大与另外一个方向的避让距离，如图 4-32 所示。

图 4-31 "平面立交"路口　　　　　　　图 4-32 两个丁字路口

例 4.2　如何让眼镜具备两种屈光度

有些人的视力兼有近视和老花眼的问题。因此，在看近处的时候，需要屈光度高（老花）；看远处的时候，需要屈光度低（近视）。如何让眼镜至少具备两种屈光度来同时满足以上的要求？

(1) 运用空间分离原理解决两种屈光度的问题：双光眼镜（双焦点眼镜）是指在同一个镜片上有两种屈光度数（近视与老花），矫正远距离视力的屈光度数通常在镜片的上方，矫正近距离视力的屈光度数则设在镜片的下方。由于同一镜片上同时包括远及近的屈光度数，交替看远及近时不需换眼镜。双光眼镜的缺点是看远部分和看近部分之间有明显的分割线，而且老花镜片的部分相对较小，因此视野范围受到一定的限制。

(2) 运用时间分离原理：准备两副眼镜，一副是近视眼镜，一副是老花眼镜。其优点是解决问题的方式简单，使用现成的产品，无须对产品做任何创新与改进；缺点是需要两副眼镜，两个眼镜盒，还需要来回更换眼镜，十分不便。

(3) 运用条件分离原理：科学家最近已经发明了一种更加人性化的"动态"双光眼镜，这种镜片可以通过轻按一个开关，眼镜就能从"远距离"模式转换为"近距离"模式。这是因为在眼镜的两层玻璃中间夹了很薄的一层液体结晶，并缚上了一个电极环。其优点是，根据所施加的电压高低的条件，当电极环打开的时候，无论是近距离还是远距离视角，电极都能重新调配镜头的调焦功率，使得整个镜片在一瞬间达到最理想的近视或者远视的效果，而且视野范围不受限制；其缺点是由于有电极环、导线和开关等零部件的加入，眼镜整体结构趋于复杂，现阶段成本比较高。

(4) 运用整体与部分分离原理：将一片镜片分成两片镜片（凹透镜和凸透镜），来进行组合使用。当单镜片（凹透镜）使用时起到近视眼镜的作用；当另一个镜片（凸透镜）叠加上来的时候，眼镜就变成了老花眼镜。其优点是视野范围不受限制；缺点是镜片结构复杂了一些，需要加入一定的机械结构，造成轻便性不够。

4.3 技术矛盾与物理矛盾之间的关系

通过前面的学习,我们已经知道了什么是技术矛盾,什么是物理矛盾。那么,技术矛盾和物理矛盾之间到底有什么关系呢?

两者的区别是:

(1) 技术矛盾是整个技术系统中两个参数(特性和功能)之间的矛盾,物理矛盾是技术系统中某一个元件的一个参数(特性、功能)相对立的两个状态;

(2) 技术矛盾涉及的是整个技术系统的特性,物理矛盾涉及的是系统中某个元素的某个特征的物理特性;

(3) 物理矛盾比技术矛盾更能体现问题的本质;

(4) 物理矛盾比技术矛盾更"激烈"一些。

技术系统中的技术矛盾是由系统中矛盾的物理性质造成的;矛盾的物理性质是由元件相互排斥的两个物理状态确定的;而相互排斥的两个物理状态之间的关系是物理矛盾的本质。物理矛盾与系统中某个元件有关,是技术矛盾的原因所在。对于同一个技术问题来说,技术矛盾和物理矛盾是从不同的角度,在不同的深度上对同一个问题的不同表述,在很多时候,技术矛盾是更显而易见的矛盾,而物理矛盾是隐藏得更深入、更尖锐的矛盾。

4.3.1 定义技术矛盾和物理矛盾

定义技术矛盾的步骤主要可以分为以下三步:

第一步:问题是什么?这一步是对初始的实际问题进行分析,可以使用因果分析法或组件分析法找到问题的入手点。

第二步:现有的解决方案是什么?第二步是找出该技术系统的现有解决方案改善的参数 A。

第三步:现有解决方案的缺点是什么?最后一步是找出现有的解决方案恶化的参数 B,从而 A 与 B 构成了一对技术矛盾。

按照以上三步就可以较为方便地定义出技术矛盾。在工程系统中我们常常遇到各种问题,技术矛盾虽然更加显而易见,但有些问题情境更适合于采用物理矛盾的方法来解决。在技术系统中出现的物理矛盾元素,可以是任何的参数(子系统、特性、物质或场等)。针对这种问题情境,如何准确地描述和定义其中的物理矛盾,对于问题的最终有效解决十分关键。

定义物理矛盾的步骤可以分为以下四步:

第一步:进行技术系统的因果分析;

第二步:从因果轴定义出技术矛盾;

第三步:提取物理矛盾,在这对技术矛盾中找到一个参数,及其具备的两个相反的要求;

第四步:定义理想状态,提取技术系统在每个参数状态的优点,提出技术系统的理想状态。

针对某种实际的问题情境，一般可以通过以上步骤逐步完成对其中的技术矛盾和（或）物理矛盾的准确描述。这里以制造汽车过程中的一个问题为例来说明如何定义技术矛盾和物理矛盾。

在制造汽车时，特别是制造重型卡车时，需要汽车非常坚固，并且能承载更多的货物。所以一般大型汽车、重型卡车需要运用大量的钢材来制造更大更厚实的车厢。但是这样会使汽车重量非常重，在行驶的过程中需要耗费更多的燃油。

针对这样的实际问题，首先用技术矛盾来描述。问题是需要汽车坚固来承载更多的货物，现有的解决方案是采用钢材来制造车厢，缺点是汽车重量重、耗油多。通过分析，得到对于卡车车身这一实例中存在的技术矛盾是：强度 VS 运动物体的重量。

也可以采用物理矛盾来描述。将它转换成物理矛盾时，需要找到某一个有对立要求的参数，我们按照以上步骤找到这个对立的参数——密度。则物理矛盾可以简单表述为：卡车车身的材料密度既要是高的，同时又要是低的。

以上方法是定义技术矛盾和物理矛盾的常规方法。这里我们再介绍国际 TRIZ 协会常用的一种定义矛盾的方法。即通常采用"if...then...but..."的形式来描述问题，从而确定实际问题中对应的技术矛盾和物理矛盾。其中 if 后面对应的内容为物理矛盾，then 及 but 后的内容分别对应为技术矛盾中改善的参数和恶化的参数。拿到具体的实际问题后，要时常以"if...then...but..."的形式自问，这样能在很大程度上帮助我们分析出问题中对应的矛盾。

采用"if...then...but..."的方法分析卡车车身问题。根据实际问题得到，if 汽车坚固以承载更多货物，then 采用钢材制造车厢，but 汽车重量增加，同样也可以得到物理矛盾为汽车既坚固又不坚固，即卡车车身的材料密度既要是高的，同时又要是低的；技术矛盾为强度 VS 运动物体的重量。

4.3.2 将技术矛盾转化为物理矛盾

在一个工程问题中，可能会同时包含多个矛盾。对于其中的某一个矛盾来说，它既可以被定义为技术矛盾，也可以被定义为物理矛盾。例如，为了提高子系统 Y 的效率，需要对子系统 Y 加热，但是加热会导致其邻近子系统 X 的降解，这是一对技术矛盾。同样，这样的问题也可以用物理矛盾来描述，即温度要高又要低。高的温度提高 Y 的效率，但是恶化 X 的质量；而低的温度不会提高 Y 的效率，也不会恶化 X 的质量。所以技术矛盾与物理矛盾之间是可以相互转化的，利用它们之间的这种转化机制，可以将一个冲突程度较低的技术矛盾转化为一个冲突程度较高的物理矛盾，进而显著地缩小解决方案搜索的范围和候选方案的数目。

以杯子为例，描述技术矛盾向物理矛盾转化的过程，如表 4-5 所示。

表 4-5　技术矛盾向物理矛盾转化的过程

步骤	实 例
1	描述问题：物体工作原理和包括的元件	普通玻璃杯是一种盛放液体的容器，包括底座和侧壁
2	表述技术矛盾	为多盛放液体，必须增加容器的容积，即增加底座的直径或侧壁的高度；但容积增加，容器就要占据更大的空间，并不易携带

续表

步骤		实例
3	识别元件的对立状态,给出问题	如果容器体积小,虽占据的空间小又易于携带,但不能盛放更多液体;容器可盛放更多液体,但又不占据很大的空间
4	识别系统的资源	产生矛盾的物体——容器(由底座和侧壁构成,材料为金属、塑料或玻璃);容器的形状——圆柱,参数为高度、直径和侧壁厚度
5	操作时间	容器盛放和不盛放液体的时间
6	操作区域	容器的侧壁和底座
7	理想最终结果	容器盛放液体时能自动增加侧壁高度,而在不盛放液体时侧壁又能自动减小高度
8	表述物理矛盾	物理矛盾是容器侧壁既要高,以便增加液体容量;侧壁高度又要小,以便容器不占据太大空间、易于携带
9	解决途径	容器侧壁的高度要能变化,但侧壁相对底座必须是静止的

读者需要记住一个重要概念:在每一个技术矛盾的后面,都能找到一个物理矛盾,正是这个物理矛盾引起了该技术矛盾。因此,我们可以说,所有的技术矛盾都能被转化为物理矛盾。当我们将技术矛盾转化为物理矛盾时,往往会选择定义一个特殊的物理问题,该物理问题是可以用物理、化学或几何等科学原理和效应来解决的。

4.3.3 分离原理和发明原理之间的对应关系

根据最近几年对 TRIZ 理论的研究成果表明,用于解决物理矛盾的 4 个分离原理与用于解决技术矛盾的 40 个发明原理之间存在一定的关系。如果能正确理解和使用这些关系,就可以把 4 个分离原理与 40 个创新原理做一些综合应用,这样可以开阔思路,为解决矛盾问题提供更多的方法与手段。对于每一种分离方法,可以有多个发明原理与之相对应,如表 4-6 所示。技术矛盾和物理矛盾之间的关系可以用图 4-33 表示。

表 4-6 分离原理与发明原理之间的关系

分离原理	发明原理
空间分离原理	1. 分割原理
	2. 抽取原理
	3. 局部质量原理
	17. 空间维数变化(一维变多维)原理
	13. 反向作用原理
	14. 曲面化(曲率增加)原理
	7. 嵌套原理
	30. 柔性壳体或薄膜原理
	4. 增加不对称原理
	24. 借助中介物原理
	26. 复制原理

续表

分离原理	发明原理
时间分离原理	15. 动态特性原理
	10. 预先作用原理
	19. 周期性作用原理
	11. 预补偿(事先防范)原理
	16. 未达到或过度作用原理
	21. 减少有害作用的时间(快速通过)原理
	26. 复制原理
	18. 机械振动原理
	37. 热膨胀原理
	34. 抛弃或再生原理
	9. 预先反作用原理
	20. 有益(效)作用的连续性原理
条件分离原理	35. 物理或化学参数改变原理
	32. 颜色改变(改变颜色、拟态)原理
	36. 相变原理
	31. 多孔材料原理
	38. 强氧化剂(使用强氧化剂、加速氧化)原理
	39. 惰性环境原理
	28. 机械系统替代原理
	29. 气动和液压结构原理
整体与部分分离原理	转换到子系统
	1. 分割原理
	25. 自服务原理
	40. 复合材料原理
	转换到超系统
	33. 均质性(同质性)原理
	12. 等势原理
	5. 组合(合并)原理
	转换到竞争性系统
	6. 多用性(多功能性、广泛性)原理
	23. 反馈原理
	22. 变害为利原理
	转换到相反系统
	27. 廉价代替品原理
	13. 反向作用原理
	8. 重量补偿原理

图 4-33 技术矛盾与物理矛盾的关系

4.4 方法流程与工程实例

4.4.1 解决矛盾问题的流程

工程师设计新产品或对已有产品进行改进的过程其实质就是解决矛盾的过程。在传统设计中常常采用折中法,矛盾并没有彻底解决,而是在矛盾双方取得折中方案,或称降低了矛盾的程度。TRIZ 理论认为:产品创新的标志是解决设计中的矛盾,从而产生新的创新解。前面已经讲解了实际问题的技术矛盾与物理矛盾基本知识,本节将介绍解决矛盾问题的具体方法与流程,并通过大量的工程实例,帮助读者了解这些方法的应用。

矛盾问题解决方法主要分为三步:

(1) 将待解决的实际问题转化为 TRIZ 通用问题模型。也就是提取出实际问题中的技术矛盾——改善的参数及恶化的参数;或提取出实际问题中的物理矛盾——对某一参数的两种相反的要求。

(2) 根据实际情况利用 TRIZ 工具得到解决方案模型。实际问题如果是技术矛盾,则采用矛盾矩阵查表得到相应的发明原理;如果是物理矛盾,则根据四种分离方法中的一种得到发明原理。

(3) 根据发明原理的启发,得到最终的方案。

矛盾问题相对应的中间工具及解决方案的模型如表 4-7 所示。

表 4-7 矛盾问题模型、工具和解决方案模型

问题模型	工具	解决方案模型
技术矛盾	矛盾矩阵	发明原理
物理矛盾	分离方法 知识库	发明原理 知识库中的方案

解决矛盾问题的流程如图 4-34 所示。

矛盾问题的解决方法是一个间接迂回的过程,即构建矛盾问题模型,利用中间工具得到解决方案模型,最后将方案模型应用于实际问题,得到最终的解决方案。这种方法相对于传统的创新方法直接去寻求初始问题的方案,效率会大大提高,得到最终方案的质量也更高。在解决实际问题的过程中,难点以及关键是要区分技术系统的问题属性和产生问题的根源,根据问题所表现出来的"参数属性""结构属性""资源属性"等,选择使用相应的模型、工具和方法。

4.4.2 工程应用实例

例 4.3 松动螺母问题

在生活和工程实践中,经常需要用扳手松动或拧紧螺栓或螺母。但实际应用中经常会碰到这样的麻烦,标准的六角形螺母由于拧紧时用力过大或使用时间过长,螺母的六角形外

图 4-34 解决矛盾问题的流程

表面被腐蚀遭到破坏。螺母被破坏后,使用普通的传统型扳手往往不能再松动螺母,有时甚至还会使情况更加恶化,也就是说螺母外缘的六角形在扳手作用下破坏更加严重,扳手更加无法作用于螺母。

传统型扳手之所以会损坏螺母,主要有三个原因:一是扳手作用在螺母上的力主要集中于六角形螺母的某两个棱角上,如图 4-35 所示;二是为了松动螺母而在扳手上施加较大的作用力,导致棱角受损;三是没有有效的措施保证施加的力既能松动螺母,又能不损坏螺母棱角。

针对上面三个问题,分别用技术矛盾解决。

(1) 对第一种情况,即扳手作用力作用在棱角上的情况,我们需要一种新型的扳手来解决这一问题。

第一步:定义技术矛盾

我们的目的是要方便地拧紧或松动螺母或螺栓,同时不损坏螺母或螺栓。一般做法是通过减小扳手卡口和螺栓的配合间隙,增加受力面来减少对棱角的磨损,但这样会提升制造精度,提高制造成本。因此,我们将以上矛盾情境归结为 39 个通用技术参数中的两个参数:对象产生的有害因素(希望改善的参数)和制造精度(导致恶化的参数)之间的矛盾。

第二步:查询发明原理

查找矛盾矩阵表得到相应的发明原理:4. 增加不对称性原理、17. 空间维数变化(一维变多维)原理、34. 抛弃或再生原理和 26. 复制原理。

第三步:应用发明原理

基于这些原理可以得到如图 4-36 所示的方案,即在扳手卡口内侧壁开几个弧,则此时扳手的作用力是作用在螺母的棱面上,从而有效地保护了棱角,基于该原理开发的实际产品已获得美国专利(5406868)。

图 4-35 传统扳手存在的问题

图 4-36 新型扳手设计方案

(2) 对第二种情况,即由于扳手作用力过大导致棱角受损的问题情境,可以分析如下。

第一步:定义技术矛盾

为了松动螺母,一般的方法是增大松动螺母的力,但这样做会导致螺母棱角受损,因此可以用 39 个通用技术参数中的两个参数来描述这个矛盾:力(希望改善的参数)和物体组成的稳定性(导致恶化的参数)之间的矛盾。

第二步:查询发明原理

查找矛盾矩阵表得到相应的发明原理:35.物理或化学参数改变原理、10.预先作用原理、21.减少有害作用的时间原理。

第三步:应用发明原理

基于物理或化学参数改变原理的改变聚集态原理,可以引入一种电流变体材料,放在扳手卡口和螺母之间,通电后流体变为固体,此时扳手和螺母实现完全接触,这样就不会损坏螺母棱角。

基于物理或化学参数改变原理的改变浓度或密度的思想,就是采用生活中常用的方法,将螺母与螺栓连接件的螺纹连接处滴入机油或润滑油,减小两者间螺纹的摩擦力。

基于物理或化学参数改变原理的改变温度原理,即对螺母加热,让其膨胀,这样就会减小摩擦力,比较容易松动螺母。

此外,我们也常用对螺母施加一个快速冲力的办法松动螺母,这也符合减少有害作用时间的原理的思想。

(3) 对第三种情况,我们既想让扳手施加的力能松动螺母,又不至于大到损坏螺母棱角的程度。

第一步:定义技术矛盾

显然这就需要对扳手松动力进行精确测量和控制,但这样会显著增加成本。因此,我们用下面两个通用技术参数来描述矛盾的两个方面:力与控制和测量的复杂度。

第二步:查询发明原理

查找矛盾矩阵表得到相应的发明原理:36.相变原理、37.热膨胀原理、10.预先作用原理和 19.周期性作用原理。

第三步:应用发明原理

综合这些原理思想,我们可以考虑添加润滑油并加热螺母,形成油气来降低拧开螺母时的静态摩擦力,从而顺利松动螺母。

例 4.4 飞机机翼的进化

早期的飞机机翼都是平直的,且为了增加升力而采用双翼和三翼。但这样会给飞机带来阻力,严重地影响了飞机的飞行速度,于是出现了单翼飞机。随着飞机进入喷气式时代,其飞行速度迅速提高,很快接近声速。机翼上出现"激波",使机翼表面的空气压力发生变化。同时,飞机的阻力骤然剧增,比低速飞行时大十几倍甚至几十倍。这就是所谓的"音障"。为了突破"音障",许多国家都在研制新型机翼。德国人发现,把机翼做成向后掠的形式,像燕子的翅膀一样,可以延迟"激波"的产生,缓和飞机接近声速时的不稳定现象。但是,向后掠的机翼比不向后掠的平直机翼,在同样的条件下产生的升力小,这对飞机的起飞、着陆和巡航都带来了不利的影响,浪费了很多不必要的燃料。能否设计一种适应飞机的各种飞行速度,具有快慢兼顾特点的机翼呢?这成为当时航空界面临的最大课题。

利用解决技术矛盾的方法来解决这个问题。

第一步:定义技术矛盾

现在的问题是传统的固定翼不适合高速飞行,在突破"音障"的时候产生非常大的阻力,消耗的能量相应加大,而且容易导致飞机在空中解体;三角翼不适合低速飞行,而且起飞与降落以及巡航时在相同推力条件下产生的升力小,相应的能量消耗又相应地加大了。也就是说,系统中的矛盾集中体现在速度与其在运动中能量消耗之间的矛盾上。即描述该技术矛盾的一对参数为速度和运动物体的能量消耗。

第二步:查询发明原理

查找矛盾矩阵表得到相应的发明原理:8.重量补偿原理、15.动态特性原理、35.物理或化学参数改变原理、38.强氧化剂原理。

第三步:应用发明原理

综合考虑15.动态特性和35.物理或化学参数改变这两条创新原理。通过对机翼的改造,使其成为活动部件,形成了目前的可变式后掠翼。即在飞行的时候有效地控制机翼的形态,使之能够在比较大的范围内改变后掠角,获得从平直翼到三角翼的形态,来获得从低速到高速不同的飞行状态,从而表现出很强的适应性。如美国的F111战斗/轰炸机就采用了这种机翼,这是世界上第一架应用变后掠翼设计思想的飞机,开创了新一代超音速战斗机的新纪元。从此以后,世界战机家族又多了"变后掠翼战斗机"这个新成员。以后设计出的一系列变后掠翼战斗机,如英国、德国、意大利三国联合成立的帕那维亚飞机公司的狂风超音速战斗机等都采用了这种新的设计思想,如图 4-37 所示。

图 4-37 变后掠翼狂风超音速战斗机

因此,综合考虑动态性和物理或化学状态变化原理,设计者找到了满意的设计思路:能够得到平直翼和三角翼的优良的飞行特性,极大地节约了在起飞/降落过程(平直翼在低速飞行中可得到较大的升力,从而缩短跑道的长度,借此节约了能量)和高速飞行过程(后掠角可达 72.5°,三角翼在高速飞行中可以轻易地突破音障,减轻机翼的受力,提高飞机在高速飞行时的强度,最终的结果是降低了能量的消耗)。这种机翼是飞机设计界一个大胆的创新,一举突破了传统的固有的固定翼设计理念,在飞行器设计领域开辟了一块新天地。反观传统的妥协设计,只能在速度与能耗之间做取舍性质的设计。而采用 TRIZ 技术矛盾矩阵给出的创新原理则避免了传统的折中设计,从一个全新的角度很好地解决了速度与能量这对技术矛盾。TRIZ 理论与折中设计的不同之处在这里得到了体现,这是 TRIZ 理论应用的一个经典的例证。

例 4.5 飞机的隐身设计

飞机的隐身技术即是设法降低飞机的可探测性,使之不易被敌方发现、跟踪和攻击的专门技术,当前的研究重点是雷达隐身技术和红外隐身技术。早在第二次世界大战中,美国便开始使用隐身技术来减小飞机被敌方雷达发现的可能。

由于一般飞机的外形比较复杂,总有许多部分能够强烈反射雷达波,像发动机的进气道和尾喷口、飞机上的凸出物和外挂物、飞机各部件的边缘和尖端以及所有能产生镜面反射的表面。因此早期的隐身技术是对飞机的外形和结构做较大的改进。所以我们可以看到一些现役隐身飞机的外形十分独特,如美国的 F117 隐身战斗机,其隐身的主要原理是依靠奇特的外形设计、特种材料及特种涂料的共同作用。F117 采用隐身外形,造成许多难以改变的缺陷,如空气动力性能不好,飞机不稳定,机动性较差,飞行速度低,作战能力低下等。1993 年 3 月 27 日,一架 F117 误入敌方的探测和攻击范围,结果被老式的萨姆 3 导弹击落。随后另一架 F117 也被击伤。

发展新一代的隐身技术是世界各军事大国的目标,以下是应用技术矛盾的解决方法来研发新一代的隐身技术。

第一步:定义技术矛盾

现有的隐身飞机出现的矛盾是,希望提高飞机的隐身性能,所以采用了改善飞机的外观形状的方法,使基站接收不到雷达波到达飞机后反射回去的回波,但是会造成飞机的机动性变差,从而降低了飞机的适应性和通用性。

第二步:查询矛盾矩阵

查询矛盾矩阵得到 TRIZ 建议使用的发明原理:13.反向作用原理、35.物理或化学参数改变原理、8.重量补偿原理和 24.借助中介物原理。

第三步:应用发明原理

根据 35 号和 24 号发明原理的启发,在飞机和雷达之间加入物质的第四态等离子体。目前,俄罗斯、美国等国家已经相继开始试验研究,利用在飞机周围产生等离子云的原理实现战斗机的隐身。如利用放射性同位素发射的 α 粒子,将周围的空气电离,形成等离子体,吸收电磁波的能量,从而达到隐身的目的。

例 4.6 安全便捷的信封设计

在现实生活中,我们常常遇到这样的麻烦,拆信时不小心损坏了里面的文件或资料,或者为了保护里面的文件需要用辅助工具,如剪刀等,既麻烦又费时。对于这一问题,是否有方便快捷,同时又安全可靠的拆信方式?

下面我们应用技术矛盾的解题流程来解决这个问题。

第一步:定义技术矛盾

通过分析,我们发现关键问题在于信封的设计上,即寻求设计一种快捷、方便、安全的信封。那么现在对主要的拆信方式先做个分析。最快的拆信方式是:直接撕开。其缺点是:易损坏内部文件。存在的矛盾是:想节约时间,结果却降低了拆信的可靠性。最可靠的拆信方式是:用辅助器具,如剪刀、拆信刀等,往往需要摇晃信封。其优点是:信封保持漂亮,不易损坏文件。其缺点是:麻烦,费时。存在的矛盾是:改善拆信的可靠性,结果却导致拆信方便性降低。

即现在存在以下两种矛盾:

矛盾一:节约拆信时间与降低拆信的可靠性之间的矛盾,用39个通用技术参数中的两个表示为时间损失(改善的参数)与可靠性(恶化的参数)之间的矛盾;

矛盾二:改善拆信的可靠性与恶化拆信方便性之间的矛盾,用39个通用技术参数中的两个表示为可靠性(改善的参数)与操作流程的方便性(恶化的参数)之间的矛盾。

第二步:查询矛盾矩阵

查询矛盾矩阵得到发明原理有:4.增加不对称性原理、10.预先作用原理、17.空间维数变化原理、27.廉价代替品原理、30.柔性壳体或薄膜原理和40.复合材料原理。

第三步:应用发明原理

得到相应的发明原理可以应用到实际中。基于10,27等原理,就可以寻求最佳的解决方案。经分析后得到如图4-38所示的快捷安全拆信方案,即设计一种带有撕带的信封。拆信时只要轻轻一拉就很轻松地拆开信封,同时不损坏内部文件资料,也保持信封的整洁。

图4-38 安全快捷的信封设计

例4.7 电解铜板的防腐

通过矿石冶炼得到的铜,通常都含有硫化物CuS和Cu_2S,称为粗铜。利用电解法对铜进行提纯时,将粗铜(含铜99%)预先制成厚板作为阳极,纯铜制成薄片作为阴极,用硫酸溶液作为电解质。通电后,铜从阳极溶解成铜离子(Cu^{2+})向阴极移动,到达阴极后获得电子而在阴极析出纯铜。粗铜中的某些杂质(如比铜活泼的铁和锌等)会随铜一起溶解为离子。比铜不活泼的杂质(如金和银等)会沉淀在电解槽的底部,称为"阳极泥"。这样生产出来的铜板称为电解铜,根据中华人民共和国国家标准GB/T 467—2010的规定,电解铜中杂质元素总含量应不大于0.0065%。随后,电解铜板会被熔化,铸成各种型材。电解铜的生产原理如图4-39所示。

在电解的过程中,铜离子(Cu^{2+})向阴极移动的速度和铜离子在阴极获得的电子并析出的速度与电流密度成正比。当电流密度较小时,铜离子移动和析出的速度慢,铜离子在阴极

图 4-39 电解铜的生产原理

上形成的结晶颗粒分布均匀,生产出的铜板表面光滑;当电流密度较大时,铜离子移动和析出的速度快,铜离子在阴极上形成的结晶颗粒分布不均匀,在生产出的铜板表面会形成一些小孔。

为了保证较高的生产效率,实际生产中往往会采用较大的电流密度,导致结晶过程中会形成小孔,电解液和一些杂质会附着于小孔中。后续储运时,在潮湿的空气中,杂质、电解液和纯铜会与氧气反应,在铜板表面会出现绿斑。为了避免在储运过程中产生绿斑,在电解铜板从电解槽中取出之后,会被放入到专用的清洗设备中,用水和清洗液对铜板表面进行清洗,希望去除表面小孔中附着的电解液和杂质。但是这需要消耗大量的水和清洗液。

解决上述工程问题,我们可以按照三个步骤来分析。

第一步:分析技术系统

在这个步骤中,还包含三个子步骤。

1) 确定技术系统的所有组成元素

首先,通过对技术系统中各个元素的分析,可以使我们对每一个组成元素的参数、特性和功能有一个全面的认识。其次,通过对各个元素之间的相互作用关系的分析,可以使我们从整体上把握整个系统的作用机制,即不同元素之间存在什么样的相互作用,以及它们对于整个系统整体性能、功能的实现分别起到了什么样的作用。最后,通过上述分析,可以为找出问题的根源奠定基础。

另外,通过对技术系统进行分析,可以确定技术系统中包含的各个子系统、技术系统所属的超系统,以及为找出问题的根源做准备,从而帮助我们更好地理解技术问题。只有这样,才能从整体上系统地了解现有技术系统的情况:子系统、系统和超系统的过去、现在和未来。

实例分析:在实例中,作为一个技术系统,电解铜生产设备由以下几部分组成:电解槽、电解液、电流、阳极板、阴极板、铜离子、杂质、水和清洗液。

2) 找出问题的根源

找出问题产生的根本原因,是彻底解决问题的基础。

问题不会平白无故地产生,问题的背后总是隐藏着原因。通常,消除引起问题的原因比消除问题更容易,也更有效。在头脑中理清技术系统在过去和未来的功能有助于理解技术系统的工作条件。对技术系统未来应具备的功能的理解还可以帮助我们发现新的、未预见到的、不会出现当前问题中的工作条件,从而使问题自动得到解决。

在头脑中对技术系统的过去进行考察,看是否可以在技术过程的先前步骤中将问题解决掉。在某些情况下，这种分析可以找到问题的解决方案，甚至可以帮助我们消除问题。

实例分析："当电流密度较小时，铜离子移动和析出的速度慢，铜离子在阴极上形成的结晶颗粒分布均匀，铜板表面光滑；当电流密度较大时，铜离子移动和析出的速度快，铜离子在阴极上形成的结晶颗粒分布不均匀，在表面会形成一些小孔。"通过分析，可以清楚地看出当前问题是如何产生的，各个相关参数是如何被串起来成为一个链状结构的，用自然语言可以描述为："为了改善（提高）生产效率，就改善（提高）电流密度，直接导致了阴极形成小孔。为了去除表面小孔中的电解液和杂质，利用水和清洗液进行清洗，直接导致了水和清洗液的大量消耗（恶化）。"

我们可以看到，当电流密度较小时，阴极上的电解铜板表面光滑，并不会形成小孔。只是为了提高生产效率，采用了较大的电流密度，才导致结晶过程中形成了小孔，使得电解液和一些杂质附着于小孔中。因此，在本问题中，电解铜板表面形成小孔的根本原因是"较大的电流密度"。

3）定义关键的参数

通过上一步骤的分析，可以找出导致当前问题出现的逻辑链和根本原因。从这个逻辑链上，就可以找到需要改善的参数。

实例分析：在本例中，可以选择"电流密度"作为本问题的关键参数。

第二步：定义物理矛盾

如前所述，物理矛盾是对同一个对象的某一个特性提出了互斥的要求。在第一步中，我们找出了承载物理矛盾的那个关键参数。在本步骤中，我们需要将物理矛盾明确地定义出来。

实例分析：按照物理矛盾定义的模板，可以将上述问题中的物理矛盾定义为：电解铜生产设备中电流密度应该大，以便取得较高的生产率；同时，电流密度应该小，以便电解铜板表面不产生小孔。

第三步：解决物理矛盾

定义了物理矛盾以后，就可以使用分离方法来寻找解决问题的思考方向了。

时间分离：在时间上将矛盾双方互斥的需求分离开，即通过在不同的时刻满足不同的需求，从而解决物理矛盾。

应用时间分离意味着在生产过程中，为了保证较高的生产效率，可以采用较大的电流密度；而在电解的最后阶段，为了保证电解铜板的表面光滑（不产生小孔），可以采用较小的电流密度。

结论：在电解的过程中采用较大的电流密度，只在电解铜板生成表面层的时候，将电流密度降低。这样一来，就可以在保证较高的生产效率的同时，避免电解铜板表面产生小孔。

例 4.8　消防服的改进设计

过去，消防员用他们的大胡子过滤浓烟，用他们裸露的双手和耳朵感觉温度。今天，消防员有了特殊的、可以保护他们在火灾区工作更长时间的专用消防装置。但是另一方面，这又阻碍了消防员及时察觉火焰所产生的强烈而危险的热。专用消防装备，如消防夹克，虽然可以防火隔热，但如果火区温度过高，超过消防夹克所能承受的极限，消防员的身体就会被高温灼伤。此外，消防员的身体还有可能被高温的水蒸气灼伤，被浓烟熏倒甚至丧失生命。

为了保护消防员,发明了温度探测器,该系统可以探测温度,并且在温度过高时发出警报,然而,现在市场上买得到的温度探测器太沉,体积大,不够灵敏或探测的温度不够准确,而且,一个探测器只能探测某一部位的温度,不能全面而准确地报告内衣上的温度。所以,需要增加更多的探测器来提高探测的灵敏度和准确度。最后,好几个探测器由于重量太沉和体积过大而妨碍了消防员的活动。同样,湿度探测器可以探测湿度,当空气中的水蒸气过多造成伤害时,探测器将报警,但在应用中,也存在同温度探测器一样的问题。图 4-40 所示为不同功能的探测器。

图 4-40 各种不同功能的探测器

根据以上背景,可以将问题描述为:消防夹克上可携带探测器。但需要安装较多的探测器来提高温度和湿度探测的灵敏度和准确度。探测器的增加将导致整体探测系统体积和质量的增加,从而影响了消防员的移动。下面综合采用技术矛盾与物理矛盾的解决方法来解决该问题。

1) 技术矛盾解决思路

第一步:定义技术矛盾

根据问题描述信息,得到两组技术矛盾:提高测定精度,但增加了系统的质量;提高测定精度,但增大了系统的体积。

第二步:查询矛盾矩阵

查询矛盾矩阵得到 TRIZ 建议使用的发明原理分别为:28.机械系统替代原理、35.物理或化学参数改变原理、25.自服务原理、26.复制原理;32.颜色改变原理、13.反向作用原理、6.多用性原理。

第三步:应用发明原理

应用 28 号发明原理,通过电场、磁场或电磁场实现物体间的相互作用。改变探测器内部传感器和电源的连接方式,变有线连接为无线连接,即在消防夹克上安装能发送信息给中央处理器的无线传感器。这样,只需一个电池和报警器即能满足要求;应用 6 号发明原理,把实现多个功能的多个物体合并成实现多个功能的一个物体。温度探测、湿度探测和当危险发生时(如被浓烟熏倒)报警的功能分别由不同的探测器完成,可以将这三个不同功能的探测器合并成一台综合探测器。通过金属线把各探测器内部的传感器相互连接起来,并且使用电源和警报系统作为中央处理单元,这些传感器通过金属线连接到中央处理单元。

2)物理矛盾解决思路

第一步:分析技术系统

再一次分析该问题,我们可以看到,消防夹克需要多个探测器以提高测量的灵敏度和准确度,但目前市售的探测器质量太大,从而影响了消防员的行动。因此,本问题的根本原因是传感器的质量大,即选择"探测器质量"作为本问题的关键参数。

第二步:定义物理矛盾

根据以上分析,定义物理矛盾为:探测器的数量应该多,即质量应该大,以便取得较高的灵敏度和准确度;同时探测器的质量应该小,以便于消防员移动。

第三步:解决物理矛盾

应用TRIZ理论中的时间分离和空间分离原理。时间分离,不是任何时刻都需要探测系统,在不很重要或不很关键的时候,无须使用探测系统,探测系统的使用取决于外部条件;空间分离,可以将探测系统分成几个部分,不同部分有不同的设计使用方法,将不同部分在空间上分离。应用分离原理,得到解决方案为:把探测器中的传感器和电源/报警器分开,探测器中较沉重的部分(电池/报警器)可设计为可移动、可卸载,而较轻的传感器缝在夹克里。信息由无线传感器发送。

最后,综合应用以上创新原理和分离原理,得到了解决方案,即"聪明夹克",如图4-41所示。聪明夹克本身就是探测系统。探测系统的传感器、电池和警报器的安放位置如图4-42所示,其衣层结构和传感器的安装位置如图4-43所示。聪明夹克不影响消防员的移动,能够准确地报告温度和湿度,使消防员能够防范危险,避免被高温灼伤,当消防员遇到危险(如被烟熏倒)时能及时报警,使消防员及时得到救助,挽救消防员的生命。它功能齐全、重量轻、易于携带、探测准确,能有效保护消防员的人身安全,且不妨碍消防员的活动。

图4-41 聪明夹克

图4-42 探测系统的传感器、电池和警报器安放位置

例4.9 自拍杆

人们外出旅行时,拍摄美丽风景是一个再正常不过的事情,但如果想把自己和风景同时纳入其中,就不得不请人帮忙拍照,而自拍杆的出现则较好地解决了这个问题。常见自拍杆

通常采用如图 4-44 所示的"嵌套"结构,其类似于可伸缩的收音机天线。从创新的角度而言,针对同一问题的解决方案也不是唯一的,下面尝试基于 TRIZ 理论寻找新的解决方案。

图 4-43　衣层结构和传感器安装位置　　　　图 4-44　"嵌套"自拍杆

第一步:分析技术系统

自拍杆通常包括杆、固定端、手柄、蓝牙模块或音频线等,根据前述的问题描述,主要聚焦在杆,其根本原因在于杆的长度偏长。

第二步:定义物理矛盾

根据前述分析,定义物理矛盾为:杆的长度应该长,以便自拍的取景范围更大;同时杆的长度应该短,以便于人们携带。

第三步:解决物理矛盾

由于自拍取景和便于携带这两个互斥的需求发生在不用的时间,因而可以尝试进行分离,也就是说自拍取景时杆的长度应该长,而在携带时杆的长度应该短。同时可参考动态化发明原理的启发——划分一个物体成为具有相互关系的元件,元件之间可以改变相对位置。图 4-45 所示的自拍杆将杆分成多个部分,各部分间通过铰链连接,类似于传统的折尺,同样可以解决长度既要长又要短的物理矛盾。后续又结合多用性发明原理启发,折叠机构不是单一收放以减小体积,还可以折叠成支架的形式。以往拍照后要和同行的伙伴相互浏览照片时,通常需要取下手机浏览,拍照时又得重新将手机固定在自拍杆上。而图 4-45 所示自拍杆无须取下手机,即可在朋友间非常便利地相互浏览照片。

图 4-45　"折叠"自拍杆
1—手机夹具;2—伸缩杆;3—连杆;
4—阻尼旋转副;5—平端面

思　考　题

1. 什么是技术矛盾?什么是物理矛盾?TRIZ 的冲突矩阵解决的是什么类型的冲突?分离原理解决的是什么类型的冲突?

2. 39个通用技术参数的作用是什么?

3. 发明原理的作用和价值是什么?

4. 试列举发明原理在日常生活中的一些应用实例。

5. 凸轮传动中常采用弹簧以实现从动件和凸轮轮廓间的压紧。为获得足够的压紧力,弹簧需要有一定的刚度,但当凸轮行程较大时将造成压紧力过大的问题。试定义冲突对,并根据冲突矩阵获取原理解。

6. 工程师焊接电子元件时,为了改善焊接点的焊料流动、热量传递和导电性,会用焊剂对其表面进行处理(酸蚀处理)。请说明此方法运用的是哪条发明原理,并谈一谈自己对采用该原理解决具体问题的看法。

7. 为了在较短的距离内将松软的物体提升到一定的高度,需要增加传送带的倾角;但由于摩擦力的限制,太大的倾角将导致物体下滑而不能被提升。请分别用定义技术矛盾和物理矛盾的方法定义该冲突,并试着提出你的解决方法。(并不一定是切实可行的,但必须要有理由。)

8. 解决物理矛盾的核心思想是什么?

9. 分离原理有几种基本类型?

10. 物理矛盾与技术矛盾之间的关系是什么?是否可以相互转换?如何转换?

11. 请说出解决技术问题的流程和步骤。

12. 你在生活中碰到过难以解决的问题吗?如果有,请选择其中的某一个,分析该问题的技术矛盾或物理矛盾,并通过冲突矩阵获得原理解,在此基础上给出你的思路和具体的解决方法。

参 考 文 献

[1] 沈萌红.TRIZ理论及机械创新实践[M].北京:机械工业出版社,2012.

[2] 创新方法研究会,中国21世纪议程管理中心.创新方法教程(初级)[M].北京:高等教育出版社,2012.

[3] 赵敏,胡钰.创新的方法[M].北京:当代中国出版社,2008.

[4] 李海军,丁雪燕.经典TRIZ通俗读本[M].北京:中国科学技术出版社,2009.

[5] 赵辉.系统创新方法概述[M].北京:科学出版社,2012.

[6] 王亮申,孙峰华,等.TRIZ创新理论与应用原理[M].北京:科学出版社,2010.

[7] 林岳,谭培波,史晓凌,等.技术创新实施方法论(DAOV)[M].北京:中国科学技术出版社,2009.

[8] CHANG H T,CHEN J L. Eco-Innovative Examples for 40 TRIZ Inventive Principles [J/OL]. TRIZ Journal,08,2003. http://www.metodolog.ru/triz-journal/archives/2003/08/a/01.pdf.

[9] 颜惠庚,李耀中,等.技术创新方法入门——TRIZ基础[M].北京:化学工业出版社,2011.

[10] 赵敏,史晓凌,段海波.TRIZ入门及实践[M].北京:科学出版社,2009.

[11] 奥尔洛夫.用TRIZ进行创造性思考实用指南[M].陈劲,等,译.北京:科学出版社,2010.

[12] 阿奇舒勒.创造是精确的科学[M].广州:广东人民出版社,1987.

[13] 阿奇舒勒.实现技术创新的TRIZ诀窍[M].林岳,等,译.哈尔滨:黑龙江科学技术出版社,2008.

[14] 道客巴巴.科技创新思维方法[EB/OL]. http://www.doc88.com/p-513938706580.html,2012.

[15] 张会寅,杨杰,杨雪荣,等.一种多功能自拍杆:201620068984.1[P].2016-06-08.

第 5 章

物质-场分析与 76 个标准解

物质-场分析(简称物场分析)是 TRIZ 理论中一个重要的问题构造、描述和分析的工具。在使用物质-场模型分析和解决问题的过程中,根据模型所描述的功能问题的类型来确定问题的性质,据此,为设计人员提供解决问题的方向。同时,结合应用物质-场对系统功能分析的结果,进而参考 76 个标准解,为设计者产生创新思维创造条件。

5.1 物场分析

5.1.1 物场模型的含义

技术系统存在的目的是实现功能,技术系统实现功能的基础是物理现象,功能的实现是在系统时间和空间上的合理设计或安排相应的物理现象。例如,要想使电动牙刷的刷毛产生直线往复运动,电动马达的旋转运动必须转换为振动或直线往复运动来驱动刷毛运动,而马达则是将电池的电能转换成机械能。这种系统组件之间的相互作用和能量转换,实现了技术系统的功能。阿奇舒勒通过对功能的研究,发现并总结出以下 3 条定律:

(1) 所有的功能都可以分解为三个基本元素,即两种物质和一种场;
(2) 一个存在的功能必定由三个基本元素组成;
(3) 将相互作用的三个元素进行有机组合将形成一个功能。

物质(substance)是指技术系统实现功能的物质实体或者工艺流程(technical process),它可以是整个系统,也可以是系统内的子系统或单个的系统组件,甚至可以是环境(超系统及超系统组件)、工艺流程等。两种物质中,提供功能的物质称为工具(tool substance),功能作用对象称为作用对象(object substance)。这种定义方式和 TRIZ 功能模型分析中的功能定义是一致的,只是名称上的一个区别而已。

场(fields)是指工具和对象之间的相互作用所需的能量,两种物质依靠场进行连接。现代物理学中,常见的有 4 种场:引力场(重力场)、电磁场、弱核力场和强核力场。显然,这种场的分类不适于求解技术系统解决方案。TRIZ 将场的概念与范围扩大,并认为物质之间的相互作用如果出现了能量的产生、吸收或转换现象,这种相互作用及能量转换就是场,场的类别就是相互作用的类别。如果两种物质之间发生机械作用,就是机械场;如果发生化学作用,就是化学场……TRIZ 中的场分类见表 5-1。

表 5-1 物场模型中的场

符号	名称	举例
G	重力场	重力
Me	机械场	压力,惯性,离心力
P	气动场	空气静力学,空气动力学
H	液压场	流体静力学,流体力学
A	声学场	声波,超声波
Th	热学场	热传导,热交换,绝热,热膨胀,双金属片记忆效应
Ch	化学场	燃烧,氧化反应,还原反应,溶解,键合,置换,电解
E	电场	静电,感应电,电容电
M	磁场	静磁,铁磁
O	光学场	光(红外线、可见光、紫外线),反射,折射,偏振
R	放射场	X射线,不可见电磁波
B	生物场	发酵,腐烂,降解
N	粒子场	α、β、γ粒子束,中子,电子,同位素

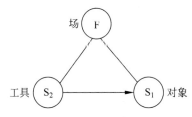

图 5-1 物场模型

TRIZ 中,采用两种物质和一种场的方式来表达技术系统中相互作用和能量转换关系的符号模型称为物质-场模型(su-field models),简称物场模型。如图 5-1 所示,其中,S_2 表示工具,S_1 表示作用对象,F 表示场。

物质-场分析(su-field analysis,简称物场分析)则是通过分析技术系统构成要素以及构成要素之间的相互关系,并采用物场模型的方式用符号语言清楚地描述系统(和(或)子系统)中的各种矛盾问题,用于描述系统问题、分析系统问题的一种系统分析方法。

通过物场分析,构建技术系统最小问题模型(miniprob),目的是通过技术系统的最小变化来解决问题。

例 5.1 锤子钉钉子

锤子和钉子是这一系统中的两种物质;敲击力是它们之间的相互作用场,这种场称为机械场;建立起的物场模型如图 5-2 所示。

相同的技术系统通过不同的物场模型可以描述为不同的问题,如例 5.2 所述。

图 5-2 锤子钉钉子的物场模型

例 5.2 冰和破冰船

问题 1:如何增加破冰速度?

对象(S_1):冰;

工具(S_2):破冰船。

问题 2:如何改进破冰船船体的机械强度?

对象(S_1):破冰船体;

工具(S_2):冰。

5.1.2 物场模型的分类

物场模型可以用来描述系统中出现的问题，主要有4种问题类型：
(1) 有用并且充分的相互作用；
(2) 有用但不充分的相互作用；
(3) 有用但过度的相互作用；
(4) 有害的相互作用。

"相互作用"是指在场与物质的相互作用与变化中，所实现的某种特定功能。针对不同的问题类型，可以用不同的物场模型来描述，如例5.3～例5.6所述。

例5.3　地面对鞋子的摩擦力

地面对鞋子的摩擦力使人能够正常行走，这时，地面对鞋子的摩擦力实现的就是有用并且充分的相互作用。建立起这种系统的物场模型，应当如图5-3所示。

例5.4　冰面对鞋子的摩擦力

冰面对鞋子有摩擦力，但是力度不够，鞋子会打滑，冰面对鞋子的摩擦力不足以支撑人正常行走，这就是有用但不充分的相互作用。建立起这种系统的物场模型，应当如图5-4所示。

图 5-3　有用并且充分的相互作用

图 5-4　有用但不充分的相互作用

例5.5　粗糙地面对鞋子的摩擦力

粗糙地面对鞋子有摩擦力，可以支撑人正常行走，但是摩擦力太大，会对鞋子产生磨损，这就是有用但过度的相互作用。建立起这种系统的物场模型，应当如图5-5所示。

例5.6　粗糙地面会对鞋子造成磨损

粗糙地面对鞋子的摩擦力，会对鞋子产生磨损，从对鞋子磨损的角度分析相互作用，建立起这种系统的物场模型，应当如图5-6所示。

图 5-5　有用但过度的相互作用

图 5-6　有害的相互作用

其中,有用但过度的相互作用与有害作用的相同点都是导致功能对象受到有害作用,不同点是过度作用还包含有用的功能,且正是由于此有用功能直接导致了有害作用的发生。有害作用对应的功能一旦存在,不管其状态如何,都不会产生有用作用。

建立物场模型的目的是:揭示技术系统的功能机制,描述技术系统中不同元素之间发生的不足的、有害的、过度的和不需要的相互作用。

基于以上问题类型,物场模型也可以分为4种基本类型,如图5-7所示。

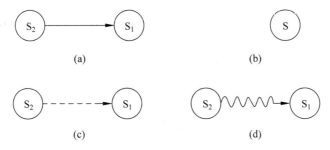

图5-7 物场模型四种基本类型
(a) 有效完整系统;(b) 不完整系统;(c) 无效完整系统;(d) 有害完整系统

(1) 有效完整系统:该功能的三个元素都存在,且都有效,是设计者追求的效果;

(2) 不完整系统:组成功能的三个元素中部分元素不存在,需要增加元素来实现有效完整功能,或用一种新功能代替;

(3) 无效完整系统:功能中的三个元素都存在,但设计者所追求的作用未能完全实现,如产生的力不足够大、温度不足够高等,需要改进以得到期望的效果;

(4) 有害完整系统:功能中的三个元素都存在,但产生与设计者要求相矛盾的有害作用,需要消除有害作用。

5.1.3 物场模型的变换规则

针对上述无效、不完整、有害的系统,可以依据物场模型的变换规则使其变为有效完整的系统。

规则1:为解决不完整物场系统,可在空缺处引入新元件(物质或场),使得物场系统完整(见图5-8)。

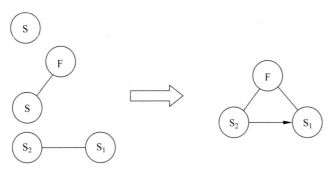

图5-8 物场模型完整方案

如果已有子系统的问题中缺少某个要素,物场分析将指明模型在哪里需要完善,标准解则表明完善的方向。这条规则相当于标准解1.1.1条。

例 5.7 轧钢(见图 5-9)

轧钢过程中,在轧制变形区使用雾化液体润滑剂是常用方法。然而,由于轧坯高温,部分润滑剂在没有到达变形区之前就被高温蒸发掉了,从而导致润滑效果下降。

图 5-9 轧钢过程原理图

如果有一个物体不容易做必要的改变,以及物质和场的条件没有任何约束,解决物质和场问题的方法就是采用综合或合成物场模型的方法:物体要受到使物体产生必要变化的物理场的作用。

可行的解决方案是使用纸带浸渍液体润滑剂(见图 5-10)。浸过油的纸带可防止油使用前的蒸发,这样的供给润滑剂的方式提高了轧制效率,并降低了润滑油的消耗。

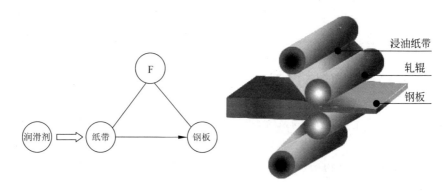

图 5-10 轧钢过程解决方案

规则 2:欲提高现有物场系统的功效,可延伸既有物场系统与其他独立的物场系统的连接。

如果物场模型已具有三个必要的要素,但是技术系统或技术过程是无效的,物场模型可分析帮助发现"弱"的要素,并用另一个模型的要素替换或增加模型,以提高系统的功效,修改系统获得更好的性能。

物场模型链是拥有多个物质和场的复杂物场模型的典型代表(见图 5-11)。

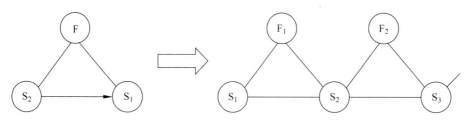

图 5-11　物场模型链

规则 3：对于检测或测量问题，可延伸产生两个场（F_2，F_3），一个作为输入，另一个作为输出（见图 5-12）。

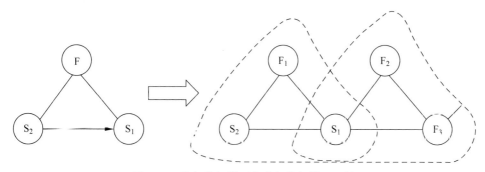

图 5-12　单场物场模型向多场物场模型延伸

例 5.8　金属疲劳试验中检测裂缝

在金属疲劳强度试验时，对试件发生第一道疲劳裂缝如何进行检测？

可行的解决方案是使用监测试件材料电阻的方法：试件被接入一个敏感（惠斯通电桥）的电路中（见图 5-13）。当微裂纹产生时，电路电阻会发生变化。

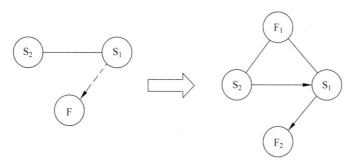

图 5-13　疲劳裂缝检测问题及解决方案

这里：S_1 为试件，S_2 为裂纹，F 为实际的"检测"场，F_1 为电流场，F_2 为在输出上被改变的电流场。对于检测与测量问题，物质场模型至少包含两个场，即输入场 F_1 和携带信息的输出场 F_2。

规则 4：消除有害的、多余的、不需要的物质或场的最有效方法是引入第三种物质（S_3）或场，如图 5-14 和图 5-15 所示。

如果在完整的物场系统中，要素之间存在不正确连接产生无效功能，可以通过加强系统的动态性或柔顺性来提高效率，使用易控场、磁场或电场来转换物场模型。如果物质要素不

图 5-14 引入新元件解决方案模型

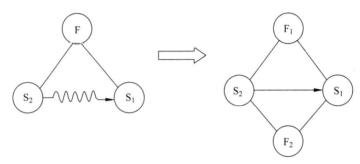

图 5-15 引入新场解决方案模型

能被代替,需要在系统中或环境里引入附加物,分别形成复杂物场模型和外部复杂物场模型。如果附加物不能使用,则可以修改原始的物质要素,比如物质状态、环境中无限可利用的物质(空气、水、土壤、真空等)或混合物。

使用物理和化学的效应,可以大大提高物场系统的功效,如热膨胀。

例 5.9 玻璃板上切圆

在玻璃板上切圆可用套料钻完成,见图 5-16。然而,玻璃板经常发生破碎或裂纹,这样降低了生产率和质量。

图 5-16 玻璃板上切圆过程原理图

根据变换规则 4,可以通过引入外来物质消除有害作用:如果有用和有害作用在两个物质之间同时出现,而且并不要求两物质彼此相邻,这时可通过在这两物质(S_1、S_2)之间引入第三种廉价的物质来解决这一问题。

可行的解决方案是在多块玻璃板之间引入冰(见图 5-17)。做法是先将玻璃弄湿,然后冻结。玻璃板之间的冰将各块玻璃板相互固定为一个整体结构,从而防止了玻璃板的碎裂和裂纹问题。

图 5-17 玻璃板间引入冰解决方案

规则 5：假如某一个场为必要的输出（F_1），另一个为必要的输入（F_2），则该物场模型应使用一个元件（S_2），作为 F_1 与 F_2 物理转换的中介物，如图 5-18 所示。

图 5-18 引入新元件作为中介物

5.1.4 物场模型的建立流程

物场模型的建立共分为 5 个步骤。

步骤 1：确定所考虑情形中的所有的物质。

步骤 2：描绘此情形下的物场模型，确定物质之间的相互作用，以及表达出对这些相互作用的意见，是否这些作用是成功的。

步骤 3：处理在第 2 步中识别的物场模型。对于每一个物场模型，必须将物场的 5 个规则推荐的模型的通解转换为模型的特解。

步骤 4：使用"场"将具体情形下的模型解映射成特定解。此过程对于系统中已识别的所有物场模型需要反复进行。

步骤 5：确定最适合实际的解。

例 5.10 输送废酸液管道问题

某工厂生产实际中会产生大量的废酸液体，这些废酸液体通过管道输送到厂区的污废水池进行集中处理。输送过程中,废酸液会对管壁造成腐蚀,如图 5-19 所示。

步骤 1:确定系统的物质和场

物质:废酸液,输送管道,空气;

场:废酸液流动能量,化学场,重力场。

图 5-19 管道输送废酸液示意图

步骤 2:建立物场模型(见图 5-20)

(1) 有用功能——期望功能。

(2) 有害功能——不期望功能。

图 5-20 管道输送废酸液的问题模型
(a) 期望功能;(b) 不期望功能

步骤 3:选择物场模型变换规则

(1) 根据系统的物场模型存在的问题选择变换规则。在本例中,模型存在着有害作用,即废酸液腐蚀、溶解输送管道。

(2) 有害功能可选择变换规则 4(规则 4:消除有害的、多余的、不需要的物质或场的最有效方法是引入第三种物质(S_3)或增加另一个场(F_2),用来平衡产生有害效果的场)。

步骤 4:确定代表性的解

根据所选择的物场模型的变换规则,确定要引入第三种元素的主要性质。有害作用是由废酸液与金属管道内表面发生化学反应引起的,因此,化学场(F_{CH})是产生有害作用的根源。

由分析可知,引入的新物质 S_3 应能消除废酸液与金属管道的化学场(F_{CH})。消除此化学场比较简易的方法是 S_3 事先与废酸液发生化学反应以消耗废酸液的反应能力。

因此,S_3 可以是:金属、水、碱等为代表性的解。

步骤 5:确定具体的解

在代表性的解中,根据具体问题的状况,选择最适合的解作为具体解。

代表性的解 S_3 为:金属、水、碱等,即与废酸液可进行化学反应进而消除其对管道内表面产生有害作用的物质。其中:

(1) 金属:可先于管道内表面与酸进行反应进而保护管道,如管道的内表面涂保护层,效果可行,但成本提高,不采纳。

(2) 水:大量的水或污水可稀释废酸液,但会给后续处理增加困难,不采纳。

（3）碱性物质：碱性添加物、废碱液等。其中废碱液的单独处理也需要额外的成本，因此应用废碱液的成本会降低。

经过上述分析，最后选择的具体解 S_3 为废碱液，如图 5-21 所示。

图 5-21　管理输送废酸液的解决方案模型

5.2　TRIZ 的 76 个标准解

阿奇舒勒经过分析大量的专利发现：如果专利所解决的问题的物场模型相同，那最终解决方案的物场模型也相同。阿奇舒勒共发现了解决不同领域工程问题的 76 个通用模型，即 76 个标准解。

标准解是 TRIZ 中一种基于知识的解决技术问题的工具。标准解的显著特点为其中工程问题和解决方案的模型是利用物场的相互作用（即物质和场之间的相互作用）来定义与描述的。标准解是对问题综合与转换的规则，目的是克服或避开技术冲突和物理冲突。当问题在运用标准解进行解题时，就没有必要考虑冲突。标准解是和发明原理、技术进化理论、效应知识库等具有同等级别的基于知识的 TRIZ 应用工具，它运用具有约束条件的标准化问题描述（物场模型）解决 TRIZ 理论中的技术冲突以获得高级别的原理解。

当一个问题包含两个或多个子系统之间存在不期望的相互作用时，可以使用标准解，为以下问题情形提供解决方案。

（1）缺失：一个子系统或产品的某些参数在实施中必须改变，但是我们不知道如何改变；
（2）有害：一个子系统产生有害的结果；
（3）过剩：一个子系统对另一个子系统的作用过强；
（4）不足：一个子系统对另一个子系统的作用过弱。

标准解系统提供的是较为具体的解决方案的模型，因此很多 TRIZ 专家都喜欢用物场理论和标准解系统去解决实际的问题。

5.2.1　76 个标准解的分类

阿奇舒勒等人在 1975 年至 1985 年之间，完成了标准解的理论体系。体系共有 76 个标准解，并根据其能解决的工程问题的类型分为 5 大类和 18 个子系统，详见表 5-2。

表 5-2 76 个标准解分类

第 1 类：建立或拆解物场模型	2 个子系统，13 个标准解
第 2 类：增强物场模型	4 个子系统，23 个标准解
第 3 类：向超系统或微观级转化	2 个子系统，6 个标准解
第 4 类：检测和测量的标准解	5 个子系统，17 个标准解
第 5 类：应用标准解的标准	5 个子系统，17 个标准解
总计：18 个子系统，76 个标准解	

5.2.2 第 1 类：建立或拆解物场模型

第 1 类标准解是在不改变现有系统，或只对现有系统作很小改变的前提下，得到想要的结果，或消除不想要的结果，分为 2 个子类，包含 13 个标准解，如表 5-3 所示。

表 5-3 第 1 类标准解

类　　别	子　　类	标　　准　　解	
第 1 类 建立或拆解物场模型 子系统数：2 标准解数：13	S1.1　建立物场模型	S1.1.1	完善物场模型
		S1.1.2	内部合成物场模型
		S1.1.3	外部合成物场模型
		S1.1.4	利用环境中的资源
		S1.1.5	改变系统环境
		S1.1.6	施加过渡物质
		S1.1.7	传递最大化作用
		S1.1.8	选择性最大化作用
	S1.2　拆解物场模型	S1.2.1	引入 S_3 消除有害作用
		S1.2.2	引入改进的 S_1 或(和)S_2 消除有害作用
		S1.2.3	引入物质场的消除有害作用
		S1.2.4	用场 F_2 抵消有害作用
		S1.2.5	消除磁场的影响

该类标准解是帮助我们解决不完整的系统和完整但不完善的系统问题。在物场模型中，不完整系统是指一个系统中不包含 S_1 或 S_2 或 F，完整但不完善的系统指 F 不充分。

S1.1　建立物场模型

S1.1.1　完善一个不完整的物场模型。如果物场模型不完整，可以通过添加场或者物质使物场模型完整。比如，在建立物场模型的时候，如果发现只有一种物质 S_1，则需要增加第二种物质 S_2 和相互作用场 F，才能实现系统具备必要的功能。

例：如果系统只是一个锤子，则什么也不会发生。如果系统是一个锤子和一个钉子，也什么都不会发生。必须要有锤子、钉子和锤子作用在钉子上的机械场才能构成一个完整的系统。

S1.1.2　系统不能改变，但是允许加入一种永久的或者临时的添加物帮助系统实现功能。可以在 S_1 或者 S_2 中引入一种内部添加物 S_3。

例 1：混凝土是由水泥、沙子和石子组成的，使用这种方式的混凝土早期强度较低，如果在混凝土中加入石灰石,则可以增强混凝土早期的强度。

例2:为了让眼睛观察到小液滴,可以通过预先在液体中加入荧光物质来实现,这样,利用紫外线就可以很容易观察到这些液滴。

S1.1.3 系统不能改变,但是允许加入一种永久的或者临时的添加物帮助系统实现功能。可以在 S_1 或者 S_2 的外部引入一种永久的或者临时的外部添加物 S_3。

例1:人们在滑雪的过程中,滑雪板和雪之间的效果有时候表现为不足,可以通过在滑雪板底部涂上蜡来增加滑雪速度。

例2:为了可以用肉眼检测管道气体的泄漏,可以在管道的外面覆盖一种可以与泄漏气体发生反应并产生可见气泡的物质。

S1.1.4 系统不能改变,但是允许加入一种永久的或者临时的添加物帮助系统实现功能。可以通过引入环境中的资源作为内部或者外部添加物。

例:航道标志浮标受海浪影响摇摆不定,其预警作用下降。可以在浮标内部灌装海水,起一定的稳定作用。

S1.1.5 系统不能改变,但是可以修改或改变系统所处的环境。

例:机房里的计算机运行使室温增加,可能使其不能正常工作,空调可以改变环境温度使其正常工作。

S1.1.6 微小量的精确控制很难实现,可以通过应用和消除盈余实现微小量的控制。

例1:注塑时使流动的塑料精确地充满一个空腔是困难的,可以在合适的位置留一个冒口,使空腔内的空气流出,同时也使一部分塑料流出,之后再将其去除。

例2:为给产品涂覆一层非常薄的油漆,使用通常的涂抹方式无法满足油漆的厚度要求,现有的解决办法是将产品浸入到油漆中形成过厚的油漆,然后再通过离心力抛甩掉过剩的油漆来实现。

S1.1.7 如果需要对一个物质 S_1 施以最大模式的作用,但是由于种种原因不可行,则可以将这种最大模式的作用施加到另一个物质 S_2 上,再由 S_2 传递给 S_1。

例1:普通的蒸锅是一个很好的例子。要蒸煮的食物是不能直接接触到火焰的,所以可以利用火焰加热水,然后水把热量传递给食物,而这时加热的温度是不可能超过水的沸点的,不会烧焦食物。

例2:在制作预应力混凝土构件时,将钢筋加热,伸长之后固定并冷却,使之产生拉应力,混凝土浇筑后,松开固定处,混凝土便产生了压应力。

S1.1.8 有时候既需要很强的场的作用,同时又需要很弱的场的作用。这时可以给系统施以很强的作用场,然后在需要较弱场作用的地方引入物质 S_3,起到一定的保护作用。

例:盛装注射液的玻璃瓶是用火焰密封的,但火焰的高温将降低药液的质量。如果将药瓶盛装药物的部分放在水里,就可以使药物保持在安全的温度范围内,免受破坏。

S1.2 拆解物场模型

以下解法可以消除或抵消系统内的有害作用。

S1.2.1 在当前设计中既存在有用作用又存在有害作用,如果没有让 S_1 和 S_2 必须直接接触的限制条件,可以通过在 S_1 和 S_2 之间引入 S_3 来消除有害作用。

例1:医生的手 S_2 需要在病人身体 S_1 上做外科手术,容易造成医生和病人的细菌交叉感染。穿戴一双无菌手套 S_3 可以消除细菌带来的有害作用。

例2：利用爆破产生的气体S_2进行地下隧道墙壁S_1加固时，产生有用功能的同时也可能会导致墙壁产生裂纹。可以通过钻孔装料并用泥浆封口，让压力分布均匀从而避免裂纹的产生。

S1.2.2　在当前设计中既存在有用作用又存在有害作用，如果没有让S_1和S_2必须直接接触的限制条件，但是不允许引入新的物质，可以通过改变S_1和S_2来消除有害作用。这种解决方案包括加入一些"不存在的物质"——如利用空间、空穴、真空、空气、气泡、泡沫等，或者加入一种场，这个场可以实现需添加物质的作用。

例1：前面做手术的例子，可以在局部真空环境下实现。

例2：水翼表面用保护材料覆盖以避免气穴破坏。为达到既增加保护效率又降低水阻力的目的，用冷冻水的方法包裹水翼表面来形成一层冰保护层，这个保护层可能被气穴破坏，但会不断地恢复修补以保持厚度是一个常量。

S1.2.3　有害作用是由某个场引起的，可以通过引入物质S_3来吸收有害作用。

例1：医疗上的X射线只需要照射在形成图片的某个特定的区域，但是产生X射线的射线管产生的是一束很宽的光束。为了防止X射线对患者身体的伤害，在患者身体前方放一个铅屏，从而保护患者的一些其他部位不会受到X射线的照射。另外，对于医生而言，也可以放置一堵铅墙从而免受X射线的伤害。

例2：计算机的CPU在运行过程中会产生大量的热，这个热可能导致电子系统的损坏。如果给CPU增加一个散热装置来消除热量，则可避免电子系统的损坏。

S1.2.4　如果系统中存在有用作用的同时又存在有害作用，而且S_1和S_2必须直接接触，则可以通过引入F_2来抵消F_1的有害作用，或将有害作用转换为有用作用。

例1：在脚腱拉伤手术后，脚必须固定起来。可以利用绷带S_2作用于脚S_1起到固定的作用，场F_1是机械场。但是，肌肉如果不用的话就会萎缩，这个机械场也产生了有害的作用。解决方法是在物理治疗阶段向肌肉加入一个脉冲的电场F_2，来防止肌肉的萎缩。

例2：使用强气流来实现花的人工授粉。但是，强气流会使花瓣闭合而影响授粉。可以使用静电离子的气流，让花瓣互相排斥以保持开放状态。

例3：生产设备在运行时会产生振动，这种振动将破坏地基，妨碍其他设备的准确性能。可以使用带反馈的自动系统，使地基的振动与设备振动在数量上相等，但是方向上相反。

S1.2.5　某一种有害作用可能是因为系统内部的某个部分的磁性物质导致的，可以通过加热，使磁性物质处于居里点以上，从而消除磁性，或引入一个相反的磁场来消除有害作用。

例1：铁磁粉末的焊接很困难，因为焊接电流产生的磁场会将粉末从工作区域"推开"。为克服这个缺点，可以预先将粉末加热到居里点以上再焊接。

例2：磁带的记录，是对磁带上的磁性材料加一个磁场使材料具有有序性，从而记录声音，如果消除记录呢？可以把磁性材料加热到居里点以上，使其失去磁性呈现为无序状态，然后再进行声音的记录。

5.2.3　第2类：增强物场模型

第2类标准解主要是强化物场模型，主要解决的是系统中功能不足的物场模型问题，分为4个子类，包含23个标准解，如表5-4所示。

表 5-4 第 2 类标准解

类　别	子　类	标　准　解
第 2 类 增强物场模型 子系统数：4 标准解数：23	S2.1　转化成复杂的物场模型	S2.1.1　链式物场模型
		S2.1.2　双物场模型
	S2.2　加强物场模型	S2.2.1　使用更可控制的场
		S2.2.2　增加物质的分割程度
		S2.2.3　使用毛细管和多孔的物质
		S2.2.4　使系统更加动态化
		S2.2.5　使用异构场
		S2.2.6　使用异构物质
	S2.3　频率的协调	S2.3.1　协调 F 与 S_1 或 S_2 的频率
		S2.3.2　协调 F_1 和 F_2 的频率
		S2.3.3　在一个动作的间隙进行另一个动作
	S2.4　利用磁场和铁磁材料	S2.4.1　加入铁磁物质
		S2.4.2　铁磁场模型
		S2.4.3　运用磁流体
		S2.4.4　应用毛细管结构
		S2.4.5　转变为复杂的铁磁场模型
		S2.4.6　在环境中引入铁磁物质
		S2.4.7　应用自然现象和效应
		S2.4.8　应用动态性
		S2.4.9　利用结构化的磁场
		S2.4.10　频率协调
		S2.4.11　应用电流产生磁场
		S2.4.12　应用电场控制流变液体的黏度

S2.1　转化成复杂的物场模型

S2.1.1　链式物场模型：将单一的物场模型转化成链式模型，转化的方法是引入一个 S_3，让 S_2 产生的场 F_1 作用于 S_3，同时 S_3 产生的场 F_2 作用于 S_1。两个模型独立可控。

例 1：锤子砸石头完成分解巨石的功能。为了增强现有功能，可以通过在锤子 S_1 和石头 S_2 之间加入凿子。锤子的机械场传递给凿子，然后凿子的机械场传递给石头。

例 2：工具组件卡紧在圆柱体内。为了增加其卡紧力，圆柱由所谓"干涉配合"连接的两个同心衬套组成。为保证衬套配合到要求位置，使它们分别具有不同的热膨胀系数。

S2.1.2　双物场模型：现有系统的有用作用 F_1 不足，需要进行改进，但是又不允许引入新的元件或物质，可以通过引入第二个场 F_2 来增强 F_1 的作用。

例：应用电镀法生产铜片时，在铜片表面会残留少量的电解液。用水清洗时不能有效地除掉这些电解液，可以通过增加第二个场来解决。比如在清洗时加入机械振动或者在超声波清洗池中清洗铜片。

S2.2　加强物场模型

S2.2.1　用更加容易控制的场来代替原来不容易控制的场，或者叠加到不容易控制的场上。

例 1：机械场相对于重力场更加容易控制，同样电场、磁场都比机械场更加容易控制，这也是一种系统场可控性增加的进化路线。

例2：金属刀片进行金属切削不均匀，可用水切割来代替；另外，激光切割可取代水切割。

S2.2.2 增加物场模型中作为工具的物质 S_2 的分割程度可以加强物场模型。这个标准解实际上是从宏观到微观层面，然后到场的进化模型。该工具的演化分为以下几个阶段：非分割物体、分割的物体、粉末、液体、气体、新的场。

例1：切削工具的演化路径是平刀片→带齿刀片→研磨刀片→水流切割→等离子切割→激光切割。

例2：汽车的座椅由原来的一个气垫变成了多个气垫以便更能让驾驶员调节座椅，使驾驶员更为舒适。

例3：设计一个支撑不规则表面物体的系统是很难的，因为支撑系统必须平衡不规则表面物体的重量。可以用液体来支撑不规则表面物体，这就使平衡重量更加容易。

S2.2.3 在物质中增加空穴或毛细结构。一种特别物质分裂形式是从固体物质转化到毛细管和多孔材料。将根据以下所列的路径进行转化：

（1）固体；
（2）一个孔的固体；
（3）多个孔的固体或穿孔物质；
（4）毛细管或多孔的物质；
（5）有特殊结构、尺寸毛孔的毛细管和多孔物质。

随着物质根据这些路径的发展，将液体放入孔或毛孔中的可能性也在增加。也可以应用自然现象。

例1：通过加油孔加油不能使油均匀地添加到齿轮上，可以应用带有多孔表面的加油器。

例2：胶水的刷子，由原来的平板结构变为毛细管束结构，使得胶水的涂抹更加均匀和精确。

例3：一种防火护罩设计成充满颗粒的格栅状，为增加防护的有效性，这种颗粒用容易熔化的材料制作而成，而且颗粒芯中填满了灭火材料。

S2.2.4 使系统具有更好的柔韧性、适应性、动态性。可以开始将物质分解成两个耦合部分实现动态化，然后继续沿以下路径：单铰链→多铰链→柔性物体；从恒定场（物质伴随的场）向脉冲场转化可以增加场的动态性。

例1：生橡胶太脆，通过硫化处理可以增加其柔性，以便更好地应用到各种设备中。

例2：自行车原来的传动比是一定的，在后轮增加变速齿轮，从而增加了传动比的数量，方便使用者在不同的环境和路面使用不同的传动比。

例3：有两个铰链连接的门→有多个铰链连接的门→柔性的门。

S2.2.5 用动态场代替静态场。使一个不可控或者可控性较弱的场变成一个按规则运行的可控场，这种控制可以通过均匀的场向非均匀的场转换，或者非结构化、无序的、紊乱的场向具有特定时空结构的场（恒定的、变化的）转换，来加强物场模型。

如果需要使某种物质对象具有特殊的空间结构，这个结构化处理的过程可以通过一个具有与该物质对象相匹配结构的场来引导。

例1：超声波焊接。在焊接的同时使用超声波振荡焊接的部分，可以使焊料均匀紧布在焊点周围，从而增强了焊接的强度。

例2：将各种粉末颗粒进行混合，在混合时给各种粉末颗粒分别带上相反的电荷并放置在非均匀电场转换层中，从而增加了各种粉末的混合均匀效果。

S2.2.6　将均匀的物质空间结构变成不均匀的物质。使用可控物质或者可调节空间结构的物质代替无规则、不可控的物质。

如果系统的特定位置（点、线）需要场的集中作用，那么可以事先将可以产生所需场的物质引入到这些地方。

例1：通过添加加强钢筋来提高混凝土的质量。

例2：为制作有定向多孔的耐火材料，将耐火材料沿着丝绸线径成形随后将丝绸烧掉，这样就形成了定向的多孔耐火材料。

S2.3　频率的协调

控制频率使其与一种或两种元素的固有频率相匹配或不相匹配，以提高系统的性能。

S2.3.1　将场 F 的频率与物质 S_1 或者 S_2 的固有频率相协调。

例1：在医学领域，肾结石可以通过超声波使其共振破碎成小碎颗粒，然后排出体外。

例2：在电弧焊中，磁场的频率与熔化电极固有频率相同。

S2.3.2　场 F_1 与场 F_2 的频率相协调。

例1：机械振动可以通过产生一个与其振幅相同但是方向相反的振动消除。

例2：为了给零件均匀地包裹一层物质，此物质通常以粉末的形式在电流和磁场的共同作用下包裹到零件上。为了使粉末非常均匀地在零件上包裹很薄的一层，电流的脉冲频率和磁场的脉冲频率应该相同。

S2.3.3　如果需要两个不兼容的或彼此独立的动作在一个系统中执行，那么其中的一个动作应该在另一个动作暂停期间来执行。通常，在一个动作的操作间隙应该执行另一个有用的动作来提高系统的效率。

例1：为了提高接触式焊接的精度，测量反馈是在焊接电流的两个脉冲之间完成的。

例2：当金属板在固定面上轧制时，纵轧间隙的时间里进行横向的部分轧制（以增加宽度）。

S2.4　利用磁场和铁磁材料

整合铁磁材料和磁场是提高系统性能的一种有效方法。

铁磁性是具有类似铁、镍或钴以及各种合金性质的或与此类物质有关的，具有在相对较弱的磁场里获得极高磁性的能力和特有的饱和点及磁滞现象。

S2.4.1　向系统中加入铁磁物质或磁场，以改善系统的性能。

例1：磁悬浮列车，在铁轨上加入磁场以悬浮起列车，从而减小摩擦力，提高列车的速度。

例2：安装排水系统的一种方法中，同时包括挖沟、安装水管、用填充料密封接口、回填土壤等工序，为了避免水管间产生错位，事先用磁化的铁磁物质覆盖排水管的断面和填充物。

S2.4.2　将标准解 S2.2.1（使用更可控制的场）与 S2.4.1（加入铁磁物质）结合在一起。可用"铁磁场"模型来替换物场模型或原"铁磁场"模型，将原系统中的物质替换为铁磁微粒或在原物场系统中加入铁磁微粒,同时使用磁场或电磁场。

例1:橡胶模具的刚度可以在加入铁磁物质后通过磁场进行控制。

例2:一种临时关闭管道的方法是经过加入一种凝固混合物来产生气体密封。为改善这种方法的效力,可以事先将具有铁磁特性的分散吸附剂加入混合物,在管道的特定区域应用电磁场并形成密封。

S2.4.3 运用磁流体。利用磁流体可以加强铁磁场模型。磁流体是铁磁粒子在煤油、硅树脂或水中形成的胶状悬浮液。该标准解是S2.4.2的一个特例。

由于悬浮液的磁化时间是毫秒级别的,因此,可以利用磁场将流体转换为"假固态"。如果磁场是移动的,磁性流体也会随着磁场的移动而移动。

例:磁性密封门,密封门周围有一圈充满磁流体的密封条,当腔体内的温度升高时,达到磁性颗粒的居里点,磁性材料失效,密封门不再密封。

S2.4.4 应用包含铁磁材料或铁磁液体的毛细管结构。

例1:过滤器的过滤管中填充铁磁颗粒,利用磁场可以控制过滤器内部的结构。

例2:波动焊接机包含一个磁性圆柱,镀有一层铁磁微粒,它的主要目的是去除多余的焊料。同时,圆柱体的多孔设计允许熔接剂通过小孔流到焊接点。

S2.4.5 转变为复杂的铁磁场模型。如果原有的物场模型中禁止用铁磁物质代替原有的物质,则可以通过添加附加物(如涂层)使非磁性物质永久地或临时地具有磁性。

例1:为了使药物分子精确地到达需要它的身体部位,通常在药物分子中附加磁性材料分子,并在外界磁场的作用下,引导药物分子到达特定的位置。

例2:用电磁铁可以传送零件。为传送无磁性的零件,事先将零件覆盖上易流动的、带有磁性的物质。

S2.4.6 在标准解S2.4.5的基础上,如果不能赋予物质磁性,可以考虑把铁磁材料引入到环境中。

例1:为了控制物体在液体中的下降速度,可以将铁磁微粒加入到液体中从而形成磁性流体。磁性流体的密度会随着所施加的电磁场强度的增加而发生适当的变化。

例2:将一个涂有磁性材料的橡胶垫放在汽车内,而不用磁化整个汽车,将修理工具吸附在该垫子上便于使用。同样的装置可以用来放置外科手术中使用的医疗器械。

S2.4.7 利用自然现象和效应来加强铁磁场模型的可控性。比如可以通过居里点现象控制磁性物质的磁性。

例1:磁共振成像。

例2:超导体在其温度超过超导温度时,其磁性会发生改变。一些类别的超导体利用温度作为磁屏蔽或开关器,实现在一定空间范围内屏蔽磁场。

S2.4.8 应用动态的、可变的或者自动调节的磁场,即通过转向柔性的、可更改的系统结构。

例:不规则空心物体的壁厚可以通过一个内部的铁磁物体和一个外部的感应器来测量。为了增加准确性,可以将铁磁物体做成表面覆有铁磁微粒的弹性球形状,通过感应器控制内部铁磁球和待测空心物体的内壁紧紧贴合,从而实现精确测量。

S2.4.9 利用结构化的磁场更好地控制或移动铁磁物质颗粒。

例:为了在塑料垫子表面形成复杂的图案,可以在塑料液体中加入铁磁颗粒,然后利用结构化的磁场来拖动铁磁颗粒形成所需要的形状,保持这种形状,直到组成塑料垫子的塑料液体凝固。

S2.4.10　铁磁场模型的频率协调。在宏观系统中,应用机械振动可以加速铁磁颗粒的运动。在分子或原子级别,可以通过改变磁场的频率,测量对磁场发生响应的电子的共振频率的频谱来测定物质的组分。

例1:可以通过检测电子对变化频率磁场响应的共振频率的频谱来确定材料的成分,每个原子簇有一个共振频率信号。该技术称为电子自旋共振(ESR)。

例2:微波炉加热食物。因为微波会使水分子在其共振频率处振动,从而起到加热水的效果。

S2.4.11　如果系统很难引入铁磁微粒或磁化物,则可以利用电流产生磁场来代替磁性物质。

例1:各种电磁石。它们可以消除磁性材料居里点的限制,或者用于一些永久磁性材料不安全的地方。它们还有一个优点是,当不需要的时候就可以关闭,并且通过改变电流可以得到大小非常精确的磁场。

例2:为了改善抓握非磁性金属零件的可靠性,可以将非磁性金属零件和爪盘都置于磁场中,并使电流以垂直于磁场的方向流经它们。

S2.4.12　通过电场可以控制流变液体的黏度,从而使其能够模仿固(液)相变。

例1:"万能夹具"可以将任何形状的零件固定在铣床上。零件被放置在一个流变液体池中,适当定位,然后施加电场以凝固液体并实现零件固定。

例2:在动力减振器中,通过改变电场来允许或者禁止流变体溶液的流动,改变流变液体的阻尼系数,从而实现动力减振器在不同环境下实现的不同的减振效果。

5.2.4　第3类:向超系统或微观级转化

当第1、2、4类标准解不是非常充分时,可以采用第3类标准解,把问题向超系统转换,或者寻找微观水平的改变,分为2个子类,包含6个标准解,如表5-5所示。

表5-5　第3类标准解

类　别	子　类	标　准　解
第3类 向超系统或微观级转化 子系统数:2 标准解数:6	S3.1　转换成双系统或多系统	S3.1.1　系统转化1_a:创建双系统或多系统
		S3.1.2　加强双系统或多系统之间的连接
		S3.1.3　系统转化1_b:加大元素间的差异
		S3.1.4　双系统和多系统的简化
		S3.1.5　系统转化1_c:系统部分或者整体表现相反的特性和功能
	S3.2　向微观级转化	S3.2.1　系统转化2:向微观级转化

S3.1　转换成双系统或多系统

S3.1.1　系统转化1_a:创建双系统或多系统。系统可以在进化过程中的任意阶段,通过系统转换建立双系统或多系统来得到加强。

建立双系统或多系统的简单方式是组合两个或两个以上的组件,组合的组件可能是物质、场、物场对和整个物场系统。

例1:加工薄玻璃板零件前,将薄玻璃堆砌在一起,并且用油做临时的黏合剂,便于加工,并减少玻璃的破损。

例2:为提高效率,多层布料叠在一起同时被切成所需要的形状。

S3.1.2 加强双系统或多系统之间的连接可以使它们各自更加刚性或更加动态化。

例1:要同步由三台起重机起重非常沉重的部件的过程中,通常使用刚性三角来同步起重机的运动部件。

例2:影像/声音记录系统。影像和声音记录必须是同步的,这种情况在老的模拟相机(胶片)中难以实现,但数码相机提高了影像和声音的连接,从而改善了系统。

S3.1.3 系统转化 1_b:加大元素间的差异。双系统和多系统可以沿着以下路径增大元素之间的差异来加强系统:相同的元素(相同颜色的铅笔)→具有不同特性的元素(不同颜色的铅笔)→几个不同的元素的组合(一套绘图仪器)→相反特性的合并或具有相反特性的元素的组合(有橡皮擦的铅笔)。

例1:多头订书机各头可以装不同大小尺寸和深度的订书钉。增加一个起钉器可以使订书机的作用更加丰富。

例2:电声传感器的有源元件使用组合设计来制造,为提高电、声参数的耐热性,多对相邻的部件是用与变化的压电系数相关的、具有正负极相反特性的导热系数的材料制造的。

S3.1.4 双系统和多系统的简化。双系统和多系统可以通过简化系统得到加强。首先是通过简化系统中起辅助作用的部分来获得,比如一把双管猎枪只有一个枪托。完全简化的双系统和多系统又会变为单系统,整个循环会在更高的级别上重复进行。

例1:新的家庭用立体声系统是在一个外壳中加入多个音频设备。

例2:现代高集成的数码相机,自动对焦、变焦、闪光灯、自动曝光等形成新的单一系统,而且每个功能都相对独立。

S3.1.5 系统转化 1_c:系统部分或者整体表现相反的特性或功能。通过将相反的特性分别赋予系统和其子系统,来加强双系统和多系统的转换。结果,系统在两个水平上获得应用,整个系统具有特性"P",而其子系统具有特性"-P"。

例1:自行车的链条是刚性的,但是总体上是柔性的。

例2:一个老虎钳的工作部分是由彼此可相对移动的分段板组成的,可以迅速夹紧各种形状的零件。每个分段板是刚性的,整体是柔性的。

S3.2 向微观级转化

S3.2.1 系统转化 2:向微观级转化。系统可以在进化过程中的任意阶段,通过从宏观级别到微观级别的转换得到加强。无论是一个系统还是其子系统,都可被在某种场的作用下实现所需功能的物质代替。

一种物质有众多的微观状态(晶格、分子、离子、域、原子、基本粒子、场等)。因此,在解决问题时应考虑各种过渡到微观级和各种从一个微观级过渡到另一个较低层级的方案。

例1:炙热的软玻璃片(用来制造厚玻璃板)在输送带上移动时,很容易在滚筒之间发生下陷。让玻璃片浮在液态锡池子上,就能运送热玻璃片并保持平坦。

例2:打印机的打印头发展。从最早的 9 针打印到 24 针打印,后期出现了 100 孔/in 的激光打印头,现在的打印机使用的是由 1200 孔/in 的激光打印头,在速度和打印质量上都得到了大大的提高。

5.2.5 第4类：检测和测量的标准解

第4类是检测和测量的标准解，分为5个子类，包含17个标准解，如表5-6所示。检测与测量是典型的控制环节。检测是指检查某种状态发生或不发生。测量具有定量化及一定精度的特点。

表5-6 第4类标准解

类　别	子　类	标　准　解
第4类 检测和测量的标准解 子系统数：5 标准解数：17	S4.1　间接方法	S4.1.1　以系统的变化代替探测或测量
		S4.1.2　利用复制品
		S4.1.3　两次间断测量代替连续测量
	S4.2　建立测量的物场模型	S4.2.1　建立新的测量物场模型
		S4.2.2　测量引入的附加物
		S4.2.3　测量引入环境的附加物
		S4.2.4　从环境中获取附加物
	S4.3　加强测量物场模型	S4.3.1　应用自然现象
		S4.3.2　应用系统的谐振
		S4.3.3　应用超系统的谐振
	S4.4　测量铁磁场	S4.4.1　预设的铁磁场模型
		S4.4.2　铁磁场模型
		S4.4.3　合成的铁磁场模型
		S4.4.4　在环境中引入磁性物质的模型
		S4.4.5　应用物理效应和现象
	S4.5　测量系统的进化方向	S4.5.1　向双系统和多系统转化
		S4.5.2　测量衍生物

S4.1　间接方法

S4.1.1　改进系统，从而使原来需要测量的系统现在不再需要测量。

例1：为了防止长开电动机过热，其温度由温度传感器测量。如果使电动机两极合金材料的居里点等于温度临界值，电动机将自动停止运转。

例2：气体输送系统。有时气体的输送需要测量精确的流量和压力，可以设计一个自动的闸门，以一定流量和一定压力的气体为单位进行传输。

S4.1.2　如果标准解S4.1.1不能使用，可考虑测量系统的复制品或者图像。

例1：因为壳体属于很难测量的结构零件，所以直接测量壳体的变形是比较困难的。在壳体变形前后分别制作模型，测量模型与零件间的差异来获得壳体的变形量。

例2：测量蛇的长度是非常危险的，但是测量蛇的图像是安全的，然后重新计算可得到结果。

S4.1.3　如果标准解S4.1.1和S4.1.2都不能使用，可以应用两次间断测量代替连续测量。

例1：柔性体的直径应该实时地进行测量，从而看它是否和相互作用对象之间匹配完好。但是实时测量不容易进行,可以测量它的最大直径和最小直径,确定变化的范围。

例2:当检测一个孔的尺寸时,可以使用塞规去检查。用塞规的大端检测孔不通过,用塞规的小端检测孔能通过,则该孔径尺寸合格。

S4.2 建立测量的物场模型

建立新的测量系统,将一些物质或者场加入到已有的系统中。

S4.2.1 如果一个不完整的物场模型不能够检测或者测量,则建立一个包含一个场作为输出的单或者双物场模型。如果现有的场是不足的,可在不干扰原始系统的情况下改变或者增强场。新的或者增强的场应该有一个很容易测量的参数,这个参数与待测量的参数具有关联特性。

例1:如果塑料袋上有个很小的孔很难发现,可以给塑料袋内填充空气,然后将塑料袋放在水中,并且减小外面的压力,水中会出现空气泡,显示出泄漏的位置。

例2:为检测液体开始沸腾的瞬间,也就是液体中开始出现气泡的时候,可以让电流通过液体,因为气泡开始出现时电阻会有相应的增加。

S4.2.2 如果一个系统难以进行检测和测量,可以通过向被测对象中引入一种易于检测的附加物,引入的附加物与原系统的相互作用产生变化,通过测量附加物的变化再进行转换。

例1:为了能让肉眼检测到冰箱中制冷剂的泄漏,可在制冷剂中混入发光粉,在紫外线下检测泄漏问题。

例2:为了检测两个零件的接触面贴合面积,可以在一个面上涂抹发光染料,然后将两个面进行贴合再分开,另外的那个面上被染上染料的面积就显示了两个零件的接触面贴合面积。

S4.2.3 如果系统中不能引入任何添加物,可以在外部环境中添加附加物使其对系统产生场,检测或测量场对系统的影响。

例1:为检查内燃机的磨损,需要测量磨损掉的金属数量,磨损下来的金属颗粒是混合在发动机的润滑油中的,润滑油可以看做是一个环境。在润滑油中加入发光粉,金属颗粒会破坏这些发光粉,从而获得磨损的颗粒数量。

例2:卫星相对于地球是环境中的附加物,它产生全球定位系统的连续信号(场),地球上的人使用一个 GPS 接收器,通过测量卫星的相对位置,就可确定人在地球上的精确位置。

S4.2.4 如果不能引入附加物到系统或环境中,可以通过将环境中已有的物质进行降解或转换变成其他的状态,然后测量或检测转换后的这种物质的变化。

例1:云室可以用来研究亚原子颗粒的性质。在云室内,液氢保持在适当的压力和温度下,以便液氢正好处于沸点附近。当外界的能量粒子穿过液氢时,液氢就会局部沸腾,从而形成一个由气泡组成的路径。此路径可以拍照,通过这种方法来研究粒子的动态性能。

例2:管道中水流的速度可以通过气穴现象产生的空气气泡量来测量。

S4.3 加强测量物场模型

S4.3.1 应用自然现象和物理效应。如利用系统中发生的已知的效应,并且检测因此效应而发生的变化,从而获得系统的状态。

例1:通过测量导电液体电导率的变化来测量温度。

例2:为增加水汽检测的灵敏度,通过应用在少量水汽前熄灭发光体发光的现象来测量。

S4.3.2 如果不能直接测量或者通过引入一种场来测量,可以通过让系统整体或部分产生共振来解决,测量共振频率,共振频率的变化可以给出系统变化的信息。

例1:为了测量容器中物质的质量,机械作用于容器使其受迫谐振振动。测量这个振动的谐振来计算物质的质量。

例2:应用音叉来调谐钢琴。调节琴弦、音叉和其频率协调,发生共振进行协调。

S4.3.3 若不允许系统共振,可以通过检测与被检测系统相连的一个外部对象的固有频率变化,得到系统变化的信息。

例1:间接测量电容。将未知电容的物体插入到已知感应系数的回路中,然后改变电压的频率,找到复合回路的共振频率,从而计算出电容。

例2:通过测量蒸发所产生的气体的固有频率,可以测量沸腾液体的质量。

S4.4 测量铁磁场

引入铁磁物质进行测量工作,这种方法在遥感、微型设备、光纤维和微处理器上经常使用。

S4.4.1 增加或者利用铁磁物质或者系统中的磁场,从而方便测量。

例1:为易于在包裹密封后检测包裹内特定的区域,可预先在这些位置放置磁性标记。

例2:交通管制中应用交通灯进行管制。如果想知道车辆需要等候多久或者想知道车辆已经排了多长队伍,可以在主要路面下铺设一个环形线圈,从而轻易地检测车辆的铁磁成分,转换得出测量结果。

S4.4.2 在系统中增加磁性颗粒或者改变一种物质成为铁磁物质,通过测量磁场得到所需的信息。

例1:将铁磁微粒加入到印刷纸币的油墨中,可用来进行防伪检测。

例2:为探测塑料的硬化或软化程度,在塑料中混合铁磁粉末,测量磁导率的结果就可以提供所需要的信息。

S4.4.3 如果铁磁颗粒不能直接添加到系统或不能取代系统中的物质,那么可以通过将铁磁颗粒作为添加物引入到系统已有的物质中,从而建立一个复杂的铁磁场模型。

例1:通过在非磁性物体表面涂覆含有磁性材料和表面活化剂细小颗粒的流体,检测该物体的表面裂纹。

例2:用加压液体可以破坏地层。在液体中加入铁磁粉末以实现对这种液体的控制。

S4.4.4 如果系统不允许添加磁性物质,可以将其添加到系统的外部环境中。

例1:当船舶从水中驶过时,会形成波纹。为了研究这些波纹的形成过程,可以在水中加入铁磁粉末辅助测量。

S4.4.5 通过测量与磁性相关的物理现象获得系统的信息。比如居里效应、霍普金森效应、巴克毫森效应、磁滞现象、超导消失、霍尔效应等。

例1:核磁共振成像。

例2:液位探测仪放置在一个无磁室,由室内的磁铁和室外的磁敏结点组成。为了增加探测仪的可靠性,将磁铁拧紧在磁敏结点的平面上,并用居里点低于液体温度的磁性材料覆盖。

S4.5 测量系统的进化方向

S4.5.1 向双系统和多系统转化。如果单一测量系统不能给出足够的精度,可以应用两个或者更多的测量系统。

例1：很难精确测量一只小甲虫的温度，然而，如果有许多小甲虫堆放在一起，温度就可以很容易测量出来。

例2：测量滑水者跳跃距离的装置，包含两个麦克风，水面和水下各放置一个，麦克风接收到信号的时间间隔与滑水者的跳跃距离成比例。

S4.5.2　不直接测量，而是在时间或者空间上测量第一阶或者第二阶的衍生物。检测系统向检测受控功能的衍生物的方向进化，沿着以下进化路径：

（1）测量一个受控功能；

（2）测量受控功能的一阶衍生物；

（3）测量受控功能的二阶衍生物。

通过测量一阶导数或者二阶导数，代替直接测量的参数测量。

例1：测量速度或加速度来代替测量位移。

例2：以前，山脉的地震张力是通过测量岩石的电导率得到的。现在，测量的是电导率的变化速度。

5.2.6　第5类：应用标准解的标准

第5类标准解是简化或改进上述标准解，以得到简化的方案，分为5个子类，包含17个标准解，如表5-7所示。

表5-7　第5类标准解

类　　别	子　　类	标　准　解	
第5类 应用标准解的标准 子系统数：5 标准解数：17	S5.1　引入物质	S5.1.1	间接方法
		S5.1.2	将物质分割为更小的组成部分
		S5.1.3	物质的"自消失"
		S5.1.4	在不允许加入大量引入物质时加入虚有的物质
	S5.2　引入场	S5.2.1	可用场的综合使用
		S5.2.2	从环境中引入场
		S5.2.3	利用能产生场的物质
	S5.3　相变	S5.3.1	相变1：变换状态
		S5.3.2	相变2：动态化相态
		S5.3.3	相变3：利用伴随的现象
		S5.3.4	相变4：向双相态转化
		S5.3.5	利用系统的相态交互增强
	S5.4　运用自然现象	S5.4.1	状态的自我调节和转换
		S5.4.2	将输出场放大
	S5.5　产生物质的高级和低级方法	S5.5.1	通过降解获得物质粒子
		S5.5.2	通过结合获得物质粒子
		S5.5.3	应用S5.5.1及S5.5.2标准解

S5.1　引入物质

S5.1.1　若工况不允许将物质引入系统，则可以利用如下间接方法。

（1）利用"不存在的东西"替代引入新的物质,比如增加空气、真空、气泡、泡沫、水泡、空穴、空洞、毛细管、空间等。

例1：对于用于水下工作的保暖衣而言,如果通过增加厚度的方法,整个衣服会很重,如果利用泡沫结构,不仅不用增加衣服厚度,还可以使衣服变得很轻。

例2：透明模板内的张力公制格栅是通过成形时放置进线格栅形成的。可是,这些线格栅在模板内会因为扭曲而形成实际张力。为了避免这种变形,线格栅在成形后需要从模板中去掉,形成空"管"。如果线格栅是用纯铜制成的,则可以用酸将其溶化。

（2）引入场代替物质。

例1：想知道墙壁内铁钉的位置,不需使用凿子一个地方一个地方地凿洞,而是直接运用磁场来检测。

例2：为了测量移动细丝的伸展,通过给其加上电荷,测量线性电荷密度而获得。

（3）运用外部添加物代替内部添加物。

例1：对折断的物体进行修补,如果不改变其内部的结构,可以直接在外部用金属片包裹。

例2：为了测量陶罐的壁厚,通过给罐里装上导电性液体,测量液体和放置在罐外的电极之间的电阻来获得壁厚。

（4）应用少量高活性的添加物。

例1：普通焊接方式焊接铝时需要极高的温度和一些腐蚀性的化学添加剂。可以应用一些铝热剂进行爆炸焊接。

例2：为了降低一种用于拉伸管道润滑剂的压力波动,在润滑剂中加入 $0.2\%\sim0.8\%$ 的聚甲基丙烯酸酯。

（5）将添加物集中到一特定位置上。

例1：清洗衣服上的污渍,只将洗涤剂喷洒在衣服的污渍部分就可以,没有必要将整件衣服都放在洗涤剂中。

例2：为了使塑料材料导电,在塑料混合物中加入导电粒子,混合物可在磁场中变硬,这样导致粒子沿着磁力线排列并呈现纤维状,以提供所需要的方向的传导性。

（6）临时引入添加物,然后再将其去除。

例1：癌症化疗时,引入一些非常有毒性的药物,这些药物对癌细胞的毒性比对正常细胞的毒性要强,在短时间引入后,再将这些药物驱除体外。

例2：为了获得无磁空心零件的遥控磁性取向,事先在零件里边放入铁磁粒子。

（7）如果原来的物体中不允许引入添加物,则在物体的复制品或者模型中加入添加物。

例1：电视电话会议或者网络开会可以使不在同一个城市的人都参加会议。

例2：为了提高立体研究的准确性,通过使用放在物体透明模型内部的一个液体水面,来获得三维体的平面复制品。模型的空间位置可以很容易进行改变。

（8）不能直接引入某种物质,可以引入能通过反应或衍生产生此种物质的物质。

例1：人体需要钠元素辅助新陈代谢,但是直接食用钠是有害的,于是通过食用盐补充钠。

例2：木头可以用氨水进行塑化。为塑化处理平面,用加工中摩擦热所分解出的盐类来浸透木材。

（9）通过分解环境中的某种资源或物质自身产生需要的添加物。

例1：直接将垃圾埋在公园里作为化学肥料，而不会产生污染或浪费能量。

例2：为了加强精密电化学加工工序中电解生成物的移动，使用了电解液中的空气泡。这些气泡是通过在工作区域的电解液电解获得的。

S5.1.2　将物质分割为更小的组成部分。

例1：将飞机上的大型发动机分为两个小发动机。

例2：传统上，染料、空气和松散物料由一个单一的流被输送到燃烧室。为了加强燃烧过程，将单一流分为两个方向相反的流，每个流都包括染料、空气和松散物料，同时送入燃烧室。

S5.1.3　被引入的添加物在完成其功能后，自动消失或变得与系统或环境中已有的物质相同。

例1：使用干冰人工降雨，不会留下任何痕迹。

例2：为了提高高纯度氧化铝的感应熔化，必须引入导体（只在熔化时让氧化物有传导性）。提出的解决方案是引入纯铝，这样就改变了电磁场的灵敏度以熔化氧化物，当获得高温时，纯铝将燃烧并变成氧化铝。

S5.1.4　如果条件不允许加入大量的物质，则加入虚有的空物质。

例1：在物体内部增加空洞以减轻物体的重量。

例2：在需要运输故障飞机时通常会使用充气袋，将充气袋放置在机翼下。气囊充气后，再举升飞机，可以很容易地运输。

S5.2　引入场

S5.2.1　利用已有的一种场产生另外一种场。

例1：电场产生磁场。

例2：在回转加速器中，磁场加速粒子的加速度产生切伦克夫辐射（光），通过改变磁场可以控制光的波长。

S5.2.2　利用环境中存在的场。

例：电子设备使用各个组成部分产生的热量，形成气流冷却设备，而无须额外增加风扇，使整体设备的性能提升。

S5.2.3　利用系统或外部环境中已有的物质作为媒介物或源而产生的场。

例1：切割工具和被切割对象可以形成一个热电偶，热电偶可以用来测量切割时的温度。

例2：在汽车中采用引擎散热剂作为一种热能（场）资源使乘客取暖，而不是直接应用燃料。

S5.3　相变

S5.3.1　相变1：变换状态。在不引入其他物质的条件下，通过改变某种物质的相态，改善利用物质的效率。

例1：天然气采用液态冷冻运输，以节省空间，然后加热膨胀变成气态后作为燃料使用。

例2：矿井中的通风系统使用液化气体代替压缩气体。

S5.3.2　相变2：动态化相态。根据工作条件的变化，物质从一种相态转变为另一种相态，利用物质的这种能力可以提供"双重"特性。

例1：在滑冰过程中，通过将刀片下的冰转化成水来减小摩擦力，然后水又可以结成冰。

例2：一种散热器有多个由形状记忆合金制成的散热片。在正常工作条件下，散热片是闭合的，当温度升高时，散热片打开，以便增加冷却面积。

S5.3.3 相变3：利用相变过程中伴随出现的现象。在所有类型的相变中，随着聚合状态的改变，物质的结构、密度、导热系数等也发生变化。此外，在相变过程中还伴随着能量的释放或吸收。

例1：利用水在固态（冰）下膨胀的特性，来产生压力使岩石破碎。

例2：用来运输冰冻重物的装置，使用冰制作支撑件。融化的冰可起到润滑的作用，从而有限地减少摩擦阻力。

S5.3.4 相变4：向双相态转化。双相态代替单相态，使系统具有"双"特性。

例1：利用熔化的铅和铁磁性研磨颗粒作为研磨介质，来抛光坚硬的表面。

例2：利用不导电金属相变材料制造可变电容。当加热某些层时变为导体，冷却时变为绝缘体，电容的变化是靠温度控制的。

S5.3.5 利用系统的相态间的相互作用增强系统的效率。

例1：白兰地经过两次蒸馏后在木桶中进行保存，这是木材和液体之间的相互作用。

例2：在液体输送管系统中，电源线路中使用的工作介质是由这样一种化学相互反应的物质制成的：受热时分解，吸收热量，分子间作用力降低；冷却时再次化合为初始状态。

S5.4 运用自然现象

S5.4.1 状态的自我调节和转换。如果一个物体必须具有不同的状态，那么它应该可以自动从一种状态转化为另一种状态。

例1：变色太阳镜在阳光下颜色变深，在阴暗处又恢复透明。

例2：霓虹灯是在中空的玻璃管中充入惰性气体。通电以后，气体电离变成导体，随后离子重新结合再次形成惰性气体。

S5.4.2 当输入场较弱时，加强输出场。通常在接近状态转换点处实现。

例1：真空管、继电器和晶体管可以通过很小的电流控制很大的电流。

例2：测试密封物体密封性的一个方法是将物体浸在液体中，同时保持液体上的压力小于物体中的压力，气泡会出现在密封破裂的地方。为增加测试的可见性，可将液体加热。

S5.5 产生物质的高级和低级方法

S5.5.1 通过降解获得物质粒子。若在解决问题时，需要某种物质的粒子，如离子，但根据问题的特定条件，无法直接获得，则可以考虑通过分解物质某高层级结构的物质获得，如分子。

例：如果系统需要氢但系统本身不允许引入氢，则可以考虑通过引入水，再将水电解转化成氢和氧。

S5.5.2 通过结合获得物质粒子。若在解决问题时，需要某种物质的粒子，如分子，但根据问题的特定条件，无法通过标准解S5.5.1获得，则可以考虑通过化合物质某低层级结构的物质获得，如离子。

例1：树木吸收水分、二氧化碳，并且运用太阳光进行光合作用生长壮大。

例2：为了减少轮船的流体动阻力，利用高分子混合物来应用Thoms效应，然而这将伴随着大量聚合体的浪费，因此可以在电磁场的作用下生成水分子的联合体。

S5.5.3 应用标准解 S5.5.1 和 S5.5.2。如果需要高层级结构的物质分解,最简单的方法就是用次高一层级结构的物质代替;如果某一物质需要由低层级结构的材料组合而成,最简单的方法是用次高一层级结构的物质代替。

例:如需要传导电流,将物质变成离子和电荷,之后,离子和电荷还可以继续组合在一起。

5.2.7 76个标准解的应用流程

发明问题标准解有 76 种之多,似乎内容复杂,头绪较多,使用起来不是很容易和方便。其实,在对其不断地使用和实践的过程中,人们已经总结出来了一整套的使用流程,让发明问题标准解的使用能够循序渐进,变得比较容易操作。

76 个标准解的具体使用过程的流程如图 5-22 所示。首先是对问题的类型进行判断,确定问题属于需要改进系统的问题还是测量和检测问题,然后针对不同的问题建立物场模型。如果是测量和检测问题,直接使用第 4 类标准解进行分析;如果是需要改进系统的问题,根据模型的类型分为模型不完整的问题、产生有害效应的问题和作用不足的问题,针对这三类问题,分别使用相应的标准解进行解决。最终,归结到运用第 5 类标准解:简化和改进的策略。

图 5-22 76 个标准解应用流程

例 5.11 粉尘过滤

粉尘收集过滤装置是一种用于过滤含粉尘干燥气体的工业用环保设备。设备中采用了大排量、低噪声风机等。工作时,风机旋转使机箱内产生负压,含有粉尘的空气从进气口被吸入箱内,经专用滤袋过滤,粉尘被阻挡在滤袋内,干净的空气通过滤袋后经风机送出机箱外。现在的问题是滤袋的粉尘积聚到一定厚度后,过滤能力会有所降低,如何提高该装置的过滤能力?

(1) 根据标准解的应用流程,首先判断该问题属于"需要改进系统",而不属于"检测和测量问题"。

(2) 根据物场分析步骤,判断问题发生的部位在于滤袋上的粉尘堵塞了滤袋,致使整个装置过滤能力降低。建立问题的物场模型,如图 5-23 所示。

(3) 显然,问题的物场模型属于产生了有害作用的类型,应该应用 S1.2 的标准解。

(4) 该标准解建议,当问题的物场模型属于产生了有害作用时,可以引入第三种新物质或者另外一种场,来消除有害作用。解决方案的物场模型如图 5-24 所示。

图 5-23 粉尘过滤问题的物场模型

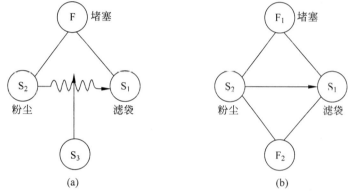

图 5-24 解决方案的物场模型

(5) 现在需要考虑的是:如果引入一种新物质,那么这种新物质会是什么?如果引入一种场,那么又是什么场?

(6) 找到解决方案一:加入一种机械场——振动。滤袋振动,将积聚在袋壁上的粉尘抖落下来,使滤袋的过滤能力得到再生。落下的粉尘集中在箱内下部的集尘盒中,可以定期打开箱门拉出集尘盒倒掉其中的粉尘。

(7) 解决方案二:反方向吹空气,将粉尘吹落。

5.3 工程应用流程及实例

5.3.1 物场分析和 76 个标准解综合应用流程

物场模型描述出了系统的问题模型,标准解系统是解决存在问题的物场模型的有力工具之一。将物场模型作为问题模型,中间工具是标准解系统,对应的解决方案的模型是标准解系统中的标准解。

在 5.1.4 节中给出了物场模型建立的 5 个步骤,5.2.7 节中列出了 76 个标准解的具体使用流程。针对一个具体的工程问题,需要将二者结合起来进行综合应用。

利用物场分析和76个标准解方法求解工程实际问题,可以按照6个步骤进行,如表5-8所示。

步骤1:描述待解决的关键问题;
步骤2:列出问题内部所有的物质、场及其相互关系;
步骤3:根据步骤2的内容建立系统的物场模型;
步骤4:列出解决问题的标准解;
步骤5:根据步骤4的标准解建立系统新的物场模型;
步骤6:根据建立的新物场模型分析解决方案。

表5-8 利用物场分析和76个标准解求解问题步骤

1	2	3	4	5	6
关键问题	相互作用组件	初始物场模型	标准解类别	新物场模型	解决方案
问题描述	物质1 物质2 场1	(F, S₂, S₁ 三角形模型)	引入新的物质或……	(F, S₂, S₁, S₃ 新模型)	方案陈述

5.3.2 工程实例

例5.12 昆虫危害粮食的解决方案

昆虫是造成粮食损失的主要原因。据估计,已收获粮食总量的25%是由各种昆虫的危害而损失掉的,昆虫吃储存的粮食是其重要原因。应用76个标准解提出该问题的解决方案。

首先要确定问题所处的区域或范围,粮食与昆虫是所关心的范围。经分析可知,昆虫危害粮食的问题可以分解为三个关键问题。

问题1:粮食已收获,但没有防护昆虫的措施;
问题2:昆虫已在粮食中并吃粮食;
问题3:昆虫已在粮食中存在了很长时间并产生了很多虫卵。

解决第1个问题的首要步骤是建立物场模型,如图5-25所示。该模型中仅有粮食,因此其功能是不完整功能,问题解决的过程是完善此功能。

按照76个标准解的应用流程,第1.1类标准解可以用于解决该问题。很明显,需要增加保护装置使粮食免受昆虫侵蚀,如粮仓,其模型如图5-26所示,图5-27是其原理图。

下一步是应用第3类标准解进一步改善系统。该类标准解中有各种系统传递的标准解,如可以传递到一个双系统,该系统既可以保护粮食免受昆虫的侵害,又可以方便地导出粮食以便使用。目前的粮仓能保护粮食不受昆虫侵害,但导出粮食困难,应利用第5类标准解作进一步的改进。

第 5 章　物质-场分析与 76 个标准解

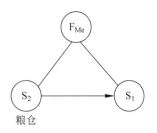

图 5-25　未被保护的粮食　　　　图 5-26　被粮仓保护的粮食

根据标准解 5.1 加入物质，其中的 S5.1.1 是引入物质的间接方法，而 S5.1.1.1 第 1 条是引入虚无物质，该标准解提示：应采用空间使导出粮食更为方便，如图 5-28 所示。

图 5-27　粮仓示意图　　　　　　图 5-28　自导出粮仓原理图

第 2 个问题是在粮食入库之前，昆虫已在粮食中并吃粮食。该问题的物场模型如图 5-29 所示，该图表示存在一有害功能。

图 5-29　利用杀虫剂防止昆虫

按照 76 个标准解的应用流程可选标准解 S1.2.1，昆虫对粮食毫无用处，应通过引入新物质彻底除去。如果某种杀虫剂只杀昆虫，而对粮食及人无害则是一种选择。甲基溴化物 (methyl bromide) 是一种可用的杀虫剂，但这种药剂对大气中的臭氧层有影响，其替代产品开发一直在进行。磷化氢 (phosphine) 气体是一种具有上述功能的药剂，能消灭部分粮食钻孔虫、大米象鼻虫和甲虫。

另一种标准解是 S1.2.2，通过改变 S_1 或 S_2 消除有害效应。如果一些昆虫不喜欢吃某种粮食，在该种粮食入库前可能没有这些昆虫。这是一种理想的解决方案。另一种方案是开发粮食的新品种，这些新品种通过干扰昆虫的新陈代谢杀死昆虫，如图 5-30 所示。已开发的玉米新品种含有抗生物素蛋白,这种蛋白凝固维生素 H,没有维生素 H,昆虫不能将吃进的食品转变成能量,最后导致昆虫死亡。这种方法对杀死象鼻虫、蛀虫等是有效的。

图 5-30 开发的玉米新品种防止昆虫

标准解 S1.2.3 是指有害效应是由一种场引起的,引入物质 S_3 吸收有害效应。假如粮食的芳香气味吸引昆虫,引入某种物质吸收或淡化这种芳香气味是解决问题的一种方法,如图 5-31(a)所示。该标准解应用的另一种方法是引入某种物质,该物质干扰昆虫的味觉,正在开发中的气味中和剂可用于面粉甲虫的防治,如图 5-31(b)所示。

图 5-31 引入芳香剂或干扰物质防止昆虫

下一步是第 3 类标准解的应用。如标准解 S3.2.1 是指将系统传递到微观水平,包括场的利用。一些场可用于杀死某些昆虫,如强紫外线照射、热及超声的应用,如热场(55℃)可以代替甲基溴化物杀虫,如图 5-32 所示。

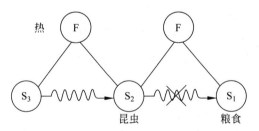

图 5-32 利用热场防止昆虫

下一步是判断上述解是否可以接受。如果不能接受,则需要重新定义问题,继续上述过程;如果能接受,则应用第 5 类标准解使问题的解更接近理想状态。标准解 S5.1.1 中第 1 条建议采用虚无物质改善解,如采用真空是一种方法。真空可通过真空泵将仓库中的空气抽出而获得,以杀死昆虫。该方法用于各种仓库杀死啮齿动物,但同时也能杀死昆虫。由于一些昆虫能长时期不呼吸及身体有一硬壳而能忍受低压,所以另一种方法是在仓库中压入二氧化碳气体用于驱赶氧气,以使一些昆虫窒息而死。

第 5 类标准解中的 S5.3.3 是另一种方法,将粮食的温度降到 0℃ 以下,可杀死几乎所有的昆虫。其原因是在温度降低的过程中,水的体积增加,将破坏昆虫的细胞。

以上是应用物场分析和 76 个标准解解决问题的多种方法,不同方法的实现还要考虑成本及具体场合。

例 5.13 打桩

在建造楼房时,为了建造牢固的地基,预先往地下打桩。问题在于桩的顶部在用锤子砸的过程中常被损坏,如图 5-33(a)所示,致使许多桩子尚未达到所需的深度,就得将桩的残留部分切除,再在其旁边打上附加桩。这样既降低了工作效率,又提高了工程成本。打桩是利用撞击力将桩子打进地基。打桩的过程需要很多能量,其中有很大一部分能量浪费在毁坏桩子本身,这已成为不可接受的缺陷。

图 5-33　打桩的各种方法示意图
(a) 锤子—桩直接作用;(b) 锤子—桩通过中介(木垫)作用;(c) 锤子—桩通过中介(沙子)作用;(d) 靠电动移动的桩子

为了消除桩子和锤子之间的有害作用,应用标准解 S1.2.1,在锤子和桩子之间引入中介物质,即在桩子承受锤子敲击的地方引入一块木垫,如图 5-33(b)所示。锤子直接敲击在木垫上,撞击力通过木垫再传递到桩子上,一旦木垫被砸坏了,可以更换一块新的木垫,显然这比直接作用在桩子上要好很多。但是,锤子对桩子的伤害依然是存在的,因为在锤子的敲击下,锤子的撞击对桩子的头部表面所承受的力的作用并不理想,桩子顶部本身并不光滑平整,造成对木垫的不均衡挤压,木垫很快受损。任何微小的倾斜又会加速木垫的受损过程。在撞击力集中的地方,也就是应力较为集中的地方,也会导致桩子的断裂。如何能保持锤子的撞击力始终沿着桩子表面作用呢?

应用标准解 S2.2.2 分割物质,由宏观向微观控制水平转换来增强打桩效率。将沙子灌入套在桩子顶部的套筒里,如图 5-33(c)所示。由于经锤子敲击后的沙子微粒能动态填补桩子顶部表面上所有不平整的部分,确保了撞击力在最大面积上予以分担。

以上的解决方案,总是局限在锤子和桩子的作业区域内,实际上,最终的目标是将桩子打入土壤,还可以应用标准解 S2.4.2 和 S2.4.11,如图 5-33(d)所示。在制作桩子时,预先注入铁磁性粉末。在打桩现场,将桩子放入装有能产生电流脉冲的环形电磁感应器的圆筒内,产生的磁场与桩子内的铁磁性部件、桩子的钢筋相互作用,形成了类似直流电机原理,使桩子产生向下移动的作用力。电流和脉冲形式的选择,可以用来控制桩子不同的运动状态。

由此,沿着打桩方法的进化路径,如图5-34所示,获得了简单的、趋于理想解的打桩方法。沿着进化路径打桩方法的物场模型如图5-35所示。

图 5-34 打桩方法的进化路径

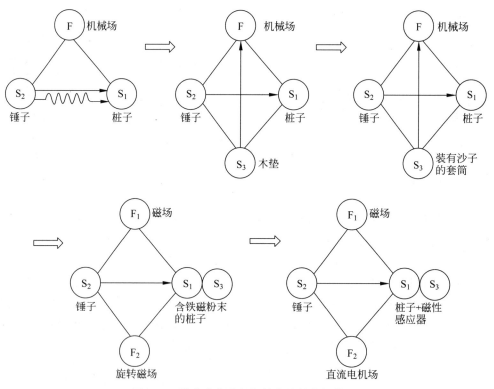

图 5-35 沿着进化路径打桩方法的物场模型

例 5.14 新型箱式烘干机设计

第一步:确定问题

传统的箱式烘干机的结构如图5-36所示,其外形像个箱子,外壳是隔热层。这种烘干机的应用广泛,适合于各种物料的干燥。但是这种烘干机的含湿量不太均匀,干燥速率低,干燥时间长,生产能力小,热利用率低。因此,使用物场模型进行改进设计。

图 5-36 箱式烘干机结构示意图

1—外壳;2—料盘;3—料盘架;4—可调节叶片;5—排气口;6—风机;7—加热器;8—进气口

第二步:建立、分析物场模型

建立的物场模型如图 5-37 所示,其中 S_1、S_2 分别表示需干燥的物料以及气流,F_{Th} 表示一个热力场。由图可知,物场模型中的元素齐全,但 S_2 对 S_1 产生的作用不足以达到系统的要求,因此需要对模型中的作用进行加强。

第三步:求解标准解

当前系统为需要加强作用的功能模型,应适用第 2 类和第 3 类的增强物场作用的方法,这个场合的标准解包括:

(1) 对 S_1 的修改。在实际中体现为对被干燥物料的预处理。在进入箱式烘干机之前,可先对物料进行脱水处理,以提高干燥过程中的干燥效率。

(2) 对 S_2 的修改。对箱式烘干机的设计使用不同的材料、形状以及表面工艺,以便更有效地提高接触面积,使物料与气流接触均匀,提高干燥效率。例如,可对结构中的叶片进行设计,让其与物料成一定角度,并且角度是可调节的,通过改变角度可以改变接触面积的大小,保证受热均匀。

(3) 引入一个新场。例如,再引入一个机械场 F_{Me},通过一个环流产生装置将涡流引入物料,而不是层流来改善加热方式,从而提高热效率。此时,原来的物场模型变为图 5-38 所示。

图 5-37 问题的物场模型

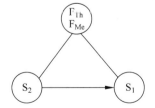

图 5-38 解决方案的物场模型

思 考 题

1. 什么是物场模型？
2. 物场模型有哪几个要素？分别是什么？
3. 物场模型有什么作用？
4. 物场模型的类型有几种？
5. 过度作用和有害作用的区别是什么？
6. 标准解系统共有多少级？分别是什么？
7. 简述各级标准解之间的关系。
8. 两个物质间的场，有用与有害作用并存时，请选用一个标准解来消除有害作用，并举例说明。
9. 当物质之间的场作用不足时，我们可以构建复杂的物场模型解决，请画出 S2.1.1 的链式物场模型。
10. 在电梯中手机的信号被屏蔽，无法正常使用。请对这一问题建立物场模型，并试着得到解决方案模型。
11. 炼钢企业有一个很大的设备用于炼钢，设备上面开有观测口，工人可以通过这个口看炼钢的情况。炼钢的过程中不时会有一些小的火星和碎石从口中飞出，伤到工人。请根据物场分析法对问题进行分析。
12. 风车在风比较大的情况下旋转速度过快，会给风车带来一些伤害。为了在多变风力的条件下保持一定范围的旋转速度，请通过物场分析，设计一个可变的制动装置。
13. 我国东北地区冬季降雪较多，汽车在雪地行驶会打滑造成交通事故。试构建物场模型，并选择标准解加以解决。
14. 玻璃厂会运输一些成品玻璃块，但是玻璃比较脆，容易破损，运用什么样的方法运输才能降低破损率呢？尝试用物场分析解决问题。
15. 有一种猎狗是专门为抓松鼠训练的，狗在树丛中找松鼠，当它看到哪棵树上有松鼠时，就在树下咆叫，这样猎人会来到这里，射下松鼠。因为猎人通常看不到松鼠，而猎狗通过气味能找到松鼠，所以猎狗的帮忙很重要。现在有一个完整的物场模型，狗、猎人和狗的叫声。然后，猎人会变得越来越老，听力下降，甚至几乎听不到外界的声音，包括狗的咆叫声，这时猎人如何能正确地来到狗所发现的那棵有松鼠的树下呢？尝试构建有问题的物场模型，并应用标准解解决问题。

参 考 文 献

[1] 檀润华. TRIZ 及应用——技术创新过程与方法[M]. 北京：高等教育出版社，2010.
[2] 檀润华. 发明问题解决理论[M]. 北京：科学出版社，2004.

[3] 创新方法研究会,中国21世纪议程管理中心. 创新方法教程(中级)[M]. 北京:高等教育出版社,2012.
[4] FEY V,RIVIN E. Innovation on Demand[M]. New York:Cambridge University Press,2005.
[5] SAVRANSKY S D. Engineering of Creativity:Introduction to TRIZ Methodology of Inventive Problem Solving[M]. New York:CRC Press,2000.

第 6 章

技术系统进化

19世纪中叶,达尔文提出了以"物竞天择、适者生存"为核心思想的生物进化论,认为生物存在着从低级到高级、从简单到复杂、从种类少到种类多的进化规律。与达尔文的生物进化论相类似,在20世纪中后期,阿奇舒勒通过对众多技术发展历程的研究和总结,提出了技术系统进化理论。该理论认为技术系统的进化存在着客观规律,在一个工程领域中总结出的进化规律可应用在另一个工程领域实现,即进化规律具有可传递性,从而进一步形成了TRIZ中的技术系统成熟度预测方法。

阿奇舒勒对进化规律进行总结,形成了TRIZ理论中的S曲线和技术系统进化法则。在早期阶段,进化理论通常被作为TRIZ中的一个用于解决具体技术问题的工具。自从Domb E.在1999年提出了策略性TRIZ(tactical TRIZ)与战略性TRIZ(strategic TRIZ)的区分以来,对TRIZ技术进化理论的研究被提升到研发决策战略工具的高度,对其研究热潮逐步兴起,出现了如ET(evolution of technique)模式、GTE(guided technology evolution)模式、DE(directed evolution)模式等以TRIZ为基础的、各有特色的技术进化模式。TRIZ的技术进化理论发展成为了一个独立的研究对象。

企业在新产品研发决策过程中,要预测当前产品的技术水平及新一代产品可能的进化方向,这种预测的过程称为技术预测。对技术预测的研究始于20世纪,最初主要是应用于军品领域,后来逐渐拓展到民品领域。当今世界范围内,各产业技术创新步伐不断加速,市场竞争正变得日趋激烈。如果企业能准确地预测技术系统的发展趋势并率先开发出下一代技术,就可能取得领先地位及对市场的主导权。在这期间,理论界提出了多种技术预测的方法。由于TRIZ技术进化理论可对技术系统未来的结构状态序列进行较为清晰的描述,并具备较强的可操作性,从而得到了人们更为广泛的关注。

6.1 技术系统进化与预测

在TRIZ理论中,能完成一定功能的一个产品就称为一个技术系统,一个技术系统可以包含一个或多个执行自身功能的子系统,子系统又可以分为更小的子系统,一直到分解为由元件和操作构成。使用技术系统的场所或技术系统所处的环境被称为超系统。如果将汽车前大灯视作研究对象,则可称其为技术系统,而组成汽车前大灯的近光灯、远光灯、转向灯、位置灯、雾灯等几部分可称为子系统。汽车前大灯只有安装在汽车车身上才能发挥其功能,因而汽车车身就可视作超系统。如果将远光灯当做系统,汽车前大灯则可视为超系统,而子系统就是构成远光灯的反光罩、遮光板、氙气、灯丝、螺口等各个组成部分。因而,系统、子系统、超系统视具体研究对象的不同而改变。所谓技术系统进化,就是不断用新技术替代老技术,用新产品替代老产品,即实现技术系统功能的各项内容从低级到高级变化的过程。对于一个具体的技术系统而言,对其子系统或元件进行不断改进,以提高整个系统的性能,就是技术系统的进化过程。

阿奇舒勒通过对大量专利的分析和研究,发现任何一个技术系统都在随着时间向更高级的方向发展和进化,并且它们的进化过程都会经历几个相同的阶段,其规律满足一条 S 形的曲线。

6.1.1 技术系统进化 S 曲线

图 6-1 为一条典型的技术系统进化 S 曲线,横坐标代表技术系统的发展时期,纵坐标代表技术系统某个重要的性能参数。性能参数随时间的延续呈现出与人的生命周期相类似的 S 曲线,即所有技术系统的进化一般都要经历由婴儿期、成长期、成熟期、衰退期四个阶段组成的生命周期。

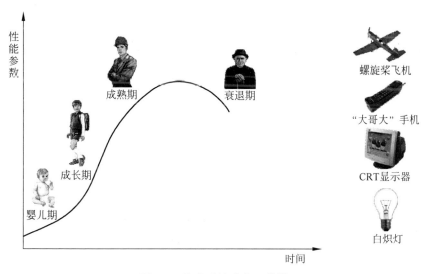

图 6-1 技术系统进化 S 曲线

由图 6-1 中可以看出,在婴儿期,系统性能的增强比较缓慢;进入成长期以后,性能将快速增强;而当系统进一步发展到成熟期以后,性能的增强又转而变缓;在最终的退出期,系统的性能不但没有增加,反而有所下降。像类似螺旋桨飞机、"大哥大"手机、CRT 显示器、白炽灯等众多产品无一不是经历了上述四个阶段。

1. 婴儿期

处于婴儿期的技术系统,尽管能够提供新的功能,但存在效率低、可靠性差等问题。更为重要的是,由于技术系统中一些关键性的冲突没有得到解决,使得系统的性能难以得到本质性的提高,使人们感觉难以把握产品的未来,考虑到投入风险较大,通常只有少数眼光独到者才会进行投资。总体而言,处于此阶段的系统所能获得的人力、物力投入都非常有限,从而影响了系统性能的提升速度,产品所创造的利润很少,甚至可能为负值。对于处于婴儿期的技术系统,最为关键的是如何解决关键冲突并掌握关键技术。这就需要企业具有足够的前瞻性和投资信心，以更多的投入使系统性能得到快速改善，从而在市场中占有先机。

2. 成长期

进入成长期的技术系统，原来存在的各种问题逐步得到解决，特别是关键性冲突得到解决以后，系统性能开始快速提升，效率和可靠性也同步得到较大程度的提高。处于此阶段的技术系统，经济收益快速上升并凸显出来，从而增强了企业的投资信心和力度，吸引了大量人力与财力的投入，进一步促进技术系统的快速完善，推进技术系统获得高速发展。

3. 成熟期

在获得大量资源的情况下，系统从成长期快速进入到成熟期。处于此阶段的技术系统已经趋于完善，各类重要的冲突已基本得到解决，更多的是小范围内的性能改善。处于此阶段的产品已经进入大批量生产，并获得巨额的经济收益。处于成熟期的系统会消耗大量的特定资源，系统被附加一些与其主要功能完全不相关的附加功能。有理性和前瞻性的企业应在这一阶段开始进行下一代产品开发的准备，将上一代产品成熟期的利润拿出一部分作为下一代产品婴儿期的投入，以保证本代产品淡出市场时，由新的产品承担起企业发展的重担。

4. 衰退期

成熟期后系统面临的是衰退期。处于此阶段的技术系统已达到极限，不会再有新的突破。由于产品的进入门槛降低，市场竞争进一步加剧，特别是随着恶性竞争的出现，企业的利润大幅下降。因而，企业对产品不再有投入，设备老旧、用料变差等现象也开始出现，系统性能不再增加，而且会出现下降现象，系统离死亡也就为时不远了。

如果能够精确地绘制技术系统的 S 曲线，就可以很方便地确定技术系统当前所处的位置，从而便于企业制定有效的产品策略和企业发展战略，通常应尽量维持成长期，缩短婴儿期和成熟期，在衰退期之前就应着手开发下一代技术系统。

6.1.2 技术系统进化的 S 曲线族

S 曲线揭示了技术系统最为简单的生命周期形式，但实际的进化方式则远较其复杂。并非一个系统进入衰退期后就自然会消亡，所谓系统的消亡，通常也只是每一阶段性产品的消亡，如微软推出的计算机操作系统，在 Win3.X 出现后，MS.DOS 的应用迅速减少直至消失，但计算机操作系统却仍在发展并被广泛应用。当一个技术系统的进化完成 4 个阶段以后，必然会出现一个新的技术系统来替代它，如此不断地替代，就形成了如图 6-2 所示的 S 曲线族，也称为多周期 S 曲线。当 MS.DOS 操作系统进入成长期中间阶段时，Win3.X 操作系统已开始起步于婴儿期；当 MS.DOS 操作系统进入衰退期时，Win3.X 操作系统恰好处于成长期。同理，该 S 曲线依次跃迁至 Win9X、Win2000、WinXP、Win7、Vista、Win8 等。

图 6-3 为 S 曲线族实例。图 6-3(a)为一个相机的 S 曲线族，当数码相机出现后，原来利用胶卷存储影像信息已不能满足新的需求，从而使胶卷相机迅速从成熟期进入衰退期；

图 6-2 技术系统进化的 S 曲线族

图 6-3 S 曲线族实例

(a) 相机的 S 曲线族；(b) 电脑显示器的 S 曲线族；(c) 个人通信工具的 S 曲线族；(d) 个人计算机外部存储设备的 S 曲线族

图 6-3(b)为一个计算机显示器的 S 曲线族,当 CRT 显示器进入成长期中间阶段时,LCD 显示器已开始起步于婴儿期,当 CRT 显示器进入衰退期时,LCD 显示器恰好处于成长期。同理,LED 显示器与 LCD 显示器之间也存在类似的 S 曲线跃迁。图 6-3(c)为一个个人通信工具的 S 曲线族,不方便移动的固定电话早已进入衰退期,而具有一定移动性的 BP 机则随着移动电话的出现而迅速消亡;图 6-3(d)为一个个人计算机外部存储设备的 S 曲线族,进化曲线从早期的 5in、3.5in 软盘跃迁到光盘,又从光盘跃迁到移动硬盘及 U 盘。

S 曲线族的形成具有多方面的因素,主要可概括为以下两种:

(1)受思维惯性的影响。人们通常会将研究目标和资源集中投入在某一个或几个子系统,因而在大多数情况下,系统性能的变化首先遵循的是以某一子系统或几个子系统的进化为基础的 S 曲线。但子系统也是系统,它的进化也符合 S 曲线法则,也存在衰退期。当上述某子系统的性能发展出现极限时,为了改变系统性能就需要改变发展方向,系统的组成也可能会发生变化。当出现了上述情况时,系统将以另一条 S 曲线开始其进化历程,即出现了多条 S 曲线。

(2)新技术产生的影响。在原系统的进化过程中,各种新技术也在不断地出现。如新技术被应用于当前系统时,新的 S 曲线也将产生,此时前一个 S 曲线的发育可能是不完整的,即当它还没有走完成熟期时,其发展的历程也就结束了。

6.1.3 技术系统成熟度预测

描述产品进化规律的 S 曲线可以被视为一条产品技术成熟度预测曲线,确定产品在 S 曲线上的位置,就可以评估系统现有技术的成熟度。为了综合评价产品的发展规律和在进化过程中所处的位置,TRIZ 技术进化理论采用时间与产品性能参数、时间与利润、时间与产品专利数量、时间与专利等级 4 条曲线(见图 6-4),从中可以发现多种规律性,有利于资源的合理分配与投入,帮助研发人员做出正确的研发决策。它不但有助于实现产品的跨越式发展,保证产品和企业获得更强的竞争力,也可避免因重复投资而造成的不必要损失。

图 6-4 S 曲线各个阶段的特征

1. S 曲线各阶段的特征

在婴儿期,所需要的是重大的专利突破,此阶段产生的专利级别很高,因而专利数量也相应较少,该阶段产品的经济收益通常为负值。

在成长期,由于大的技术问题已经得到解决,此阶段产生的专利级别开始下降,但专利的数量出现上升,该阶段产品的经济收益开始提高。

在成熟期,技术系统性能水平达到最佳,此时仍会产生大量的专利,主要是为了响应各种差异不大的需求,而对产品作大量而非十分重要的修正,如外形、颜色等,从而使专利级别降低,并开始出现大量专利垃圾。该阶段产品的经济收益上升幅度逐渐减缓。

在衰退期,由于该阶段产品的利润开始下降,企业进一步加大投入却没有回报,专利等级与专利数量均呈现快速下降的趋势。

上述 4 条曲线通常能够完整地反映产品发展的进程,如能收集到产品的有关参数,绘出上述 4 条曲线,通过曲线的形状就可以判断产品在 S 曲线上所处的位置和成熟度,并根据预测结果采取相应的措施。在 S 曲线的不同阶段,公司所该采取的营销策略、研发策略、专利策略与竞争策略都是不同的,这是 S 曲线规划的重点内容。

2. 曲线绘制的基本方式

下面简要分析一下成熟度预测时典型曲线绘制的基本步骤和主要问题。

1) 绘制性能参数曲线

绘制性能参数曲线首先应确定对产品有重要影响的性能参数。如对于电动机,可以确定为效率、功率和尺寸的比值、电磁辐射等;对于滚筒式纺纱机,可以确定为滚子的转速等。所选定的指标应该具有代表性,即能够表明该产品的主要性能,所选的指标可以多于 1 个。当确定的指标多于 1 个时,可以采用如下方法处理:①对多个指标进行加权处理;②根据市场调查选择市场最为预期的某个性能目标;③允许多指标并存,并对各指标同时进行分析。

2) 绘制时间-专利数量及专利等级曲线

绘制时间-专利数量及专利等级曲线主要是通过查阅所有的专利文献,获取国内外的专利数量分布关系。由于互联网的发展,专利获取的难度不大,难的是要绘制时间-专利数量曲线并不仅靠查取专利就能解决,需要解决的问题包括以下几点:

(1) 查询范围的确定。就是要选定查询的主题词,即应该将哪些方面的内容包含在查询范围之内。太小达不到查询目的,太大则增大了专利分析的工作量。解决这一问题需要有相关的专业知识和一定的发散性思维,并作综合考虑。

(2) 无效专利的剔除。所获取的专利中,有些专利可能是完全重复,有些专利可能与所研究的问题毫无关联,为了统计的精确性就要剔除这些无效专利。

(3) 在专利查询和分析完成后,就可以根据技术的发展历史确定时间段(如 5 年为一段等),统计在该时间段内的专利数量后就可以绘制时间-专利数量曲线了。

相对于时间-专利数量曲线的绘制,时间-专利等级曲线绘制的难度更大一些,所需要的判断力也更强,不但要考虑专利的创造性,还要考虑该专利对功能提高作用等方面的因素。专利等级可以根据 TRIZ 提出的发明等级确定,通常以出现的最高专利级别作为判断标准,也可以作适当的加权处理。

3）时间-利润曲线

绘制该曲线的最大问题就是利润信息的获取问题。利润曲线应该是行业的利润曲线，但由于企业间相互保密，利润信息通常很难获得。作为一种折中的方法，在这种情况下，可以用较容易获得的其他数据代替，如销售额等。

精确地绘制上述 4 条曲线具有相当大的难度，而且需要大量的人力和物力。为了保证预测曲线的精确度，应该在各条曲线的绘制过程中充分关注这样的事实，即技术成熟度预测中的 4 条曲线具有相互关联性，所以当曲线之间存在不吻合的情况时，可以对有关数据进行进一步整理和分析，使曲线的绘制更接近于真实。

6.2 技术系统进化法则

经典 TRIZ 理论中有 8 大技术系统进化法则，分别是技术系统完备性法则、能量传递法则、动态性进化法则、提高理想度法则、子系统不均衡进化法则、向超系统进化法则、向微观级进化法则以及协调性法则。这些法则集中体现了产品在实现功能过程中改进和发展的趋势。

法则 1：完备性

一个完整的技术系统至少包含 4 个基本部分：动力装置、传输装置、执行装置和控制装置，完备性法则有助于对缺少部分或不足部分进行完善与改进。

法则 2：能量传递

在技术系统中，能量应能够从能量源流向技术系统的所有元件，该过程的传递效率应向逐渐提高的方向进化。

法则 3：动态性进化

技术系统应该向着结构柔性、可活动性、可控性增长的方向进化，从而有助于提高系统的高度适应性，更好地适应不断变化的需求。

法则 4：提高理想度

技术系统总是向着更为理想化的方向发展，提高理想度是技术系统发展的终极目标，即在技术系统进化的同时必然伴随着理想度的增加。

法则 5：子系统不均衡进化

技术系统中的各个子系统的进化是不均衡的，每个子系统的进化可能都有自身的 S 曲线，而这些 S 曲线不可能完全相同。

法则 6：向超系统进化

向超系统进化是将整个系统和超系统的资源整合在一起，或者将某个子系统分离到超系统中去。

法则 7：向微观级进化法则

技术系统总是趋向于从宏观级向微观级进化，也就是说技术系统最初在宏观上进化，随着资源的耗尽开始在微观上进化。

法则 8：协调性

该法则指出，在技术系统的进化过程中系统元件之间的匹配和不匹配将交替出现，技术系统应沿着各子系统相互之间更协调的方向发展,包括结构、性能、频率等。

在 S 曲线的不同阶段,8 个进化法则的应用也有所不同。图 6-5 给出了一类 S 曲线和进化法则的关联特性,它标示出了在不同阶段较常用的一些进化法则。此类关联特性图也可以用来判断当前研发的产品处于技术系统进化过程中的哪个阶段,但只能作为参考,像提高理想度法则实际上贯穿于 S 曲线的整个生命周期。

图 6-5　S 曲线与进化法则的关联特性

尽管 TRIZ 的各种技术性进化模式都是对系统进化规律的反映,但它们却都受制于提高理想度法则的要求。提高理想度法则对于 S 曲线的制约主要表现在以下几个方面：在产品出生前必然要仔细地考虑、分析和研究理想化,即新产品的设计思想来源于增加理想化,而非漫无目的的空想；在产品出生后,再优的结果也应与设想相符,虽然理想化得到了提高,但更多的时候理想化的程度并未如设计者所愿,因此该阶段也是快速提高系统理想度的关键阶段；当产品进入成熟期后,也应保证系统的理想度逐渐增加,只不过增幅减小了；当产品处于退出期时,也就意味着它的理想度处于下降状态或处于难以提高的阶段了。

6.2.1　完备性法则

图 6-6 为完备的技术系统结构,通常至少包括动力装置、传输装置、执行装置和控制装置。各部分的功能可简要描述为：整个技术系统首先从能量源获得能量,经由动力装置将能量转换成技术系统所需要的使用形式,再通过传输装置将能量或场传输到执行装置,最后可按照执行装置的特性进行调整并最终作用于产品。考虑技术系统和环境之间的相互作用以及各子系统之间的相互作用,控制装置提供系统各部分之间的协同操作。例如,一辆帆船的动力装置是帆,传输装置是桅杆,执行装置是船体,控制装置是舵。一台风扇的动力装置是电机,传输装置是传动轴,执行装置是扇叶,控制装置是开关。

系统向人工更少介入的方向发展。在技术系统进化过程中,构建了一条从人力、人＋工具、人＋动力工具、人＋半自动、人＋自动、全自动的进化法则,逐渐减少人工介入的程度,直至实现全自动无人操作。

图 6-6　完备的技术系统结构

例1：自行车的完备性（见图 6-7）。人通过脚施加能量于动力装置脚踏板，该力通过传输装置链条传递给车轮，自行车即可运动起来，而方向则由控制装置车把操控。

图 6-7　自行车的完备性

例2：电钻的完备性（见图 6-8）。作为动力装置，电动机的转子切割磁场而做功运转，通过传输装置齿轮组驱动执行装置钻头，使其能有效地洞穿物体，而控制装置开关则可控制电钻起停及转向。

图 6-8　电钻的完备性

这4部分是实现系统功能的最低要求，缺一不可。如果缺少其中的任一部分，就不能成为一个完整的技术系统。如果任一部分失效，整个技术系统也无法"幸存"。完备性法则有助于确定实现所需技术功能的资源配置，利用它也可对效率低下的技术系统进行改进。

例3：工具的自动化发展。图 6-9 所示描述了某类工具的进化过程。在技术系统创建之初，不可能即刻拥有促进自身发展的专属资源，首先必须借助超系统资源不断发展，而在此过程中，又会逐渐减少人工介入的程度，直至实现全自动。

图 6-9 工具的自动化进化

(a) 人力;(b) 人+工具;(c) 人+动力工具;(d) 人+半自动;(e) 人+自动;(f) 全自动

6.2.2 能量传递法则

技术系统除了具备基本的完备配置外,各部分之间还存在着能量的传递。能量传递法则指出能量应能够从能量源流向技术系统的所有元件,这是技术系统实现其基本功能的必要条件之一。反之,如果技术系统的某个元件接收不到能量,它就不能产生效用,那么整个技术系统就不能执行其有用功能,或者所实现的有用功能不足。

技术系统能量传递进化法则主要表现在两个方面。

1. 保证能量能够从能量源流向技术系统的所有元件

例:收音机中的能量传递(见图 6-10)。收音机在金属屏蔽的汽车内部不能正常收听高质量广播,尽管收音机内各子系统的工作都很正常,但通过电台传送过来的能量源受阻,从而使整个系统不能正常工作。通过在汽车外部增加一根天线即可有效解决问题,采用长天线收音效果好,采用隐藏式天线则兼顾收音效果和美观。

图 6-10 收音机中的能量传递

(a) 车内收音机;(b) 车外长天线;(c) 车外隐藏式天线

2. 沿着使能量流动路径缩短的方向发展以减少能量损失

使能量沿着最短路径进行传递,或者用一种能量(或场)贯穿系统的整个工作过程,减少因能量形式转换所导致的能量损失。另外,也可适当替换系统组件,将不易控制的场更换为容易控制的场。

例 1:手摇绞肉机代替菜刀剁肉馅(见图 6-11)。用刀片旋转运动代替传统的垂直往复运动,缩短能量传递路径,减少能量损失,提高工作效率。

图 6-11　手摇绞肉机代替菜刀剁肉馅

例 2：火车的能量传递路径（见图 6-12）。蒸汽机车能量传递依次为化学能—热能—压力能—机械能，能量利用效率为 5%～15%；内燃机车能量传递依次为化学能—压力能—机械能，能量利用效率为 30%～50%；电力机车能量传递依次为电能—机械能，能量利用效率为 65%～85%。可见，通过减少传递过程中的能量损失，有效提高了能量的利用效率。

图 6-12　火车的能量传递路径
(a) 蒸汽机车；(b) 内燃机车；(c) 电力机车

在设计或改进系统时，首先要确保能量可以流向系统的各个元件，然后通过缩短能量传递路径的方式提高能量的传递效率，这样就可以使系统的各个元件都能为技术系统的正常工作提供最高的效率。

6.2.3　动态性进化法则

技术系统的进化是朝着结构柔性、可移动性和可控性方向发展，这就是动态性进化法则。想想我们身边的产品，测量长度的工具经历了从刚性直尺到折叠尺、从柔性卷尺到激光测距的进化过程；教师使用的教鞭，经历了木杆教鞭到伸缩教鞭，再到激光教鞭的进化过程……

1. 结构动态化进化

将系统的不同区域赋予不同的性能，必要时，相互作用重新转向重要的区域。

例：削皮器（见图 6-13）。使普通削皮器顶端变尖，可以挖去土豆凹陷处的疤痕；通过在削皮器前端固定刀具结构处增加毛刷，可起到清洁蔬果表面的作用；通过在削皮器手柄部位增加颗粒状凸起，可用来去除生姜皮。

图 6-13　削皮器

2. 向移动性增强的方向进化

例：电话的进化（见图 6-14）。从早期话筒与话机无法分隔的不可动系统，逐渐进化到话筒与话机分离，两者间通过一小段电话线相连；后来进一步发展为子母机，话筒进化为一个相对独立的子电话机，两者之间无线连接，系统整体的可移动性明显增强；目前发展到人们普遍熟悉的移动电话，可移动性远远超越了子母机的使用空间。

图 6-14　电话的进化

(a) 不可动系统；(b) 部分可动系统；(c) 高度可动系统；(d) 整机可动系统

3. 向增加自由度的方向进化

刚性的—单铰链—多铰链—柔性体—气体/液体—场，这是向增加自由度的方向进化的一个典型规律，如图 6-15 所示。

图 6-15　动态进化略线

(a) 刚体；(b) 可动连接；(c) 弹性体；(d) 粉末；(e) 液体；(f) 气体；(g) 场

例1：计算机显示器的进化（见图 6-16）。早期的计算机显示器与主机是不可分离的，整体移动性很差；后来出现了可移动的显示器，即使主机由于性能落伍而被淘汰，显示器仍可继续使用一段较长的时间；随着笔记本电脑的出现，显示器和主机之间通过圆铰链或球铰链连接，可移动性进一步增强；而平板型笔记本电脑的出现，更使显示器变身为一部电脑，既可独立使用，也可与主机部分配合使用，可移动性空前增强。

图 6-16 计算机显示器的进化

(a) 不可移动的显示器；(b) 可移动的显示器；(c) 有圆铰接的显示器；(d) 有两个圆铰接的显示器；(e) 有球铰接的显示器；(f) 可以分离的显示器

例2：切割工具的进化（见图 6-17）。刚体切割工具主要用于切割硬质材料，发展到可动链接切割工具可同时切割柔性材料，再从线切割到水切割再到激光切割，实现了最终到场的进化。

图 6-17 切割工具的进化

(a) 刚体切割；(b) 可动链接切割；(c) 线切割；(d) 水切割；(e) 激光切割

4. 向可控性增强的方向进化

例：车灯的进化（见图 6-18）。传统的汽车车灯需要通过位于转向盘附近的调节手柄来手动调整，通常只能在远光灯和近光灯之间切换，在夜间弯道行驶时，车灯指向相比汽车前进方向存在滞后，易引发安全事故。主动转向大灯（adaptive front-lighting system，AFS），又叫做自适应转向大灯系统，它能够根据汽车转向盘角度、车辆偏转率和行驶速度，不断对大灯进行动态调节，适应当前的转向角，保持灯光方向与汽车的当前行驶方向一致，以确保对前方道路提供最佳照明并对驾驶员提供最佳可见度，从而显著增强了黑暗中驾驶的安全性。

图 6-18 汽车车灯

(a) 车灯手动调整；(b) 主动转向大灯

动态性进化法则增加了系统的柔性和可变性，而这种变化通常意味着系统自由度的增加，这种变化进一步提高了系统的可控制性，这种可控制性指的是系统可以被控制的潜能，而不是对系统进行控制的难易程度。

6.2.4 提高理想度法则

　　理想化是推动系统进化的主要动力,提高理想度法则代表着所有技术系统进化法则的最终方向。提高理想度法则是所有其他进化法则的基础,贯穿其整个寿命的始终。根据前述章节中关于理想度的描述,最理想的产品作为实体并不存在,但是其有用功能仍然能够实现。这种情况下的产品被称为最理想的产品,这种状况下的设计方案被称为理想化最终结果。由于最理想的产品在实际中并不存在,但理想化最终结果是产品设计的一个努力方向。

　　由于每一个系统在产生有用效应的同时,也不可避免地产生有害效应,从强化有用功能和减少有害功能的角度出发,所有系统均存在着被进一步理想化的可能性,只有这样才能满足系统使用者的需要。

　　例:手机的进化(见图 6-19)。手机的尺寸从早期的"砖头"大小发展到今天的"手掌"大小,手机的价格从早期的"翡翠价"发展到今天的"白菜价",手机功能却从早期的单一通话发展到今天的个人信息终端。在功能增强的同时,价格反而不断降低,这就是理想度法则的一个具体体现。

图 6-19　手机的进化

提高理想度可以从以下几个方面予以考虑。

1. 增加系统的功能

　　例:计算机功能的增加(见图 6-20)。在 20 世纪 40 年代中期,美国宾夕法尼亚大学研制成功了世界上第一台电子计算机,该计算机占地面积 170m^2,总质量 30t,使用了 18000 只电子管,6000 个开关,7000 只电阻,10000 只电容,50 万条线,耗电量 140kW,存储字节 80B,可进行 5000 次/s 加法运算,但其主要功能仅为计算。发展到今天的笔记本电脑,其功能已延伸至绘图、通信、多媒体等丰富的信息处理功能。Intel 发布的最新智能硬件平台 Edison,主要是专门针对小型穿戴设备推出的处理器,这是一款体积只有 SD 卡大小的计算机,但却相当于一个完整的"奔腾级电脑"。

图 6-20 计算机功能的增加

(a) 第一台电子计算机；(b) 笔记本电脑；(c) Edison-SD 卡大小的计算机

2. 传输尽可能多的功能到工作元件上

例：扫描打印复印一体机（见图 6-21）。随着技术的不断发展，原本独立的扫描仪、打印机、复印机已经集合成一台集成上述功能的一体机，产品功能得到增强，但价格远小于三台独立机器价格之和。

图 6-21 扫描打印复印一体机

(a) 扫描仪；(b) 打印机；(c) 复印机；(d) 一体机

3. 将一些系统功能移转到超系统或外部环境中

例：空中加油机（见图 6-22）。早期飞机的飞行航程只能由自身所携带油箱的大小决定，战斗机的巡航空域明显受到制约，进而也影响到军用机场的选址建设。即便在战斗过程中正处于攻击敌机的有利条件，若突然发现燃油告警，也只能悻悻而返了。随着现代战争的发展，战斗机航程的大幅增加趋势无法避免，这个问题曾使设计师大伤脑筋，多携带燃油意味着减少武器携带量，而武器携带量不足再远的航程也就变得毫无意义。最初，燃油箱是战机的一个子系统，技术系统进化后，燃油箱脱离了战机进化至超系统，成为独立的空中加油机。飞机系统简化，不必再随机携带庞大的燃油箱。后来还衍生出"伙伴加油"方式，即战斗机通过携带小型加油设备可为其他同类战机加油。

在各类系统的进化过程中，不是所有新出现或改进后的系统都能满足提高理想度法则，但不满足该法则的肯定是没有持久生命力的产品。有的无法走出实验室真正成为产品，有的只能成为纸面上的专利，有的昙花一现就自动消亡了，诸如此类的现象非常多，究其原因可归结于理想度未得到有效提高。

图 6-22　空中加油机
(a) 常规加油方式；(b) "伙伴加油"方式

6.2.5　子系统不均衡进化法则

每个技术系统都由多个实现不同功能的子系统组成，子系统及子系统之间的进化都存在着不均衡的现象。很多时候，需要对系统的某一特定参数进行改进，这就要求实现这一参数的子系统更加完善。在这种情况下，这个子系统的进化就会比其他的子系统要迅速，这就导致了技术矛盾的出现和技术系统的进化。

例1：计算机性能与散热（见图6-23）。作为计算机发展的核心器件，CPU一直被视作评价计算机性能的关键指标，作为计算机的一个子系统，工程师们对它的研究和应用投入了巨大的人力、物力和财力。截至今天，从技术水平来看，人们还可以在单位面积的硅片上集成更多的微型器件，但现实中却无法操作，因为大量器件的散热问题无法有效解决。当初被视为小角色的散热器，作为计算机的一个子系统，它的研究和应用明显滞后于CPU，从而成为制约计算机性能进一步提升的关键影响因素。

图 6-23　计算机性能与散热
(a) CPU；(b) 散热风扇

例2：飞机机翼的进化（见图6-24）。在飞机的发展前期，为了提高飞行速度，总是试图增加飞机发动机的功率。但由于受各种条件的限制，在一段时间后，依靠功率增加以实现提速的努力几近极限。此时，人们发现限制飞机速度的因素并不仅是发动机的功率，飞机外形的影响也是至关重要的。人们又开始致力于飞机外形研究，各种风洞实验的出现，使飞机的速度提升又上了一个新的台阶。

例3：自行车的进化（见图6-25）。早在19世纪中期，自行车还没有链条传动系统，脚踏板直接安装在前轮上。此时，自行车的速度与前轮直径成正比。因此为了提高速度，人们采

图 6-24 飞机机翼的进化

(a) 单螺旋桨矩形翼飞机；(b) 双螺旋桨矩形翼飞机；(c) 后掠翼飞机；(d) 可变后掠翼飞机

图 6-25 自行车的进化

用增加前轮直径的方法，但是一味地增加前轮直径，会使前后轮尺寸相差太大，从而导致自行车在前进中的稳定性很差，很容易摔倒。后来，人们开始研究自行车的传动系统，在自行车上安装了链条和链轮，用后轮的转动来推动车子前进，且前后轮大小相同，以保持自行车的平衡和稳定。

6.2.6 向超系统进化法则

任何先进的技术系统都会走这样一条路：沿着从简单系统向两个、多个系统或不同系统混合的方向进化。系统在进化的过程中，可以和超系统的资源结合在一起，或者将原有系统中的某子系统分离到某超系统中，在该子系统的功能得到增强改进的同时，也简化了原有的技术系统。

1. 单系统—双系统—多系统的进化路线

日常使用的小刀，其功能主要就是切割。而一把组合刀，则增加了起子、指甲刀、锥子、餐叉、小齿锯、螺丝刀、镊子等具有其他功能的工具，原本众多独立的个体最终形成一个统一的却又保留了原来功能的新产品。

例：瑞士军刀（见图 6-26）。它是集成众多工具在一个刀身上的折叠小刀，因瑞士军方为士兵配备这类工具刀而得名。瑞士军刀所包含的工具非常丰富，除常规的刀子、剪子、钳子、锯子、起子、镊子等之外，圆珠笔、牙签、激光、电筒、U盘、医药包等功能也不断被加入。

图 6-26　瑞士军刀

2. 合并—简化

技术系统通过与超系统组件合并来获得资源,由于超系统会提供大量的可用资源,技术系统进化到极限时,实现某项功能的子系统会从系统中剥离,转移至超系统,成为超系统的一部分。

例:手机与平板电脑充电(见图 6-27)。随着手机、平板电脑的屏幕越来越大,其耗电量也与日俱增。遇到此类问题,人们通常的想法就是采用更大容量的电池,但电池容量的增大也意味着体积的增大,而这又恰恰直接影响到系统原本就有限的空间。从备用电池到手机充电站,虽然能部分解决问题,但效果还不是很理想。当将电池从手机中剥离出来,成为移动电源这一超系统后,两者之间的矛盾就被有效地解决了。

图 6-27　手机与平板电脑充电
(a)手机与平板电脑；(b)手机充电站；(c)移动电源

当系统可用资源逐渐枯竭,需要新的资源支撑系统继续发展时,向超系统进化是一个必然的发展方向。

6.2.7　向微观级进化法则

向微观级进化法则指出,技术系统及其子系统在进化发展过程中向着减小元件尺寸的方向发展,即元件从最初的尺寸向原子、基本粒子的尺寸进化,同时能够更好地实现相同的功能。

例 1:电子元件的进化(见图 6-28)。电子元件向微观级的进化是:电子管—晶体管—小规模集成电路—超大规模集成电路。

例 2:微型轴承(见图 6-29)相比传统轴承尺寸更小,但精度很高,可应用于牙钻、医学和

图 6-28　电子元件的进化

(a) 电子管；(b) 晶体管；(c) 小规模集成电路；(d) 超大规模集成电路

工业专用手机等场合。胶囊内镜(见图 6-30)的全称为智能胶囊消化道内镜系统。患者在接受检查时，只需要将一颗智能胶囊用水送服，它就会通过胃肠肌肉的蠕动，按照胃—十二指肠—空肠与回肠—结肠—直肠的路线运行，做个全程的"消化道摄影师"，然后以数字信号传输图像到患者随身携带的记录装置上，医生再根据胶囊所拍摄的图像作出及时诊断。机器苍蝇(见图 6-31)的体重只有 60mg，翼展也仅仅有 3cm，其飞行运动原理和真的苍蝇非常相似。其应用前景十分广泛，不仅可以应用于间谍及军事活动，还可以在有毒化学物质侦测方面发挥重要作用。

图 6-29　微型轴承　　　　图 6-30　胶囊内镜　　　　图 6-31　机器苍蝇

当系统从宏观系统向微观级进化时，还可以引入不同的场应用。场的应用是微观级的最高级别，通过将场转化为高效场以增加场的效率，可以更好地实现微观化的目的。

例 3：打印机的进化(见图 6-32)。印刷术经历数代的演变发展到了微观水平，喷墨打印机是通过喷嘴将墨水喷到打印介质上，最初每英寸可喷 100 点，现在每英寸可喷 600 点。而激光打印机则是基于场的作用，通过光使纸张和碳粉具有感光性而形成打印内容。

图 6-32　打印机的进化

(a) 喷墨打印机；(b) 激光打印机

6.2.8 协调性法则

协调性法则指出,技术系统向着其子系统各参数协调、系统参数与超系统参数相协调的方向发展进化。即系统的各个部件在保持协调的前提下,充分发挥各自的功能,各参数之间要有目的地相互协调或反协调,能够实现动态调整和配合。

提高协调性可以从以下几个方面予以考虑。

1. 形状协调进化路线

例:键盘及鼠标的协调性(见图 6-33)。我们在使用键盘时,前臂通常会自然形成一个弯度,普通键盘的构造,要求我们的手在敲击键盘时保持平行,所以手腕会拗折。新键盘采用反向倾斜设计,整个键盘的最高点从操作者这一侧向前与桌面形成 20°夹角,键盘面设计前低后高,因为人手向下的自然姿势是最舒适的,操作时可将手腕放在加宽加厚的手托上。同时又考虑到左、右手的位置,键盘设计增加了从中间向两边侧向倾斜,与桌面成 10°的夹角,从而舒缓手与前臂造成的压力,使手腕和前臂保持一贯的姿势。

图 6-33 人体工学键盘与鼠标

根据实验证明,手腕的仰起角度在 15°～30°时是人体感觉最为舒适的状态,一旦过高或者过低,都会让肌肉处于紧张的拉伸状态,加速疲劳。除此以外,手掌在握住鼠标时还应是半握拳状态,只有鼠标同时符合以上两个要求,才能有较为舒适的使用感受。在点击鼠标的时候,设计优秀的人体工学鼠标还应保证 5 个手指都不悬空,并且处于自然伸展状态。

2. 各性能参数之间的协调

例:网球拍性能参数的协调性(见图 6-34)。网球拍需要考虑两个性能参数的协调,一方面要将球拍整体重量降低,以提高其灵活性;另一方面要增加球拍头部重量,以保证产生更大的挥拍力量。

图 6-34 网球拍性能参数的协调性

3. 频率协调进化路线

例：贴片机各组件工作频率的协调一致（见图 6-35）。贴片机也称贴装机或表面贴装系统，是通过移动贴装头把表面贴装元器件准确地放置在基板（PCB）焊盘上的一种设备。其中，元件送料器与基板在贴装时固定不动，贴片头（安装多个真空吸料嘴）在送料器与基板之间来回移动，将元件从送料器取出，经过对元件位置与方向的调整，然后贴放于基板上。为保证贴装质量和贴装速率，就需要贴装头、送料器等部件频率协调一致。

图 6-35　贴片机各组件工作频率的协调一致

(a) 贴片机；(b) 送料器；(c) 贴装头

4. 材料协调进化路线

例：汽车保险杠的进化（见图 6-36）。从实心缓冲器到中空缓冲器、蜂窝状结构，再到毛细结构、带气囊结构，汽车保险杠经历了一个材料协调进化的历程。

图 6-36　汽车保险杠的进化

(a) 实心缓冲器；(b) 中空缓冲器；(c) 蜂窝状结构；(d) 毛细结构；(e) 带气囊结构

从本章介绍的内容可以看出，S 曲线揭示出任一个产品都具有和人类相似的生命周期，从诞生到成长，再从成熟到衰亡。在产品的生命周期中，随着时间的推移，主要性能参数、专利数量、专利等级及利润都会呈现特定的发展规律。同时，每个产品的发展都符合一条或多条技术进化法则。对这些规律和法则进行研究，可以分析确认产品目前所处的技术状态，优化现有产品，有助于企业预测产品的技术成熟度，为企业制定产品发展策略提供依据。

思 考 题

1. 技术系统进化 S 曲线包含哪 4 个阶段?
2. "完备性法则"提出了技术系统必不可少的 4 个子系统是什么?
3. 简述专利等级、专利数量及利润与 S 曲线 4 个阶段之间的关系。
4. 很多类产品都符合动态进化法则,试选择一种产品分析其动态进化趋势。
5. 试选择一种产品,描述其技术系统进化的 S 曲线族。
6. 为何说提高理想度法则是其他技术进化法则的基础?

参 考 文 献

[1] 创新方法研究会,中国 21 世纪议程管理中心.创新方法教程(中级)[M].北京:高等教育出版社,2012.
[2] 颜惠庚,李耀中.技术创新方法入门——TRIZ 基础[M].北京:化学工业出版社,2012.
[3] 朱险峰,傅星.仪器仪表创新方法概述——TRIZ 在仪器仪表领域中的应用[M].北京:机械工业出版社,2013.
[4] 沈萌红.TRIZ 理论及机械创新实践[M].北京:机械工业出版社,2012.

第 7 章

科学效应与知识库

阿奇舒勒通过对世界范围内的专利分析发现和识别出发明问题的创新原理,并分门别类为 4 大类通用解决方案,可以覆盖绝大部分科学技术领域。这 4 大类通用解决方案的应用可参照图 1-8 进行:对于技术矛盾问题,应用 40 个发明原理;对于物理矛盾问题,应用 4 大分离原理;对于物质-场问题,应用 76 个标准解。另外,对于技术系统的进化趋势,经典 TRIZ 发现了 8 大技术系统进化法则,是经典 TRIZ 理论体系的理论基础。4 类通用解决方案超过 100 条创新概念,构成了经典 TRIZ 的面向工程技术领域的创新"字典"。

在 TRIZ 研究的早期阶段,阿奇舒勒就已经验证:对于一个给定的技术问题,尤其是已有系统的功能增强或引入一个(多个)新功能时,还可以运用各种物理、化学、生物和几何效应使解决方案更理想和更简单地实现。同时,他还发现高等级专利中经常采用的解决方案均应用了不同的科学效应。因此,在创新的过程中,运用物理、化学和几何效应解决问题非常简单、合理。但是对普通的技术人员而言,认识并掌握各个工程领域的效应是相当困难的,需要有一套既严谨又简单易用的科学效应使用与查找工具。

阿奇舒勒及其领导的研究人员从 1969 年开始系统地收集效应,1971 年开始由 Yuri Gorin 开发物理效应库,把一般的技术功能与具体的物理效应和现象联系起来。1979 年他们发表了一本关于物理效应的手册,1981—1982 年他们在科技杂志 *Tehnikai Nauka* 上发表了一系列关于效应的文章。同年,阿奇舒勒还发起了一项新的生物效应研究,使之作为物理效应的类比。1988 年 Salamatov 出版了一本关于化学效应的著作,1989 年 Vikentjev 和 Jefremov 发表了一篇将几何效应用于发明的论文。所有这些效应都是以论文形式发表的,并且是俄语,使用的方便性受到了一定的限制。

随着现代 TRIZ 的发展,TRIZ 的主要使命是指导系统向产品和技术达到最高市场价值的方向进化,TRIZ 必须也应该更多地吸收并采用各领域已发现并成功应用的科学知识和效应。经典 TRIZ 的功能知识库包含了超过 2500 条工程和科学效应,且全部来源于海量专利分析、归纳和整理。某些 TRIZ 研究者及研究机构、计算机辅助创新 CAI 软件公司均在专利数据库的基础上开发了相应的科学效应知识库,如 Invention Machine 公司的 GoldFire Innovator™ 就包含了超过 9000 条涵盖物理、化学、几何、生物、电子等不同行业或学科的效应。

7.1 科学效应

效应是各领域的定律,是物体或系统实现某种功能的"能量"和"作用力",涵盖了多学科领域的原理,包括物理、化学、几何、生物等。效应对自然科学及工程领域中事物间纷繁复杂的关系,实现全面的描述。将某一特定技术领域的问题简化到最基本的要素,通过相关的效应,把输入量转换为输出量,实现有用的功能,能够产生至少三级,甚至四级的创造发明。

效应是对系统输入/输出间转换过程的描述,该过程由科学原理和系统属性支配,并伴有现象发生。每一个效应都有输入和输出,还可以通过辅助量来控制或调整其输出,可控制的效应模型扩展为三个接口(三级),如图7-1所示。一个效应可以有多个输入、输出或控制流,如图7-2所示。图中列出了8种效应模型,每一种效应模型的输入流、输出流或控制流均不多于两个,其他情况可同理类推。

图 7-1 效应模型
(a) 两级效应模型;(b) 三级效应模型

图 7-2 多级效应模型

依据效应,实现输入和输出的预期转换,其转换可以通过一个效应实现,也可以通过多个相互相容的效应联合应用,形成效应链。其效应的应用模式大致分为以下5种。

(1) 单一效应模式:由一个效应直接实现。例如,杠杆效应可以改变力的大小或方向,如图7-3所示。长度 l 是杠杆效应的控制流,假设力 F_1 不变,改变动力臂和阻力臂的长度可以改变力 F_2 的大小。

图 7-3 杠杆效应

(2) 串联效应模式:将多个效应按照顺序相继发生,前一个效应的输出,作为后一个效应的输入,如图7-4所示。例如,热传导效应可以改变物体的温度,即实现行为:$[T_1]$ 增加到$[T_2]$；当温度T_2超过形状记忆材料的相变点温度T_0时，形状记忆材料会恢复原状而产生形变TF，形状记忆效应可以实现行为：$[T_2]$产生$[TF]$ $(T_2 > T_0)$；热传导效应和形状记忆效应可以连接起来构成串联效应模式实现行为，如图7-5所示。

图7-4　串联效应模式　　　　　　图7-5　热传导与形状记忆合金效应的串联模式

（3）并联效应模式：由同时发生的多个效应共同实现，如图7-6所示。例如，电磁感应效应和流体效应与玻意耳效应构成并联效应模式，将电磁感应效应输出的动能和流体效应输出的水结合产生液流实现行为，如图7-7所示。

图7-6　并联效应模式

图7-7　电磁感应效应、流体效应与玻意耳效应的并联模式

（4）环形效应模式：由多个效应共同实现，后一效应的输出流的一部分或全部通过一定的方式返回到前一效应的输入端，如图7-8所示。例如，热传导效应与热力学第一效应构成环形效应模式，将热力学第一效应输出的水反馈到热传导效应的输入端实现行为，如图7-9所示。

图7-8　环形效应模式

图7-9　热传导效应与热力学第一效应的环形效应模式

（5）控制效应模式：由多个效应共同实现，其中一个或多个效应的输出流由其他效应的输出流控制，如图7-10所示。例如，弹性-塑性形变效应与形状记忆合金效应构成控制效应模式，将弹性-塑性形变效应的输出流连接到形状记忆合金效应的控制端实现行为，如图7-11所示。

图 7-10 控制效应模式

图 7-11 弹性-塑性形变效应与形状记忆合金效应的控制模式

在上述效应模式中,邻接效应的输入流与输出流必须相容,以保证效应连接的可行性。另外,虽然在理论上组成效应链的效应流数可以任意确定,但为使设计的系统简化,组成效应链的效应数量应该尽可能少。

7.2 效应及应用

TRIZ 理论基于对世界专利库中大量专利的分析,总结了大量的物理、化学和几何效应,每一个效应都可能用来解决某一类问题。每一条效应的应用都可能是某类问题的原理解,目前已经有很多效应应用的实例。

1. 莫比乌斯环

拿一张纸,它有两个面,把它的两头粘上就可以做成一个环,两个面保持下来,一个内表面,一个外表面。

如果将纸条的一端扭转 180°,然后再将两端粘起来,会出现什么情况?

它只存在一个面。这是德国数学家莫比乌斯首先发现并研究的,所以叫莫比乌斯环或莫比乌斯带(见图 7-12)。

图 7-12 莫比乌斯环

设想有一条传统的皮带做成一个圈。外层涂上研磨材料,将这个皮带安装到机器上,当需要打磨一物体时将它压在这个运动的皮带上。过一段时间,研磨层磨完了,皮带要换下来。这会耽误很多生产时间,怎样才能既不增加皮带长度又能使它的工作寿命延长一倍呢?

运用莫比乌斯环特性的磨砂机,皮带的长短和通常的没有两样,但由于它的工作面增加了一倍,所以它的寿命也增加了一倍。

针式打印机靠打印针击打色带在纸上留下一个个的墨点,为充分利用色带的全部表面,色带也常被设计成莫比乌斯环。

在美国匹兹堡著名肯尼森林游乐园里,就有一个"加强版"的云霄飞车——它的轨道是一个莫比乌斯环。乘客在轨道的两个面上飞驰。

莫比乌斯环循环往复的几何特征,蕴含着永恒、无限的意义,因此常被用于各类标志设计。微处理器厂商 Power Architecture 的商标就是一条莫比乌斯环,如图 7-13 所示。垃圾回收标志也是一个莫比乌斯环,如图 7-14 所示。运用莫比乌斯环申请的专利有 100 多项。

图 7-13　微处理器商标

图 7-14　垃圾回收标志

2. 压电效应

压电效应是当某些材料受到机械力而产生拉伸或压缩时,其内部产生极化现象,使材料相对的两个表面出现等量异号电荷的现象,外力越大,表面电荷就越多,这种效应一般称作正压电效应。表面电荷的符号视外力的方向而定(见图 7-15)。具有这种效应的材料称为压电材料。当给这些材料加上电场时,会产生机械形变(伸长或缩短),如果是交变电场,就会交替出现伸长和压缩,即发生机械振动。这种现象称为逆压电效应(电致伸缩效应)(见图 7-16)。这是居里兄弟于 1880 年在石英晶体表面发现的。

图 7-15　正压电效应——外力使晶体产生电荷

图 7-16　逆压电效应——外加电场使晶体产生形变

压电材料的制成,为压电效应的广泛应用提供了保证。换能器利用了聚合物压电双晶片或压电单晶片在外电场驱动下的弯曲振动,可生产电声器件如麦克风、超声波探头、立体声耳机和高频扬声器。压电聚合物换能器在生物医学传感器领域,尤其是超声成像中,获得了最为成功的应用。PVDF薄膜优异的柔韧性和成形性,使其易于应用到许多传感器产品中。压电效应让人穿着衣服走路都能发电。使用带有压电效应的材质编入衣服材料之内,当移动压折或是扭曲到衣服的时候便会产生电流,而这些电流可以储存到衣服里的蓄电池中,以后可以用来给MP3、手机等设备充电。超声电机、压电打火机及燃气灶点火器、炮弹触发引信都是压电效应的应用。

3. 热膨胀效应

物体因温度改变而发生的膨胀现象叫"热膨胀",通常是指外压强不变的情况下。大多数物质在温度升高时,其体积增大,温度降低时体积缩小。在相同条件下,气体膨胀最大,液体膨胀次之,固体膨胀最小。也有少数物质在一定的温度范围内,温度升高时,其体积反而减小。因为物体温度升高时,分子运动的平均动能增大,分子间的距离也增大,物体的体积随之而扩大;温度降低,物体冷却时分子的平均动能变小,使分子间距离缩短,于是物体的体积随之缩小。又由于固体、液体和气体分子运动的平均动能大小不同,因而从热膨胀的宏观现象来看亦有显著的区别。

膨胀系数是为表征物体受热时其长度、面积、体积变化的程度而引入的物理量。它是线膨胀系数、面膨胀系数和体膨胀系数的总称。

固体热膨胀现象,从微观的观点来分析,是由于固体中相邻粒子间的平均距离随温度的升高而增大引起的。由于固体随温度的变化而变化,当温度变化不太大时,在某一方向长度的改变量称为固体的线膨胀。例如,一细金属棒受热而伸长。固体的任何线度,如长度、宽度、厚度或直径等,凡受温度影响而变化的,都称为线膨胀。

液体是流体,因而只有一定的体积,而没有一定的形状。它的体膨胀遵循 $V_t = V_0(1+\beta t)$ 的规律,β 是液体的体膨胀系数。其膨胀系数,一般情况下比固体大得多。

气体热膨胀的规律较复杂,当一定质量气体的体积受温度影响上升变化时,它的压强也可能发生变化。若保持压强不变,则一定质量的气体,必然遵循 $V_t = V_0(1+\gamma t)$ 的规律,式中的 γ 是气体的体膨胀系数。盖·吕萨克定律反映了气体体积随温度变化的规律:这一定律也可表述为:一定质量的气体,在压强不变的情况下,温度每升高(或降低)1℃,增加(或减小)的体积等于它在0℃时的体积。

生活中随处可见热胀冷缩现象。夏天时两电线杆之间悬垂的电线较冬天时低;将凹陷的乒乓球浸入热水中,可使其恢复原状;沸水倒入厚玻璃杯时,容易造成破裂。

尽管热膨胀的效应较小,但是当物体膨胀或收缩时,若无适当的空间供其胀缩,则可能使物体变形。铁轨上的间隙、桥梁两端的伸缩缝以及输油管每隔若干长度便弯成U形,都是为了预留胀缩空间。

接于电路上的温度控制开关通常由双金属片制成。双金属片是将膨胀系数差别比较大的两种金属焊接在一起,一端固定,一端自由。当温度升高时,膨胀系数大的金属片的伸长量大,致使整个双金属向膨胀系数小的金属片的一面弯曲。温度越高,弯曲程度越大。也就是说,双金属片的弯曲程度与温度的高低有对应关系,从而可用双金属片的弯曲程度来指示温度,如图 7-17 所示。通常,将双金属片中膨胀系数小的一层称为被动层,将膨胀系数大的一层称为主动层。

钟表中的轮摆是将两相异金属片密合熔接,做成半径相同、内外金属片相异的两个半圆,再将其沿直径方向连接成 S 形,并以圆心为轴作平行于圆面的摆动,摆动的频率与计时准确性有关,且受半径影响。这种组合在温度变化、膨胀效应发生时,可维持轮摆的半径不变,计时准确性得到保障,如图 7-18 所示。

图 7-17 双金属片转动式温度计

图 7-18 钟表内轮摆结构示意图

4. 减阻效应

减阻的概念早在 20 世纪 40 年代就已经提出。20 世纪初美国纽约的消防队员曾使用水溶性聚合物增加排水系统的流量。1948 年 Toms 在第一届国际流变学会议上发表了第一篇有关减阻的论文,文章指出,以少量的聚甲基丙烯酸甲酯(PMMA)溶于氯苯中,摩阻可降低约 50%,因此,高聚物减阻又称为 Toms 效应。

在液体中添加减阻剂(一种能减少流体在输送时所受阻力的试剂,多为水溶性或油溶性的高分子聚合物),可大大降低输送管道的阻力,从而取得提高流量、降低能耗等效果,这就是摩擦减阻技术。

国外在输油管道上使用减阻剂有大量成功的实例。美国横贯阿拉斯加的原油管道,采用加减阻剂方案,将原设计的 12 座泵站减为 10 座,日输油量增加了 50%。英国北海油田某管道,原设计方案管径为 1066mm,经过方案比选,采用高峰时加减阻剂方案,使管径改为 914.4mm,大大降低了投资。美国西南部一条 200mm 口径的成品油管道夏季汽油输送量增大时,曾有 111km 管道出现卡脖子问题。采用减阻剂后,迅速、经济地解决了问题,管道摩擦阻力下降 40%,输送量增大 28%。美国中西部一条长 93km、口径为 200mm 的输油管道,在顺序输送中,要求柴油与汽油同步输送,需使柴油流量增大 20%。使用减阻剂后柴油的摩擦阻力下降了 38%,达到了要求。

在国内,首先是利用美国 Conoco 公司生产的 CDR102 减阻剂在铁大线、东黄线、濮临线上进行试验,并取得了成功。如铁大线继 1986 年现场试验成功后,在沈阳、熊岳和复县 3 个站段,间断投用减阻剂 79 天,全线增输原油 17.667×10^{4}t,缓解了铁大线外输紧张局面,争取到较大的出口换汇,为国家创造了较高的经济效益。1987 年世界油价下跌,国家出口减少,管道又恢复正常运行,停注减阻剂,非常灵活、方便。青海油田的花土沟至格尔木输油管道,原设计输油能力为每年 100×10^{4}t,后来油田产量上升,要求管道输送能力增加到每

年 $150×10^4$ t。若按传统增加机械动力的方法,需将原来的 4 个泵站全部改建为热泵站,原来的 3 个热泵站也需要改造扩建。不仅时间不允许,而且资金投入大。他们与美国贝克管道化学品公司合作进行加减阻剂试验。试验结果证明,在不增加任何输油泵的情况下,使用 FLOXL 减阻剂,可以很容易地实现 $150×10^4$ t 的年输量,其所需费用远低于扩建泵站的投资。

在其他方面,如暖气、中央空调、热交换器、化学工程等液体传输,把煤或某些矿物调制成浆状物以管道输送,是新兴的高效输送方法。国内有报道这类浆料的输送中添加减阻剂的研究。在农田灌溉方面,一些先进国家对农田的灌溉都施行管道输水,加减阻剂后可提高流速,减少蒸发和渗透,并能防止土地的盐碱化。据美国联合碳素公司报道,使用减阻剂后管路流量大增,使灌溉面积增加了 215%。在高速水力切割、水力采煤、水力采矿方面,利用高速水射流的动量切割固体材料;采煤采矿时每天加减阻剂后,高速水射流的出口动量增加,提高了切割能力。在医学工程方面,冠心病的物理机理是由于胆固醇沉积,使冠状动脉管径减小,血液流过该血管的黏性摩阻增大,以致向心肌供血量减少,血压升高,从而引起心肌供氧不足,心脏负担过重。有人研究用减阻剂(葡萄糖类)来减少血液流动的黏性摩阻,增大血流量,以治疗心血管疾病。有人申请了在血浆、血清、血液的代用品中使用减阻剂的专利。船舶在水中航行时,水的黏性摩阻是影响船速的主要因素。在船体外壁涂上某些高分子物质,可减少航行阻力,提高航速,降低动力消耗。美国海军机构为提高军舰的水下战斗能力,进行了大量的研究。现在,人们正在研制用于体育比赛的赛艇上的减阻剂,以提高船速。

5. 莲花效应

莲花效应是 20 世纪 70 年代波恩大学的植物学家巴特洛特在研究植物叶子表面时发现的。莲花效应主要是指莲叶表面具有超疏水以及自洁的特性。由于莲叶具有疏水、不吸水的表面,落在叶面上的雨水会因表面张力的作用形成水珠。换言之,水与叶面的接触角大于 $150°$,只要叶面稍微倾斜,水珠就会滚离叶面。因此,即使经过一场倾盆大雨,莲叶的表面总是能保持干燥;此外,滚动的水珠会顺便把一些灰尘污泥的颗粒一起带走,达到自我洁净的效果,这就是莲叶总能一尘不染的原因。莲叶的表面非常细致,其细致的表面放大千百倍也看不到其中的细孔,表面结构与粗糙度皆为纳米的尺寸使得表面不沾水,灰尘或泥巴都无法吸附在表面上,污垢自然随水滴从表面滑落。莲花运用自然的纳米结构达到自洁的效果。

莲叶效应描绘了一个很有效的生物模型系统,用它可以来制作人工的防污表面,因为它基于一个纯物理化学的原理。模仿莲叶自洁的功能,可以应用于表面纳米结构的技术,可开发出自洁、抗污的纳米涂料。有些纳米涂料里渗有二氧化钛的物质。将二氧化钛等纳米微粒加到衣服的纤维里可使普通的衣服改进为可防振、除臭、杀菌,最重要的是自洁。

科学家依靠纳米科技来模仿莲叶效应,发明防水底片、防水喷雾剂、外衣、鞋子、车子的外壳、反光镜、安全帽镜片、厨具、瓦斯炉等容易脏污的器具表面,甚至飞机的表面,以及具有自我清洁(self-cleaning)性质的建筑材料等,当具有脏污、灰尘附着时,只要用水冲洗,即可达到清洁效果。

以"增加接触角"的方式,能在表面处理领域,达到"易清洁"的效果。

6. 其他效应及应用

基于各种效应的应用案例还有很多,例如基于苍耳效应的钩毛搭扣(见图 7-19),基于旋转双曲面的电视塔和冷却塔(见图 7-20),基于电晕效应的灯泡内部压力检测和合成臭氧(见图 7-21)等。

图 7-19 苍耳效应

图 7-20 旋转双曲面效应及冷却塔和电视塔

图 7-21 电晕放电

其他常用的物理效应与实现功能对照表见附录 C;几何效应与实现功能对照表见附录 D;化学效应与实现功能对照表见附录 E。

7.3 基于效应的功能设计

从市场需求到确定需求功能是一个系统化分析的过程,是完成方案创新的重要前期准备工作。在该阶段,设计人员根据用户需求确定产品的总功能,并将总功能分解为分功能及功能元；确定每个功能元的原理解，并将所有功能元的原理解合成得到待设计产品的原理解。科学效应可以辅助设计人员产生创新概念设想，用于产品设计中原理解的确定。

应用效应解决问题的一般过程如图 7-22 所示。对市场进行需求分析，分析用户的需求；对问题进行分析，确定所解决的问题要实现的功能（功能定义见第 2 章）；根据功能查找效应库，得到 CAI 软件推荐的效应；或者基于功能导向搜索，得到系统所推荐的效应；利用关联效应和控制效应，筛选所推荐的效应，优选适合本问题的效应；把效应应用于功能实现，并验证方案的可行性；如果问题没得到解决，则重新分析问题或查找合适的效应；如果可行，形成最终的解决方案。

图 7-22　应用效应解决问题的一般过程

在应用效应解决问题的一般过程中，一个关键点在于问题的分析，参照图 1-8 的 TRIZ 创新应用流程，可以采用的分析工具有功能模型分析、因果链分析，目的是确定技术系统的关键问题（key problem），并描述为"How to"模型。

应用效应求解问题的另外一个关键就是查找和匹配科学效应，即选取什么样的效应，通过怎么样的转化，就可以实现系统需求的功能。

7.3.1　建立"How to"模型

"How to"模型是指采用简单明了的短语词汇，深入浅出地描述系统所需功能的一种定义问题的方法。例如，一个盛满水的玻璃杯放置在桌面上（见图 7-23），如何在不移动玻璃杯或移动桌子的情况下，

图 7-23　水杯

将杯中水移除？可以采用表 7-1 所示模板进行描述。

表 7-1 "How to"模型问题描述模板

问题/简单的问题 （problem/simple question）	系统所需的功能 （function）
如何移除杯中水？ (How to remove water from a glass?)	移动液体 (move a liquid)

化学专业人员可能会考虑化学反应改变水的方法；工程专业人士可能会考虑利用压力、势差、温度变化（加热、常温挥发、冰冻成固体）等，各行各业的专业解决方案非常多，甚至是没有专业知识的小孩可能会考虑用吸管吸的方法（这是孩子从快餐店喝饮料获取的经验知识）。问题是，当碰到类似问题时，如何来获得大量的各专业领域已有的解决方案呢？

显然，按照"如何移除玻璃杯中的水（How to remove water from a glass）"这种针对特定问题的特定描述问题的方法很难得到全面的解决方案，有必要对特定问题的特定描述进行一定意义上的转换。转换的基本要求是：功能描述一般化和物质（属性）描述通用化。将初始问题"如何移除玻璃杯中的水"一般化和通用化的处理如下：

移除→移动（remove→moving）

水→液体（water→liquid）

这样转换之后，初始问题"如何移除玻璃杯中的水"就变成了"如何移动液体（How to move a liquid）"，系统功能是"移动液体"，那么问题的解决方案就可以从"移动液体"的效应来获取，开发设计人员所需做的就是将这些"移动液体"的效应比对到初始系统问题的求解中。TRIZ 效应搜索会给出 99 个从世界范围专利库中提取的关于"移动液体"相关创新概念（或概念设计，如吸收、蒸发、声波振动、阿基米德螺旋、阿基米德原理（浮力）、巴勒斯效应、伯努利效应、沸腾等），且大多数为公共领域并可免费使用的。当然，高效和快速地使用这些效应，则需要一些相关专业知识的支撑。

7.3.2 科学知识与效应的搜索

在计算机辅助搜索（如 Google 搜索）中，您可能希望将结果限制到能正好表达您的意思的信息。但是由于一个概念表达时存在着很多语法变化，使用传统的关键字搜索技术就很难从电子文档中检索到所有可用的相关信息。使用关键字搜索并提交查询时，如果文档中包括查询中指定的相同关键字，而不考虑关键字之间的语义或语法关系，该文档就会被检索到，这样就会造成检索到大量非相关信息，从而需要花费大量时间进行阅读查找以及甄别信息是否可以形成解决方案。

精确短语搜索是为限定不实用的关键字搜索结果而研制的，它搜索的结果严格包含所输入的查询——相同的词语、相同的顺序，并且紧密相邻。如果查找一个"精确短语"相当于查找一个"精确概念"，那么肯定会找到答案。尽管所有精确短语搜索的结果都是相关的，但是检索到的结果远远达不到完整。例如，如果使用精确短语搜索检索到含有"Remove a liquid"的结果中，可能就没有包含"Moving a liquid"的结果。

布尔搜索可以找到精确短语搜索漏掉的相关结果。布尔搜索使用逻辑条件来指定哪些词及其变化形式必须在文档中包含或从文档中排除。但是使用所有可能的关键词变化形式建立传统的布尔表达式是很耗时的,并且也不能保证结果的完整性和相关性。

基于语义搜索的自然语言搜索是应用匹配搜索词之间语法关系的先进语言技术。该技术使自然语言搜索成为"精确概念"搜索,因为它是基于语义上提取结果,而不是简单地匹配文本字符串。语义结构是指一个句子的含义是由其主语、谓语以及宾语构成的语法结构。虽然在句子中可能存在多种语法变化形式,但是这些变化形式具有相同的主语、相同的谓语和相同的宾语,那必然表达的是相同含义。

使用自然语言搜索时,应用下面的指导方法将有助于改善搜索效率。

(1) 确定知识库中可用的相关内容。如果在搜索的知识库中没有相关内容,那么搜索就得不到任何结果! 首先要确定搜索的内容存在,先输入由名词短语构成的短语查询,该短语能表达所研究问题的主要概念。

(2) 阐明基于问题中主要概念的一个或多个问题描述。

(3) 为(2)中阐明的每个问题描述执行自然语言搜索。不需要特别关注动词的时态问题,但推荐的做法是在动词前面加"to",例如"移动液体"表述为"to move a liquid"。

(4) 使用主题来筛选某类结果。虽然使用自然语言搜索比较适合在一些专门的计算机辅助创新CAI软件中的知识库中进行搜索,实际上在Google等通用搜索引擎中一样可以采用该方法。这些方法就是在一般搜索引擎域名后面加"patents""schoolar"等,国内搜索引擎如百度专利"http://zhuanli.baidu.com/"等。当然,在没有专门科学效应库的时候,使用通用搜索引擎进行效应搜索,可以采用功能导向搜索方法来进行。另外,国外的个别网址如比利时CREAX公司的网站(http://www.productioninspiration.com/)也提供了科学知识与效应搜索的功能,如图7-24所示,分别选择需要实现的动作(某一动词),加上作用的对象(固体、液体、气体或者场),进行查询,就可以检索出实现该功能的知识和效应。

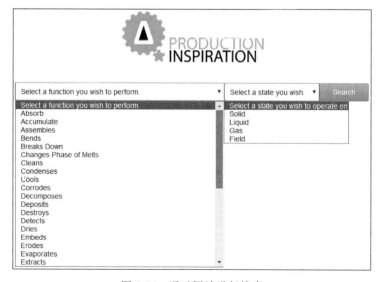

图7-24 通过网站进行搜索

7.3.3 功能导向搜索

功能导向搜索(function oriented search, FOS)，是一种基于对目前世界上已有成熟技术进行分析的基础上用于解决问题的工具。功能导向搜索将功能进行通用化处理，行为和对象双管齐下。比如可以将水、油等物体通用化为"液体"，将焊接、铆接等统统通用化为"连接"，将橙汁浓缩通用化为"将浆状物中的液体分离"。

功能导向搜索可以在已有的解决方案中寻找所需要的方案，不管这种方案是在其他企业，还是在其他行业，一旦发现类似的解决方案，就会非常容易地将它们转化为自己的解决方案。由于功能导向搜索使用的是现有的解决方案，与新发明相比，实现起来更容易，所要消耗的资源(人力、时间、研发经费等)也更少。而且，由于这种方法得出来的解决方案大多经过证实，项目失败的风险也比较低。

结合一个实际案例说明功能导向搜索方法的应用。

初始问题描述：客户采用多孔冲压设备生产具有大量小孔的卫生护垫，产品存在两个主要的问题：①开孔率低(<12%)；②冲压后孔的边缘不均匀。

功能导向搜索分为下面几步。

1) 找到需要解决的关键问题，将问题定义得越明确越好

卫生护垫问题的一个关键问题：由大量的孔产生很高的总开孔率；然而，为防止降低材料强度，又应该限制孔的数量。

2) 阐明将要执行的具体功能

卫生护垫问题的功能——在塑料薄片上打孔。

3) 确定必要的功能参数

重要的参数为：塑料片厚度为 0.5mm。孔直径为 $5\mu m$，预期的开孔率大于 20%。卫生护垫的机械强度不小于冲压后的强度。费用不高于冲压加工的费用。

4) 将功能通用化

通用功能——在薄片上打孔。

5) 搜索其他相关或者不相关领域中执行类似功能的技术(结果通常不止一种)

在功能导向搜索数据库中找到的主要应用领域是航天工业。

6) 根据项目中的具体要求，从这些技术中选择最合适的一种或者少数几种

在搜索中，找到了用于宇宙飞船船体检测的微陨石模型技术。模型的材料为钢箔，微陨石的直径为 $5\sim10\mu m$。基于干粉枪检测技术，向钢箔发射大量等尺寸的粒子，在几分之一秒内，产生大量均匀的孔，不损伤钢箔强度的情况下，开孔率达到 30%。

7) 解决这种技术带来的二级问题

采用干粉枪技术生产卫生护垫产品，需要解决的几个问题：

(1) 对塑料薄片，如何保证最大量的开口面积？

(2) 如何形成一个连续的生产过程，而不是干粉枪的批次作业？

8) 应用搜索到的技术，提交实际的计划

最后，为客户提供了一个实用的干粉枪和塑料片穿孔的样品，具有 25% 的开孔面积。同时为客户提交所有必要的数据：设备供应商、费用预算和专利技术证明。

那么，什么时候使用功能导向搜索呢？功能导向搜索适用于项目之初，问题定义非常明确但却没有解决思路，或者解决思路虽不明确，但在项目开始时就有几种可能的解决方案，最后通过比较，根据实际情况确定最适合的技术路线。

不要期望这种方法能一次性将问题解决，因为后面还有很多具体问题，它只是提供了一条或几条技术路线。

7.4 工程实例

例 7.1 肾结石提取器

(1) 问题和功能分析

传统的肾结石提取器无法破坏较大的结石，要实现对较大结石的破碎，必须在较小的空间内产生一个相对较大的力，如图 7-25 所示。

图 7-25 肾结石提取器

(2) 确定需求的功能

需求的功能：产生力。

(3) 查找效应

产生力：胡克效应、电场效应、磁场效应等。

产生形变：形状记忆效应、热膨胀效应等。

(4) 利用效应

通过流体加热形状记忆合金使其产生形变，利用形状记忆合金的形变产生力，效应模式如图 7-26 所示。

图 7-26 肾结石提取器串联效应

(5) 解决方案

先用拉力使形状记忆合金产生形变，然后用热水使形状记忆合金恢复初始状态，这样就能实现肾结石提取器在小空间内产生较大的力，如图 7-27 所示，其提取器的方案如图 7-28 所示。

例 7.2 输电线结冰

(1) 问题和功能分析

在北方，冬季非常寒冷，输电线结冰会带来严重的后果，必须及时清除掉电线上的冰雪。

图 7-27　肾结石提取器产生力的原理

图 7-28　肾结石提取器的方案

(2) 确定需求的功能

需求的功能：电线除冰，可以提高温度，使冰融化。

(3) 查找效应

能够实现提高温度的效应：传导、对流、辐射、电磁感应、热电介质、热电子、电子发射（放电）、材料吸收辐射、热电现象、物体的压缩、核反应（原子核感应）等。

(4) 利用效应

加热：由低电阻材料制成的电线在现存电流下不能自行加热，由高电阻材料制成的电线能够自行加热，但用户不能正常用电。这是一对物理冲突。

电磁感应：电线的电阻应该高又不应该高，提出加入第二种物质。电线还是原来的电线，只是每隔一段距离安上一个铁氧体环。这种环有很高的电阻。环内由于电磁感应产生电流而很快产生热，并为电线加热。

但是铁磁体环会长年累月地为电线加热，浪费很多能量。即使冬天，也不需要为所有电线加热，只有低于 0℃ 处的电线才需要加热。这又引出了一个新任务：如何使铁氧体环在气温低时通电而在气温高时断电？

为解决这个问题，据了解铁磁体只有在特定温度之下才有铁磁性，这个温度称作居里点，不同的铁磁体材料有不同的居里点。如果使用居里点在 0℃ 左右的铁磁体，这些环就只有在气温低于 0℃ 时通电并在高于 0℃ 时断电。

(5) 解决方案

利用铁磁性材料的居里点：在居里点上下磁性的消失和出现可以用来解决很多发明性的问题。

例 7.3 安装桶装水

（1）问题和功能分析

饮水机是我们日常生活中的常用电器，在安装桶装水时却很麻烦，一桶水的质量有 18.9kg，要将其抬起并放到饮水机顶部十分费力。

（2）确定需求功能

需求功能：用较小的力抬重物。

（3）查找效应

本案例利用计算机辅助创新平台 Goldfire 的科学效应库进行检索，查找能协助抬起重物的方式，即增力装置。Goldfire 中拥有丰富的科学效应，而且对于每一条科学效应，都有具体描述其内容、优点、效应方程式、效应参数的限制条件、参考内容以及应用该效应的大量实例，并以形象的动画演示效应原理，便于不同专业的用户对效应的理解及应用。

通过平台依次单击 Tasks→Tools(Researcher)→Start Task→IHS Scientific Effects，将 Language 设置为 Chinese 后输入"增力"可出现如图 7-29 所示的结果。

图 7-29 科学效应查找结果

（4）利用效应

将搜索结果按照功能群分类，可得到如图 7-30 所示的 5 类主类功能，每一主类下面还有分类功能，分类功能下有子类功能。在 Goldfire 的科学效应库中的主类由一个动词＋场（Fields）、参数（Parameters）或物质（Substance）组成。根据不同的动词，软件中共有 5 种关于场的效应主类、3 种关于参数的主类和 17 种关于物质的主类。

根据输入的搜索词汇，本次得到的结果中包括了"Fields：Absorb""Parameters：Change""Parameters：Stabilize""Substance：Clean""Substance：Remove"这 5 类。我们可以在这 5 个主类功能中选取适用于本案例的功能进行设计。

经过分析，从"Parameters：Change"这一主类下的分类功能"change force, energy and momentum"中选择子类功能"change coefficient of energy transfer"，找到如图 7-31 所示的利用滑车组增加力的效应，可通过滑轮组滑轮使作用于滑轮组的力加倍。

图 7-30　按功能群分类的效应结果

图 7-31　滑轮组增力效应

(5) 解决方案

通过应用查找得到的效应,设计一种利用滑轮组增力的装置,帮助安装桶装水,解决桶装水过重安装难的问题。图 7-32 所示为饮水机桶装水安装机构(CN201520557944.9),包括机体 1、上料板 2、滚轮 21、提升板 3、导向槽 4、配重块 5、第一定滑轮 6、第二定滑轮 7、手轮 8、手柄 81、绳索 9。

例 7.4　多功能课桌设计

本案例针对第六届全国大学生机械创新设计大赛的主题"幻·梦课堂";内容为"教室用设备和教具的设计与制作"。要求学生们根据对日常课堂教学情况的观察,或根据对未来若干年以后课堂教学环境和状态的设想,设计并制作出能够使课堂教学更加丰富、更具吸引

图 7-32 饮水机桶装水安装机构
1—机体；2—上料板；21—滚轮；3—提升板；4—导向槽；5—配重块；
6—第一定滑轮；7—第二定滑轮；8—手轮；81—手柄；9—绳索

力的机械装置。

高校扩招人数的激增一定程度上造成了教学资源不足、教室资源紧张的问题。而且培养全面发展的高素质人才需要多样化的课堂形式、不同种类的教学场地和教学设备。因此，本案例选定了设计一种集多种功能于一体的多教学环节共享型课桌，实现一桌多用，满足不同教学环节的各种特殊功能需求。

（1）需求分析

首先需要确定课桌存在哪些使用环节和不同环节用户对课桌有何种使用需求。针对课桌的一般用户对象，选择高等学校的学生和老师作为调研对象，确定课桌存在于普通课堂、设计绘图课、多媒体课、小班讨论课、自习和考试以及其他的室内活动等教学环节。从用户观察和体验中总结提炼出以下 7 点用户需求：普通课桌不适合不同身高的人使用；多媒体课堂需要专门的电脑桌；课程设计绘图时需要不同高度，多角度绘图；小班讨论课需要能用于面对面讨论的会议桌；自习和考试需要安静的小环境；活动课需要腾出教室空间。

（2）功能设计

功能设计是产品概念设计中的核心部分之一，通过对用户需求信息进行分析，将需求分析结果输出为产品设计的功能。多教学环节共享型课桌的需求与产品功能的对应关系如图 7-33 所示。

（3）功能的一般化

运用 TRIZ 理论进行产品的功能设计时，为了便于在其他领域搜索到可实现课桌各功能的相关产品及其结构，需要对产品的功能进行一般化描述，即用"动词＋名词"的形式描述产品的功能。多教学环节共享型课桌的 6 大功能一般化描述结果如图 7-34 所示。

（4）功能导向搜索及应用

在功能设计阶段，对多教学环节共享型课桌的功能进行一般化描述，明确问题。如"调节桌体高度"一般化描述为"举升固体"，将具体的调高问题一般化。利用功能导向搜索进行查询，找到一系列概念实现方案。以"举升固体"为例，图 7-35 所示即为检索出的剪叉式高空作业平台、蜗轮蜗杆升降机、电脑椅、千斤顶等解决方案。

图 7-33　需求与功能对应关系

图 7-34　多教学环节共享型课桌功能的一般化描述

图 7-35　功能导向搜索结果

针对多教学环节共享型课桌各个分功能,对功能导向搜索分析选择出的技术方案进行综合比较。如剪叉式高空作业平台杆结构占据较大空间,降低了空间利用率和舒适性;电脑椅利用气压升降,对零部件的加工精度要求高,成本高,且气压升降存在不稳定性;千斤顶液压结构复杂,成本高,且调节速度慢,使用不便。经过综合评价与分析选择将蜗轮蜗杆升降机的蜗轮蜗杆传动原理用作桌体调高的解决方案。其优点是:动力源直接来自使用者,结构省力,节能环保;蜗轮蜗杆具有自锁特点,可以实现课桌高度在一定范围内任意调节而无须外加锁定装置。具体结构设计如图 7-36 所示。

蜗轮蜗杆升降机　　特征传递　　桌体调高结构

图 7-36　桌面调节机构设计结果

(5) 系统的实现方案

运用调节桌体高度的设计流程,最终实现将发展成熟领域的技术方案迁移到多教学环节共享型课桌,如蜗轮蜗杆升降机原理到桌体高度调节、绘图桌的角度调节机构到桌面双面使用和桌面角度调节、内燃机配气装置的凸轮机构到伸缩式万向轮实现桌体移动等。运用简单的机械结构巧妙地实现了多教学环节共享型课桌的功能。根据本设计方案完成的设计产品已获得国家发明专利授权,对应制作的实物样机在全国大学生机械创新设计大赛中荣获一等奖。具体功能展示如图 7-37 所示。

图 7-37　多教学环节共享型课桌功能展示

思 考 题

1. 效应链的基本组成方式有哪些?
2. 简述基于效应的功能设计过程。
3. 应用效应进行洗衣机创新设计。

参 考 文 献

[1] 高长青.TRIZ——发明问题解决理论[M].北京:科学出版社,2011.
[2] 檀润华.TRIZ及应用技术创新过程与方法[M].北京:高等教育出版社,2010.
[3] 创新方法研究会,中国21世纪议程管理中心.创新方法教程(高级)[M].北京:高等教育出版社,2012.
[4] LITVIN S S. New Triz-Based Tool—Function-Oriented Search (FOS) [J]. An earlier version of this paper appeared in the proceedings of the Altshuller Institute's TRIZCON2005, April 2005.
[5] 苗新强,任工昌,刘丹.基于TRIZ效应理论的机电产品创新设计研究[J].机械设计与制造,2010(7):254-255.
[6] 张勇.饮水机桶装水安装机构:201520557944.9[P].2015-12-30.
[7] 桂科,刘江南,张文博,等.运用现代TRIZ工具的多功能课桌创新设计[J].包装工程,2016,37(14):34-37.
[8] 刘江南,桂科,陈飞,等.一种多功能课桌:201410213189.2[P].2015-11-18.

第 8 章

发明问题解决算法 ARIZ

8.1 概 述

ARIZ 是发明问题解决算法(algorithm for inventive problem solving,AIPS)俄文首字母的缩写,由 TRIZ 创始人阿奇舒勒于 1956 年首次提出。阿奇舒勒认为:"复杂问题的解决不可能仅仅两步。那些问题是如此复杂,任何其他工具都难以解决。遵循 TRIZ 理论包括 ARIZ 算法将有助于问题解决的进程。"ARIZ 算法是 TRIZ 理论体系中一个重要的分析问题和解决问题的工具,其目标是解决物理矛盾问题,特别适用于解决问题情境复杂、矛盾不明显的非标准及困难的发明问题,使复杂问题逐步简化直至得到解决。

ARIZ 是一套系统性解决发明问题的算法。ARIZ 采用结构化流程来解决复杂的工程问题,使得工程技术人员很快接近最优解。ARIZ 求解过程中,一系列的"系统转化"思想的应用(系统内外各种资源的挖掘),可以使复杂问题逐步演化成简单且清晰的问题。因此,ARIZ 也是一个不断解释问题的过程和问题转化的过程。

1. ARIZ 的内容

ARIZ 本身发展过程中,出现过很多修改版本,ARIZ-59 是 1959 年出现的第一个修改版(见表 1-1),其他按出现年代的修改版本有 ARIZ-61、ARIZ-71、ARIZ-77、ARIZ-82 和 ARIZ-85C。ARIZ 包括以下 3 个基本内容。

(1) 流程:ARIZ 的结构化流程,包括一系列的步骤、规则和注释,识别和消除矛盾、初始问题情境分析和待解问题选取、合并解等。ARIZ 规则的基础是技术系统进化法则,包括识别和消除矛盾、接近最终理想解、创新思维工具等。

(2) 工具集:ARIZ 集成了多种 TRIZ 工具,包括科学知识和效应库(物理、化学、生物、数学和几何学)、标准解、发明原理和资源分析方法等。

(3) 控制方法:问题求解过程中,工程技术人员常常会受思维惯性影响,ARIZ 可以帮助我们选择正确的 TRIZ 工具集并按最有效的步骤来使用,从而有效克服思维惯性。

2. ARIZ 的特点

1) 消除矛盾并接近理想解

ARIZ 算法采用一套结构化流程逐步将一个状况模糊的初始问题转化为一个 TRIZ 标准问题,最终形成物理矛盾。ARIZ 的目标是获得最终理想解,在消除技术系统矛盾的过程中,使技术系统向着理想解的方向进化。

2) 克服思维惯性

ARIZ 形成的初衷是基于人的算法,而不是面向计算机的算法,因此必须首先克服创新过程中人类思维的故障——思维惯性。ARIZ 主要通过利用 TRIZ 已有工具和创新思维方法来克服思维惯性。

(1) 引入缩小问题(mini-problem)和扩大问题(maxi-problem)两种初始问题的转化形式。前者要求在消除系统缺陷时尽量保持系统不变化,是一种通过引入约束以激化矛盾从而发现隐含矛盾的转化形式;而后者则不对改变作任何约束,目的是激发解决问题的新思路。

(2) 创新思维方法:包括九窗口法、聪明小人法、尺寸-时间-成本(STC)法和金鱼法(见 1.6 节)。

(3) 系统转化方法和思维模式。

(4) (系统内外所有可利用的)资源挖掘与分析。

3) 利用并扩充 TRIZ 科学知识效应库

ARIZ 由一个不断更新的知识库提供支持,此知识库的内容紧凑、综合性强。知识库的基本组成包括化学、物理和几何效应及现象库,也包括一些应用实例库。

4) 集成 TRIZ 理论体系中大多数工具

ARIZ 集成应用了 TRIZ 理论中的绝大多数工具,包括理想解、技术矛盾解决、物理矛盾解决、物质-场分析与标准解、效应知识库。建立了从问题分析到问题求解评价的一系列完整流程,对使用者有很高的要求,要求使用者必须能熟练掌握使用 TRIZ 理论里的所有工具。

5) ARIZ 理论基础

ARIZ 基于技术进化法则,进化法则是客观的、经数据统计分析的趋势法则,因此 ARIZ 的解决方案具有较高的可信度及有效性。

8.2　ARIZ 构成

应用 ARIZ 求解问题的结构化流程包括 9 个步骤(每个步骤又分别包含有不同的子步骤),宏观层面分为三类:初始问题重构(restructuring of the original problem)、消除物理矛盾(removing the physical contradiction)和分析解决方案(analyzing the solution)。文献[9]给出了 ARIZ 系统构成,如图 8-1 所示。

1. 初始问题重构

ARIZ 前三个步骤是对问题的分析和转换,包括:

1.0　系统分析

2.0　资源分析

3.0　定义最终理想解和物理矛盾

首先从初始问题的现状描述开始,构成问题初始情境。其次,ARIZ 特别注重对系统基本功能的界定(以帮助将初始问题向"最小问题"转化)、构造两个技术矛盾及转换成"物质-场模型"中的矛盾、识别系统实际资源。最后,设定系统最终理想解和定义物理矛盾,以帮助我们寻求"消除物理矛盾"的创新概念方案。

ARIZ 前三个步骤通过对问题初始情境分析以及资源分析、IFR 等独特分析方法,为获

第 8 章　发明问题解决算法 ARIZ

图 8-1　ARIZ 的构成

得技术系统的创新概念方案打下良好的基础。因此,本宏观程序阶段可以看成为 PDCA 循环中的"规划(plan)"。

2. 消除物理矛盾

"消除物理矛盾"这一宏观阶段也包括三个步骤:
4.0　消除物理矛盾
5.0　应用知识库(效应库、标准解和发明原理等 TRIZ 工具)
6.0　改变最小问题

这三个步骤是对产生技术系统创新概念设计的三次尝试:通过"消除物理矛盾",系统本身矛盾被彻底解决,系统向其理想解进化一步。ARIZ 强调在本步骤中,可以应用 TRIZ 创新思维工具来拓展,特别是聪明小人法的应用。如果通过步骤 4.0 还是不能对物理矛盾实施分离,则可尝试步骤 5.0"应用知识库、发明原理等 TRIZ 工具"。这一步骤中,ARIZ 特别建议使用各种科学知识和效应的数据库系统来解决问题。同样,如果步骤 5.0 还是不能对物理矛盾实施分离,则可尝试步骤 6.0"改变最小问题",也就是说,我们原来对系统初始情境构造分析中,可能对问题的描述与分析有一些不严谨之处。如果步骤 6.0 还是未能解决问题,则应该立即终止 ARIZ 回到步骤 1.0,对问题进行重新定义和分析。

ARIZ 中间三个步骤实际上就是通过反复努力去消除物理矛盾的过程,本宏观程序阶段可以看成为 PDCA 循环中的"执行(do)"。

3. 分析解决方案

"分析解决方案"宏观程序阶段包括了 ARIZ 最后三个步骤：

7.0 检查解决方案和分析消除物理矛盾

8.0 尽量开发解决方案的用途

9.0 检查 ARIZ 在所有"实时阶段"应用

步骤 7.0 实质上是对"技术系统的问题真的得到解决了吗？"和"技术系统中的物理矛盾真正消除了吗？"的检核，属于 PDCA 循环中的"检核（check）"。步骤 8.0 和步骤 9.0 则是对已获取的可行的解决方案进行应用可能性分析与尝试，以使解决方案的用途最大化。另外，如果对企业或行业而言，当使用 ARIZ 获得好的解决方案之后，可以考虑建立企业自身或行业共享的"关键知识"知识库。

在解决具体问题时，ARIZ 并没有强制要求按顺序走完所有的 9 个步骤，如果在某个步骤获得了问题的解决方案，就可跳过中间的其他几个无关步骤，直接进入后续的相关步骤。

8.3 ARIZ 详解

0 问题情境

0.1 确定问题解决方案的最终目标

  a. 解决问题技术系统中哪些特性和参数必须改变？

  b. 解决问题过程中哪些技术参数不能改变？

  c. 问题解实施后能减少哪方面的成本？

  d. 解决问题可以接受的最大成本是多少？

  e. 问题解决后哪些技术和经济指标得到改善？

0.2 考虑初始问题的替代问题解决办法

  应用系统算子在系统、子系统、超系统等多个维度考虑替代问题解决途径。

0.3 在初始问题和替代问题之中选择最有希望实现目标的途径

0.4 确定问题解决的定量指标

0.5 考虑到发明问题实施的时间延后，适当提高 0.4 步中的定量指标

0.6 定义问题解起作用的特殊条件要求

  a. 考虑制造这个产品的特殊要求，特别是复杂度的可接受程度；

  b. 考虑将来的应用规模。

0.7 考虑问题是否可以直接应用发明原理解决

0.8 检索专利以便更明确地定义问题

  a. 在相关专利中，类似问题是如何解决的？

  b. 在领先企业中，类似问题是如何解决的？

  c. 相反问题是如何解决的？

0.9 应用参数（尺寸、时间、成本）算子

例 8.1　安瓿火焰封口工艺系统

问题情境：参见例 2.4，图 2-19 为安瓿火焰封口工艺系统的功能模型图，一般化的情境

描述模板见表 8-1。

表 8-1 问题情境描述

0 问题情境	
情境描述	安瓿是一种是可熔封的硬质玻璃容器,用以盛装注射用药或注射用水。玻璃安瓿生产时,敞口瓶装好药水到一定的液面高度。在封口工序采用乙炔焰熔化瓶口玻璃并封口,但是安瓿内的药液在此高温下会发生变质
功能模型	
问题描述	a. 火焰加热药瓶; b. 受热的药瓶传递热量,加热药瓶中的药水; c. 空气无法对药瓶实施充分冷却,从而使得药水过热产生质量缺失

1.0 系统分析

系统分析步骤的目标是要从模糊不清的初始问题情境中抽象出清晰简单的发明问题模型,主要工作内容为描述"最小问题"和识别技术矛盾。通过建立问题模型并采用简单原理图叙述方式,清晰地表达系统的主要功能和技术矛盾。

1.1 描述最小问题

ARIZ 中最小问题是指针对待解决技术系统问题,可以采取对系统实施最小改变(或基本不作改变)就能彻底解决系统的矛盾问题。因此,最小问题是帮助我们提高系统理想度的关键,可以达成"系统基本不做改变,但是系统所需功能实现最小的变化"。

为了更清楚地描述最小问题,可采用如表 8-2 所示模板的描述最小问题的方法。

表 8-2 描述最小问题

1.0 系统分析		
1.1 描述最小问题	技术系统名称	安瓿火焰封口工艺系统
	技术系统实现的功能	密封药瓶(火焰加热熔化药瓶敞口处玻璃)
	技术系统的作用目标	安瓿(药瓶)和药水
	系统包含的主要系统组件	火焰枪、火焰、药瓶托板
	系统包含的主要超系统组件	空气
	技术矛盾(EC1)	IF 火焰枪喷出火焰温度足够 THEN 安瓿尖口玻璃非常容易熔化且快速封口 BUT 药瓶传递热量加热药水,使药水易高温变质
	技术矛盾(EC2)	IF 火焰枪喷出火焰温度较(很)低 THEN 空气可以充分冷却药瓶而使药水不会受热变质 BUT 安瓿尖口玻璃难以熔化(或需要很长时间)
	最小问题	在保证药水质量的同时,安瓿尖端敞口易于密封

注:技术矛盾(engineering contradiction,EC)采用第 4 章关于矛盾的定义方法进行定义。

1.2 识别矛盾组件(工具—产品)

为了更好地找出产生矛盾的组件对,可采用如表 8-3 所示的识别过程产生矛盾的组件对:从功能模型分析中识别出两个技术矛盾所涉及的组件,并分析组件间的功能及性能水平,可能的话,找出产生矛盾的根本原因。最后,识别出矛盾组件对中的工具和对象。

表 8-3 识别矛盾组件

1.2 识别矛盾组件		
必需功能	(玻璃瓶)支撑 药水	为了制造密封的安瓿,必须采用玻璃瓶盛装药水
	(火焰)熔化 玻璃(瓶嘴)	同时,必须用高温火焰熔化药瓶敞口处玻璃后密封
有害功能	(火焰)加热 玻璃(瓶身)	根本原因
	玻璃(瓶身) 加热(药水)	使药水变质
不足功能	(空气)冷却 玻璃(瓶身)	空气难以冷却玻璃瓶
分析	药水变质的根本原因是玻璃瓶过热,而玻璃瓶过热是由高温火焰加热引起的,因此,火焰是安瓿火焰封口工艺系统中造成矛盾冲突对中的工具	
工具	火焰(温度高、低)	
产品	玻璃瓶(瓶嘴、瓶身)	

1.3/1.4 图示技术矛盾,选择矛盾

采用物质-场模型的画法,画出系统的技术矛盾 1(EC1)和技术矛盾 2(EC2)示意图,如表 8-4 所示,工具对产品的正常功能用实线表示,工具对产品的有害功能用波浪线表示。

表 8-4 图示技术矛盾与矛盾选择

1.3 图示技术矛盾,选择矛盾		
EC1	-火焰温度较高,安瓿敞口玻璃非常容易熔化且快速密封; -同时,火焰亦会加热玻璃瓶身并通过玻璃瓶身热传导加热药水,从而使药水变质	密封(熔化) 火焰(高温) → 玻璃瓶 加热
EC2	-火焰温度较低,火焰加热玻璃瓶身的作用减弱,空气可能对瓶身实施冷却,可保证药水质量; -同时,安瓿敞口玻璃难以熔化造成密封功能不足	密封(熔化) 火焰(低温) → 玻璃瓶 加热
1.4 EC选择	ARIZ 要求使矛盾尖锐化,而不是缓和矛盾,建议选择如何去加强有用功能的矛盾,而不去选择如何减少有害的矛盾	选取 EC1

1.5 激化矛盾,识别组件作用的极限状态

为了加强矛盾冲突,指出组件作用的极限状态,可加强所选的矛盾(主要以夸大某个核心参数为主)。例如,火焰温度足够高,可以瞬间熔化安瓿敞口玻璃而实现安瓿密封,从而提高密封作用的效率和密封效果。显然,矛盾激化后,有害作用可能也会被夸大,这属于充分发挥系统有用作用,却导致有害作用最大化。另外一条激化矛盾的途径是消除有害作用,却

导致有用作用弱化甚至有用作用消失。例如,降低火焰温度或者不使用火焰,因火焰加热玻璃瓶身而导致的药水变质问题得到彻底消除,但是火焰有用的密封功能也消失了。激化矛盾的模板参见表8-5。

表8-5 激化的矛盾问题描述

1.5 激化矛盾		
途径1	充分发挥系统有用作用,却导致有害作用最大化	提高火焰的温度
途径2	消除有害作用,却导致有用作用弱化甚至有用作用消失	降低火焰温度(或取消火焰焊而改进其他工艺)
系统激化矛盾	足够高的火焰温度,可以瞬间熔化安瓿敞口玻璃而实现安瓿密封,但是玻璃瓶身高温会使药水变质	

矛盾激化后,ARIZ建议选择"充分发挥系统有用作用,但有害作用最大化"的途径来处理矛盾问题,目的是为了不对系统的主要(基本)功能作变动。此时,激化矛盾表现为:系统工具对产品产生有用功能的同时,又对产品产生了有害功能。显然,这是TRIZ理论体系中物质-场模型问题,可以考虑采用76个标准解中的"拆解物质-场模型"的相应标准解,检查应用标准解系统解决问题的可能性:

a. 在工具和产品两种物质外,引入第三种物质;
b. 从超系统引入第三种物质;
c. 引入工具和产品两种物质的变异或改进物质;
d. 引入用来抵消有害作用的第三种物质;
e. 引入一种场来抵消有害作用。

1.6 建立问题模型

以问题模型的格式重新理清问题。一般的问题模型应该且不仅仅包括组件、激化矛盾、问题描述,见表8-6所示模板。建立问题模型的过程实质上就是前述几个步骤的综合。

表8-6 建立问题模型

1.6 建立问题模型	
矛盾组件对	火焰、玻璃瓶
激化矛盾	足够高的火焰温度,可以瞬间熔化安瓿敞口玻璃而实现安瓿密封,但是玻璃瓶身高温会使药水变质
问题描述	有必要找到一个X,可以保证火焰的高温仅作用到安瓿敞口玻璃处,而不会加热安瓿瓶身

注:(1) X元素不一定是一种新的物质,它可以是系统的某种改变,如温度的改变、系统某部分物理状态或外界环境状态的改变。
(2) 对X元素的要求:能消除有害作用;不破坏现有的有用作用;不再产生新的有害作用。

完成步骤1.6之后,应返回1.1步检查建立的问题模型是否符合逻辑。通常是描述冲突模型中的X元素,以确认问题模型的正确性。

2.0 资源分析

ARIZ步骤2.0的主要目的是分析矛盾的操作区域(何处发生矛盾)和操作时间(何时

发生矛盾),并创建解决问题可用资源的清单(空间、时间、物质和场以及物质-场属性)。

2.1 定义矛盾操作区域

操作区域(operation zone, OZ)是指系统完成某项功能的执行,需要一定的空间区域。ARIZ执行2.1步骤时,需要分别指出工具要素有用作用和有害作用的操作区域,使用OZ_1表示工具组件(功能载体)完成有用作用的操作区域;使用OZ_2表示工具组件产生有害作用的操作区域。表8-7表示了安瓿的火焰封口工艺系统中,火焰所提供的密封功能(有用功能)和加热功能(有害功能)发生在不同的区域,因此矛盾冲突需求可以通过空间分离来解决。

表8-7 操作区域分析

2.0 资源分析		
2.1 操作区域分析		
OZ_1		火焰密封区域发生于安瓿敞口区域
OZ_2		火焰加热玻璃瓶的发生区域为安瓿瓶身

2.2 定义矛盾操作时间

如果矛盾冲突需求不能通过空间分离来解决,可进行矛盾操作时间分析。矛盾操作时间分析(operation time, OT)是指判定有用/有害功能是否在同一时间段执行,使用OT_1表示工具组件(功能载体)完成有用作用的操作时间;使用OT_2表示工具组件产生有害作用的操作时间。表8-8表示了安瓿的火焰封口工艺系统中,火焰所提供的密封功能(有用功能)和加热功能(有害功能)发生在相同的时间段,因此矛盾冲突需求不能通过时间分离来解决。

表8-8 操作时间分析

2.2 操作时间分析		
OT_1		火焰密封时间段为火焰喷射安瓿瓶敞口时
OT_2	OT_1 OT_2	火焰加热玻璃瓶的发生时间也是该时间段

2.3 定义可用物质-场资源

物质-场资源(substance field resource, SFR)包括系统资源和超系统资源,系统资源可分为工具资源和产品资源。表8-9中列举了系统和超系统的物质-场资源创建可用资源清单。

表8-9 SFR资源清单

2.3 物质-场资源分析(SFR)			
资源类别	物质	参数	场
操作区域中的系统SFR	玻璃瓶、药水、火焰、火焰枪	气量、温度	热场
操作区域中的环境SFR	托板		
一般环境资源			
超系统SFR	空气	压力、流速	
廉价易于获得的SRF	空气、水	温度、压力、流速	

3.0 定义最终理想解和物理矛盾

步骤 3.0 定义在高水平基础上对一个对象的单一物理参数具有相反的且都合乎情理的需求进行处理,即解决物理矛盾问题。同时,步骤 3.0 还需确定系统最终理想解 IFR,以帮助我们缩小问题域,使资源得到精确使用,最终达成整个系统的目标。

3.1 定义最终理想解 IFR-1

TRIZ 认为:技术系统向着通过最少引入外部资源、消除矛盾和增加理想度的方向进化。当我们在解决创造性问题的时候,首先设想其理想解,然后设法解决相关矛盾。

最终理想解(ideal final result,IFR)是指系统在保持有用功能正常运作的同时,能够自行消除有害的、不足的、过度的作用。表 8-10 表示了如何定义最终理想解 IFR-1 的模板:在操作区域内,操作时间段内,不使系统变复杂的条件下,引入或引进 X 资源实现有用功能,不产生并消除有害功能,不影响工具要素有用功能。

表 8-10 描述最终理想解 IFR-1

3.0 定义最终理想解和物理矛盾			
3.1 定义最终理想解 IFR-1			
条件设定	操作区域(时间)	需保持的有用作用	要消除的有害作用
存在一个 X	在火焰喷射安瓿敞口的时候 (或者在……操作区域范围内)	可以实现"高温火焰熔化安瓿敞口处的玻璃,以便实现良好密封功能" 并且,不增加系统复杂程度和不产生任何有害作用	并且能够"消除高温火焰余热对安瓿瓶身的加热功能,以免安瓿内装的药水变质"

注:描述理想化的最终结果 IFR 的总体思想是在获得有用功能的同时,不产生并消除有害功能;在引入新的有用功能的同时,不能加剧系统的复杂性。

3.2 使用限制条件应用 IFR-1

TRIZ 认为:技术系统向着通过最少引入外部资源、消除矛盾和增加理想度的方向进化。当我们在解决创造性问题的时候,在设想其理想解之后,应用系统自身的物质-场资源 SFR,逐个取代 IFR-1 中的 X 元素。

通过引入限制条件,不能引入新的物质和场,尝试应用系统内可用资源实现最终理想解 IFR-1,可以参照表 8-11 所示模板来进行。每当使用一个系统自身的 SFR 来替代 IFR-1 中的 X 元素,并且能够完成"保持有用功能、消除有害功能,且不增加系统复杂程度和不产生任何有害作用"的目标,就可以获得一种创新概念设计方案。

表 8-11 应用最终理想解 IFR-1

3.2 使用限制条件应用 IFR-1			
只能使用	操作区域中的系统 SFR		
条件设定	操作区域(时间)	需保持的有用作用	要消除的有害作用
a.使用托板	在火焰喷射安瓿敞口的时候	可以实现"高温火焰熔化安瓿敞口处的玻璃,以便实现良好密封功能" 并且,不增加系统复杂程度和不产生任何有害作用	并且能够"隔离高温火焰余热向安瓿瓶身传导"

续表

3.2 使用限制条件应用 IFR-1			
只能使用	操作区域中的系统 SFR		
条件设定	操作区域(时间)	需保持的有用作用	要消除的有害作用
b.使用新喷嘴	在火焰喷射安瓿敞口的时候	可以实现"高温火焰熔化安瓿敞口处的玻璃,以便实现良好密封功能"	并且能够"使高温火焰只集中在封口处而不使其余热向外传导"
	并且,不增加系统复杂程度和不产生任何有害作用		
c.使用……			

初始方案 1：改变原来平托板的结构为槽状结构,槽的形状和安瓿纵剖面形状一致(见图 8-2)。实际使用中,承托安瓿的槽状托板表面接受了火焰的余热,系统工作时间一长,这些余热很可能再次传导到安瓿瓶身。因此,槽状托板如果是循环使用,比如装载在传送带上,则可以在火焰封口区之外的任意位置对槽状托板进行风冷等降温处理;而槽状托板如果是固定使用,则可以利用槽状托板内部空间资源,通过风、水流过槽状托板内部空间而将热量带走。

图 8-2　安瓿火焰封口工艺系统中的槽状托板示意图

初始方案 2：对现有的火焰枪喷嘴进行改进,有多个方向可选择。例如,通过对知识库的查询,一般燃气灶采用明火方式,热量损耗大。专业红外线燃气灶采用无火焰催化燃烧技术,燃烧是在辐射板内部完成的,之后再用辐射板将燃烧所产生的热能转化为红外线辐射传递。则现有火焰枪可参考专业红外线燃气灶的辐射板进行改进,同时可将辐射板形状与安瓿敞口现状进行匹配,使得热辐射集中在密封口区域。

初始方案 n：……

3.3　宏观描述物理矛盾

物理矛盾是指一个对象的单一物理参数具有相反的且都合乎情理的需求,必须发生在操作时间和操作区域内。宏观描述物理矛盾一般是指识别发生在较高层级的系统/组件或场这一层级中的物理矛盾。安瓿火焰封口工艺系统中,ARIZ 步骤 1.3 定义的两个 EC 技术矛盾中可以发现,火焰的温度参数属于该系统中的物理矛盾,宏观描述物理矛盾则是围绕系统组件"火焰"来进行,或者选择安瓿(目标—产品)、空气(超系统/组件),如表 8-12 所示。

表 8-12 宏观描述物理矛盾

3.3 宏观描述物理矛盾

资源及属性	操作区域（时间）	宏观物理状态	作用目的
安瓿及材质	安瓿敞口，在火焰喷射时	易受热熔化	快速完成"密封安瓿敞口"的有用功能
	安瓿瓶身，在火焰喷射时	不接受热辐射；受热辐射但温度不上升	消除"火焰加热瓶身"的有害作用影响
火焰、温度	安瓿敞口，在火焰喷射时	高温	快速完成"密封安瓿敞口"的有用功能
	安瓿瓶身，在火焰喷射时	低温（常温）	消除"火焰加热瓶身"的有害作用影响
空气、流速	安瓿敞口，在火焰喷射时	不流动	快速完成"密封安瓿敞口"的有用功能
	安瓿瓶身，在火焰喷射时	高速流动	带走"火焰加热瓶身"时产生的热量

3.4 微观描述物理矛盾

微观上描述物理矛盾，是指从微观角度出发，考虑以"粒子"（粒子可以是物质粒子、场粒子或物质-场粒子，也可能是原子、分子等状态）来替代 X。通常描述表达方式为：

存在着这样一种物质"粒子"，在某个 OZ（或 OT）内，其物理状态表现为 PC（physical conditions/action），目的是为了完成有用功能（useful function，UF）；同时，又不应该存在着这样一种物质"粒子"，其相反的物理状态表现为-PC，目的是为了消除有害作用（harmful function，HF）。

本案例中的表述如表 8-13 所示。

表 8-13 微观描述物理矛盾

3.4 微观描述物理矛盾

条件	操作区域（时间）	微观物理状态	作用目的
有一种"粒子"	安瓿瓶身，在火焰喷射时	形成一个隔离热量的场	阻止热量传导
无"粒子"	安瓿敞口，在火焰喷射时	常态	快速传导热量

有时，在宏观层面上描述物理矛盾可能难以操作，通过微观层面描述物理矛盾这种启发式方法，对于解决系统矛盾非常有效。之所以称之为"微观"层面，是因为我们引入了一种新的物质——"粒子"，当然也可以是原子、分子等微观物质、场或物质-场及其属性。

3.5 描述最终理想解 IFR-2

最终理想解 IFR-2 是指所选 X 资源在操作时间和空间内，具有相反的两种宏观或微观状态；最终理想解 IFR-2 定义了一个新问题，这个问题如果解决了，则初始问题也可以解决。这个新问题即是初始问题隐含的物理矛盾，描述 IFR-2 模板如表 8-14 所示。

3.5 描述最终理想解 IFR-2

表 8-14 描述最终理想解 IFR-2

操作区域	操作时间	应该自我保证实现的宏观物理状态	同时该自我保证实现的相反的微观物理状态
安瓿瓶身	在火焰喷射时	不接受热辐射；受热辐射但温度不上升	有一种"粒子"，阻止热量传导到瓶身
安瓿敞口		易受热熔化	不存在这种"粒子"，可以将火焰热量快速传到瓶口

注："自我实现"是 IFR2 与 IFR1 最大的不同之处。

3.6 尝试应用标准解解决 IFR-2 提出的物理矛盾

相对于步骤 2 中应用标准解解决问题，这里问题分析更加深入，便于更好地应用标准解解决原问题。值得注意的是，应用标准解在 ARIZ 的多个步骤中出现，但是标准解的类别是有很大区别的。ARIZ 步骤 1.5"激化矛盾"后可应用"拆解物质-场"类的标准解，而 IFR-2 属于宏观和微观层级的标准解应用。

至此，如果问题没有解决，则继续步骤 4.0；如果问题得到解决，则跳转到步骤 7.0。实际上，即使顺利完成 ARIZ 前面 3 个步骤并得到了令人满意的结果，我们建议继续进行步骤 4.0，这是因为 TRIZ 中"聪明小人法"本身就是从微观角度来分析与解决问题的，或许通过聪明小人法的应用，会找到更具创意的解决方案。

4.0 消除物理矛盾

在步骤 3.0 系统内可用资源分析的基础上，进一步拓展可用资源的种类和形式。只有在应用系统内资源不足以解决问题的情况下，才考虑应用外部资源和场。步骤 4.0 的目标是分离物理矛盾并最终消除物理矛盾。

对于拓展的资源如何利用的问题，ARIZ 建议采用 TRIZ 创新思维工具中的"聪明小人法"（见 1.6.4 节），可以帮助我们从不同的视角来考虑如何更有效地利用资源，以尽量减少系统变化及降低相应的成本。

4.1 尝试四大分离法则来消除物理矛盾

空间分离：如果对物理矛盾的两个矛盾需求需要在一个工程系统不同的地点，则可据此将矛盾双方在不同的空间分离开来；

时间分离：如果对物理矛盾的矛盾需求体现在不同的时间段，则可将矛盾分离到不同时间段完成；

条件分离：如果对物理矛盾的矛盾需求所需的是超系统的不同组件（或系统的作用对象不同），则可以按照 4.2.2 节"条件分离原理"所述，设定相应条件分离它们；

系统级别分离：如果对物理矛盾的要求是在子系统或超系统不同系统级别的矛盾，则可以使用"整体与部分分离"的方法解决上述物理矛盾。

4.2 应用物质-场分析和标准解

从上述 ARIZ 步骤可以看出，我们其实一直按"向导"方式使用物质-场分析，以及应用 76 个标准解。到 ARIZ 步骤 4.0 确定的物理矛盾，实质上就是实际解决方案的物质-场模型，我们所需要做的就是按照标准解的推荐，映射出解决方案。

注：真空也可以看做是一种物质，例如，稀薄的空气可以看做是空气与真空区的混合体，并且真空是一种非常重要的物质资源，可以与可利用物质混合产生空洞、多孔结构和泡沫等。

4.3 使用聪明小人法建立冲突模型

聪明小人法应用流程：

a. 问题描述及矛盾提取（问题分析）

首先对问题背景进行描述，通过问题描述进行系统分析，明确各部件的功能及相互作用关系，并提出矛盾问题。

b. 问题模型建立（当前怎样）

对于存在矛盾问题的具体部件，将其想象成一群群带有特定功能的不同的小人，再根据问题描述将各组小人进行分组及空间排布来替换原有系统各部件，建立问题模型。

c. 方案模型建立（怎样组合）

研究得到的问题模型（有小人的图）并对其进行改造，在保证每组小人相对关系不变的情况下可对组内小人进行重组或添加一组新的小人等方法，以便实现解决矛盾。

d. 过渡到技术解决方案（变成怎样）

在各组小人重组后，根据方案模型中小人的分组情况及空间位置还原成系统部件。若添加了新的一组小人，则根据小人功能寻找相应部件。

4.4 从 IFR-2 回退（step back）

即从 IFR-2 一步一步往初始问题情境回溯，以便明了到目前为止得到的解决方案到底是通过什么方式、什么步骤得到的。虽然这种貌似"修修补补"的方式从初始情景开始到 IFR-2 让人觉得有点冗长和麻烦，但是从步骤 4.0 往初始问题情境回溯的过程，你就可以发现，一个非常模糊、复杂的问题是如何一步一步简化并最终得到解决方案的。

完成步骤 4.0 之后，问题表述更接近问题本质，有助于问题解决。如果可以获得满意解，则可跳转到步骤 7.0；如果经过以上步骤问题仍没有解决，则进入步骤 5.0"应用知识库"。

5.0 应用知识库（效应库、标准解和发明原理等 TRIZ 工具）

ARIZ 步骤 5.0 的目标是应用 TRIZ 知识库（包括效应、标准解、发明原理等），主要目标就是寻找解决问题的直接方法。

5.1 运用类似问题方案

TRIZ 认为，物理矛盾上的类似是最为本质的类似。虽然发明问题各样，但问题分析后凸显出来的物理矛盾的数量却不多。经过仔细分析，外表看似完全不同的两个问题，有可能揭示出它们在物理矛盾级别上的类似，而部分问题可以根据与其类似的、含有类似物理矛盾的问题的解决方案予以解决。

模板：运用"ARIZ 解决其他类似问题的方案"能否解决 IFR2 陈述的物理矛盾？_____。

5.2 应用科学效应

科学效应是解决问题时重要的知识资源，物质-场分析中的场，其实就是效应的应用，如化学场就是化学效应的具体应用。当明确了需要哪一类的场作用时，可以应用 ARIZ 科学知识效应库选择合适效应的目标性就得到了增强。

模板：运用科学知识和效应能否解决 IFR2 陈述得出的物理矛盾？_____。

5.3 应用发明原理

40个发明原理是经典TRIZ的核心,是针对典型矛盾问题的典型解决方案,应用发明原理常常会产生突破性创新和解决方案。

模板:运用发明原理能否解决IFR2陈述得出的物理矛盾?_____。

5.4 应用物质-场分析

物质-场分析就是在建立已有问题物质-场模型的基础上,选择物质-场转换规则,转换成相应标准解物质-场模型,从而根据步骤5.5"应用标准解"来获取解决方案。

5.5 应用标准解

尽管最佳的想法是尽量运用已有的物场资源而不引入新的物质和场。但正如前面所述,在用已有的物场资源以及派生的物场资源解决不了问题时,还是不得不引入新的物质和场,而大多数标准解正好与引入添加物的技巧相关。

模板:运用"标准解系统"能否解决IFR2陈述得出的物理矛盾?_____。

6.0 改变最小问题

很多时候,无论我们多么刻苦努力地去求解问题解决方案,却始终难以摆脱构建问题和矛盾约束等方面的限制。另一方面,这些限制好像从问题一开始就存在,但是在构建问题时作了很多的假设,而忽略了一部分限制,可能导致求解时的方向出现偏差。这时候,我们需要做的就是将原来定义的最小问题进行相应地改变。

如果问题还没有解决,则应终止算法,循环和重新定义问题。

6.1 重温矛盾

回到步骤1.0,并回答:

原来步骤1.1定义的问题是一个问题、两个问题,还是多个问题?

6.2 选择其他矛盾

尝试选择原来两个技术矛盾(EC1和EC2)的另一个矛盾。

6.3 构建另一矛盾

在步骤1.1"最小矛盾"确认后,构建另外一个矛盾。

6.4 如果问题仍未解决,则改变"最小问题"

6.5 如果问题仍未解决,则在超系统层级重新构造问题

7.0 检查解决方案和分析消除物理矛盾

7.1 审查原理解

以减少不必要的成本和简化解决方案为目的,检查每一种新引入的物质或场。

模板:原理解是否可以由系统内部资源或派生资源代替?_____。

原理解是否可以由可控元素代替?_____。

7.2 审查解决方案

对解决方案初步评估主要采用如下评价标准模板:

a. 得到的解决方案是否很好实现了理想解IFR-1的主要目标?_____。

b. 得到的解决方案是否解决了一个物理矛盾?_____。

c. 解决方案是否容易在现实情境下实现?_____。

d. 如果无法使用该解决方案以满足整个问题,是否可以使用该解决方案于新系统或系统的其中一部分?

e. 解决方案是否存在其他问题(次生问题)？

8.0 尽量开发解决方案的用途

ARIZ步骤8.0的目的就是尽可能多地应用所得的解决方案，挖掘其中的潜能。其主要步骤包括以下几个。

8.1 指定解决方案应用于超系统时需要做哪些改变

尽管问题的解决方案是在系统的角度提出的，但应该考虑它可能对超系统带来的改变；与此同时，考虑我们所想到的系统能否获得。

8.2 系统应用拓展

应用解决方案对系统进行改变，能否产生一种新的不同的应用？所有系统都有自己的功能，但作一些另类的思考，分析该系统是否可以有另外的应用方式将有可能进一步挖掘系统的潜能，拓展问题解决者的思路。

8.3 可否应用已经得到的解决方案来解决其他问题

a. 拓展解决方案作为通用作用原理；

b. 研究直接使用所得方案解决其他问题的可行性；

c. 考虑将所得方案的原理反转，研究其得到新原理和解决其他问题的可能性；

d. 建立形态表格：如组件分布、产品的物理状态或应用的场、外界环境的物理状态等，根据表格要求，研究重新得到解决方案的可能性；

e. 改变系统(或其主要组件)尺寸，研究对所得原理可能带来的改变。

9.0 检查ARIZ在所有"实时阶段"应用

9.1 回顾实际ARIZ解题过程

将问题解决实际过程与ARIZ的理论过程比较，记下所有偏离的地方。这是捕捉关键知识的好方法。

9.2 解决方案与科学效应、标准解的差别

将解决方案与TRIZ知识库比较，并指出：什么使得解决方案与知识库、标准解不同？不同的原因是什么？

9.3 扩充知识库

将解决方案增添到效应库，或者作为一个效应特例，或者添加到其他标准解中。

ARIZ算法的分析对初学者有时候显得比较困难，需要使用者具有一定的知识和经验积累。其中有关"最小问题""系统矛盾""问题模型""理想解"和"可用资源"等都不一定很容易建立。并且不同的人有不同的观点，无法快速分辨不同观点的优劣。

一般而言，复杂问题往往包含多个矛盾，各个矛盾之间甚至也会互相影响，此消彼长，很难一下子掌握、得出最主要的矛盾，从而影响最终问题解的效果。用ARIZ算法解决复杂矛盾具有一定的局限性，很多时候由于生产问题受到成本、工艺的约束，可能导致ARIZ的解决方案最终难以满足要求。

ARIZ算法比较适用于解决能详细具体描述的技术问题，对概念性设计和技术发展趋势的预见性存在一定的不足。

8.4 ARIZ 应用实例

例 8.2 织物胶辊印染工艺系统

问题描述：

文献[8]介绍了一种织物图案印染工艺，如图 8-3 所示。水基黏合剂染料溶液盛放在染料槽中（充满槽的 75%），槽内一个表面凹版雕刻好印刷单元的图案辊开始转动，单元格内也随之充满涂料混合物。图案辊某处安装有一个刮刀，用于清除图案辊表面多余的染料，被清除的染料返回到槽中再次利用。图案辊表面没有了多余的涂料混合物，就会受到橡皮辊向下的压力。当织物在图案辊和橡皮辊之间通过时，会形成微小的真空，染料混合物离开图案辊表面的雕刻印刷单元转印到织物的表面上。用这种特殊的涂布工艺可以获得一个表面涂层，而不涂满整个织物。然后带有湿涂料的织物绕回加热干燥罐以去除涂层织物表面的水分，留下黏合剂涂层。

图 8-3 织物印染工艺系统示意图

采用例 8.1 所用的 ARIZ 模板（一套 Excel 表格）完成步骤 1.0～3.0，分析求解过程如下所述。

0 问题情境（见表 8-15）

表 8-15 问题情境

0 问题情境	
情境描述	胶辊印染主要用于织物花纹成形，储存于图案辊凹处的染料在两胶辊挤压作用下转移到两胶辊之间的织物表面。随着机器速度的提高，涂层重量减轻。较慢的速度可获得好的印染质量，但效率低。现有方法是采用高速双行程重复印染，但图案重叠性差
功能模型	染料槽—支撑→图案辊—挤压→刮刀；染料槽—支撑→染料；图案辊—挤压/移动→织物；染料—支撑→织物；织物—挤压→橡胶辊
问题描述	a. 随着机器速度的提高，涂层重量减轻； b. 较低速度运转，印染质量高； c. 高速双行程重复印染，但图案重叠性差

1.0 系统分析(见表8-16)

表8-16 系统分析

1.0 系统分析			
1.1 描述最小问题	技术系统名称	织物胶辊印染工艺系统	
	技术系统实现的功能	印染织物	
	技术系统的作用目标	染料、织物	
	系统包含的主要系统组件	胶辊、图案辊、染料槽、刮刀	
	系统包含的主要超系统组件	空气	
	技术矛盾(EC1)	IF 提高图案辊转速 THEN 印染生产效率高 BUT 印染质量下降(织物印染涂层重量轻)	
	技术矛盾(EC2)	IF 图案辊转速低 THEN 印染质量高 BUT 印染生产效率低	
	最小问题	在保证印染质量的同时,提高图案辊转速	
1.2 识别矛盾组件			
必需功能	(图案辊)移动织物	织物花纹图案的形成,是通过两辊对织物挤压作用,从而将图案辊凹位储存染料转移到织物上	
有害功能			
不足功能	(图案辊)挤压织物	为提高生产效率,必须提高图案辊转速,导致两辊与织物挤压作用时间减少,染料转移到织物的重量降低	
工具	图案辊		
产品	织物(包括坯布和转移到坯布上的染料)		
1.3 图示技术矛盾,选择矛盾			
EC1	-图案辊转速高,可提高坯布移动速度,生产效率高 -同时,高图案辊转速会导致两辊与织物挤压作用时间减少,染料转移到织物的重量降低	图案辊(转速高) 提高→坯布(移动速变) 减少→染料(印染层重量)	
EC2	-图案辊转速低,两辊与织物挤压作用时间加长,染料转移到织物的重量增加,印染质量高; -同时,降低了坯布移动速度,使得生产效率低	图案辊(转速低) 降低→坯布(移动速度) 增加→染料(印染层重量)	
1.4 EC选择	ARIZ要求使矛盾尖锐化,而不是缓和矛盾,建议选择如何加强有用功能的矛盾,而不去选择如何减少有害的矛盾	选取 EC1	

续表

1.5	激化矛盾	
途径1	充分发挥系统有用作用,却导致有害作用最大化	提高图案辊转速
途径2	消除有害作用,却导致有用作用弱化甚至有用作用消失	降低图案辊转速
系统激化矛盾	足够高的图案辊转速,可以大幅度提高生产效率,但是印染质量会大幅降低	

1.6	建立问题模型
矛盾组件对	图案辊、织物
激化矛盾	足够高的图案辊转速,可以大幅度提高生产效率,但是印染质量会大幅降低
问题描述	有必要找到一个X,可以在图案辊高速转动时提高生产效率,而不会降低印染质量(减少印染层重量)

2.0 资源分析

物质-场资源见表8-17。

表8-17 资源分析

2.0 资源分析

2.1 操作区域分析

OZ_1		提高生产效率需要图案辊高速转动,带动图案区高速转动。OZ_1为橡胶辊与图案辊的接触区域
OZ_2		图案区高速转动时,图案区染料与织物作用时间减少,织物印染层重量降低。OZ_2为橡胶辊与图案辊的接触区域

2.2 操作时间分析

OT_1		高生产效率发生在图案辊高速转动时
OT_2		织物印染层重量减少也是发生在图案辊高速转动时

2.3 物质-场资源分析(SFR)

资源类别	物质	参数	场
操作区域中的系统SFR	橡胶辊、图案辊、织物、染料	速度、接触面积	化学场、物理场
操作区域中的环境SFR	刮刀	弹性	
一般环境资源	光、风		
超系统SFR	空气	速度、干燥度	
廉价易于获得的SRF	空气、水	温度、压力、流速	

3.0 定义最终理想解和物理矛盾(见表 8-18)

表 8-18 定义最终理想解和物理矛盾

3.0 定义最终理想解和物理矛盾			
3.1 定义最终理想解 IFR-1			
条件设定	操作区域(时间)	需保持的有用作用	要消除的有害作用
存在一个 X	在图案辊高速转动的时候 (或者在……操作区域范围内)	可以实现"提高生产效率的有用功能"	并且能够增强"减轻印染层重量"的不足功能
	并且,不增加系统复杂程度和不产生任何有害作用		
3.2 使用限制条件应用 IFR-1			
只能使用	操作区域中的系统 SFR		
条件设定	操作区域(时间)	需保持的有用作用	要消除的有害作用
a. 使用胶辊	在图案辊高速转动的时候	可以实现"提高生产效率的有用功能"	并且能够增加图案辊和织物的接触时间,增强"减轻印染层重量"的不足功能
	并且,不增加系统复杂程度和不产生任何有害作用		
b. 使用图案辊	在图案辊高速转动的时候	可以实现"提高生产效率的有用功能"	并且能够增大图案辊和织物的接触面积,增强"减轻印染层重量"的不足功能
	并且,不增加系统复杂程度和不产生任何有害作用		
c. 使用刮片	在图案辊高速转动时	可以实现"提高生产效率的有用功能"	并且能够在图案区内储存更多染料,增强"减轻印染层重量"的不足功能
	并且,不增加系统复杂程度和不产生任何有害作用		
3.3 宏观描述物理矛盾			
资源及属性	操作区域(时间)	宏观物理状态	作用目的
胶辊	在图案辊高速转动的时候	与织物印染区接触时间短	挤压织物和图案辊
	在图案辊高速转动的时候	与织物印染区接触面积小	挤压织物和图案辊
图案辊	在图案辊高速转动的时候	与织物接触区的线速度高	移动织物
	在图案辊高速转动的时候	与织物印染区接触时间短	挤压织物
刮刀	在图案辊高速转动的时候	挤压图案辊	去除(多余)染料
3.4 微观描述物理矛盾			
条件	操作区域(时间)	微观物理状态	作用目的
有一种"粒子"	在图案辊高速转动的时候	使织物移动速度提高	提高生产效率
无"粒子"	在图案辊高速转动的时候	使图案区染料快速移动到织物涂层	增加印染层重量
3.5 描述最终理想解 IFR-2			
操作区域	操作时间	应该自我保证实现的宏观物理状态	同时该自我保证实现的相反的微观物理状态
在图案辊的图案区	在图案辊高速转动的时候	织物移动速度很快	图案区染料和织物结合良好

通过 ARIZ 步骤 1.0~3.0 的应用,将 IFR-1 具体化可得到下列初始解决方案。

解决方案 1:在图案辊高速转动时,单个图案辊与织物的挤压时间不足,造成织物印染层厚度下降。由此产生的解决方案是多次反复挤压,即在第一次织物涂敷染料不足的情况下,实施多次重复涂覆。实际中,使用多级图案辊,实现多图案辊同步印染工艺(见图 8-4),这正是目前使用的改进工艺——高速双行程重复印染,由此带来的次生问题是前后两个图案辊存在同步误差,在织物同一位置两次印染的图案不重叠,在织物上产生所谓的"重影"。

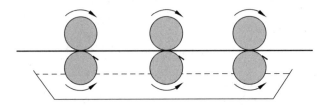

图 8-4　多图案辊同步印染工艺示意图

解决方案 2:使用多级橡胶辊(见图 8-5),在橡胶辊、图案辊高速转动时,提高图案辊的图案区和织物的接触时间,以便有足够的时间将染料涂敷到织物上,实现既提高生产效率,又保证织物印染层重量,实现高速高质量印染。

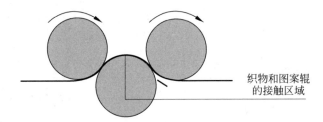

图 8-5　双胶辊印染工艺系统示意图

解决方案 3:使用刮刀。这是由发明原理 27——以低成本不耐用的物体代替昂贵耐用的物体提供的参考方案。回顾一个类似的工艺专利,即将在印染装置中的一个相对昂贵的物体,即钢制刮刀,应该用廉价的塑料刮刀取代。结果发现,塑料刮刀更可靠,且能更好地控制了染料的重量。

解决方案 4:使用染料。当图案辊高速转动时,图案辊与织物的挤压时间不足,造成织物印染层重量(或厚度)下降。如果可以在染料中加入额外的化学物质,这样在印染过程中将帮助染料快速转移到织物上去;如果加热染料,染料的黏性(2500mPa·s)可以降低到大约 1000mPa·s 的黏度,这将有助于染料的流动性,即可使染料从印染装置更容易地移动到织物上去。

解决方案 5:使用织物。可能存在一个机会就是在完成印染之前先对织物除湿(使其更干燥),这将使织物吸收染料更快,让织物在较高的速度中印染更多的染料。同样,在织物印染前,还可以对织物进行预热,可能在印染时会帮助织物拾取染料。另外,改变织物或染料的化学状态,如果该织物目前是混合 50% 的棉和 50% 的聚酯纤维,织物可改为 100% 的棉,棉具有固有的强吸附能力,即可提高吸收染料的能力。但是,应该指出,这将大大改变最终产品的性能及成本,而 TRIZ 不鼓励尝试去改变超系统(织物是印染系统的目标,属超系统)。

4.0 消除物理矛盾

4.1 尝试四大分离法则来消除物理矛盾

对于印染工艺系统而言,在2.2和2.3节分析了操作区域和操作时间,显然难以应用空间分离和时间分离直接消除物理矛盾,但是可以使用空间分离和时间分离对应的发明原理来消除物理矛盾。例如,"发明原理17——维数变化"对应空间分离,可以将单个橡胶辊与图案辊的接触区域(理论上为一条线,由于两轮挤压,实际区域为一个小宽度窄条区)向二维、三维或多维方向改变。

条件分离:图案辊和橡胶辊挤压并移动织物,通过挤压还产生另外一个作用就是将图案区的染料转移到织物上,这样对于图案辊而言就必须完成两个相互矛盾的功能。如果将图案辊的图案区分离,即图案辊也采用橡胶辊,两橡胶辊通过挤压和旋转,完成移动织物的功能,而织物上形成染料涂敷层的功能采用其他组件或新增组件来完成。

解决方案6:喷墨打印机及大幅面喷绘机可以在纸、布匹等介质上实现复杂图案,速度快、质量高。利用已有大幅面喷绘机或系统工作原理,可以开发出高速、高分辨率的"织物喷绘机"。

图 8-6 大幅面织物喷绘机

4.2 应用物质-场分析和标准解

从上述 ARIZ 步骤可以看出,织物印染图案的形成是图案辊(图案区储存染料)对织物挤压作用的结果,高速转动的图案辊通过机械场的作用,将图案区储存的染料转移到织物上,但是在高速情况下,挤压时间不足,造成染料转移能力不足,最终造成织物涂敷染料层重量不足,影响了印染质量。由此建立的初始情境物质-场模型如图8-7(a)所示。

根据初始系统物质-场模型,需要加强不足功能,应用76个标准解的第二类"增强物质-场",主要的建议有:改变为链式物质-场模型;改变为双物质-场模型;分割 S_1 或 S_2;使用磁性物质等。按照76个标准解应用流程,列出对应标准解的物质-场模型,如图8-7(b)所示。

解决方案7:新增一个场,在图案辊高速转动时,可以在离心力的作用下,图案区储存的染料快速转移到织物上。

4.3 使用聪明小人法建立冲突模型

a. 问题描述及矛盾提取(问题分析)

仅当印染速度增加时,出现上述矛盾的区域为图案辊的图案区与织物、橡胶辊的积压区

图 8-7 织物印染系统的物质-场模型

域,表现为当图案辊高速转动时织物不能拾取足够的染料。

假定在织物表面有一群红色小人(粗线条表示,固定在织物上,不能离开织物),在图案辊图案区的染料看作为一群蓝色小人(细线条表示,可以在外力作用下离开图案区)。在印染时,红色小人的工作就是去抓住在图案辊图案区的蓝色染料小人,并使染料上的小人转移到织物上(见图 8-8)。

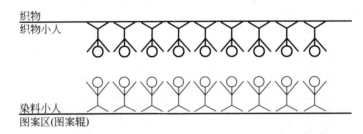

图 8-8 织物印染工艺系统的聪明小人模型

b. 问题模型建立(当前怎样)

在较慢的图案辊转速下,红色织物小人有足够的时间抓住蓝色染料小人(见图 8-9(a));在图案辊高速转动情况下,由于印染速度的增加致使红色织物小人不能抓住所有的蓝色染料小人,从而使一些蓝色染料小人被丢弃在图案区之中,织物上蓝色小人数量减少。

c. 方案模型建立(怎样组合)

在图案辊高速转动,即蓝色染料小人高速奔跑情况下,红色小人需要在以下几个方面进行组合:

快速出手抓住每一个蓝色小人,并马上抓取下一个;
加强内功,提升自己的能力吸引蓝色小人,让蓝色小人乖乖地被俘虏;
多次抓取;
蓝色小人挣脱图案辊的黏附力,能轻松地跑到红色小人区中;
……

d. 过渡到技术解决方案(变成怎样)

解决方案 8:(多人/次抓取)问题初始情境表现为蓝色染料小人相对于红色织物小人移

图 8-9 织物印染工艺系统的聪明小人问题模型
(a) 图案辊低转速；(b) 图案辊高转速

动得太快，而速度是提高效率的保障；而如果能让红色小人数量增加，红色小人抓取速度依然按照图案辊慢速状态进行小人抓取，则至少不会漏抓（也可以增加蓝色小人数量）。因此，增加橡胶辊与图案辊的接触面积（即使得织物和图案区接触面积变大），则意味着两种小人的数量都增加了。可以设想一个较软的橡胶辊会增加接触面积并确保染料小人被织物小人抓住，较软的橡胶辊当与图案辊接触时能够增加接触面积。

解决方案 9：（快速出手）织物进行相应的预处理，如加热、热烘干等，相当于红色小人的出手速度增加了。

解决方案 10：（加强内功）改变织物材质、热化学性能等都是增强红色织物小人抓取力的可行方法。

解决方案 11：（蓝色小人自动投降）图案辊高速转动时，蓝色小人受离心力作用影响可能会乖乖地跑到织物表面，从而被红色织物小人抓住。

对得到的上述解决方案，可继续执行 ARIZ 步骤 7.0～9.0，分析评估各种解决方案并为后续详细设计做准备。同时，经评估验证后，好的原理解可探索新的应用及应用领域，并可扩充到新的企业（行业等）知识库中，或作为新的特定标准解。

思 考 题

1. 试说明 ARIZ 算法的主要步骤。
2. ARIZ 算法的主要优点是什么？适用于哪一类问题的求解？
3. 使用 ARIZ 求解一次性注射器的重复使用问题。

问题描述：当前世界范围内使用的一次性注射器均采用塑料制品，原有的一次性使用目的是为患者注射一次后就希望不再使用。由于某种原因,回收后的注射器又会经过简单处理(甚至不处理)用在一些不当场合,从而可能造成疾患的交叉感染。除产品的市场监管不力外,一个重要的原因是这些使用过一次后的注射器,其完整的功能依然存在。避免重复使用的技术上的方法是该类注射器使用过一次后,其主要功能自动丧失,实现真正意义上的一次性使用。

4. 应用 ARIZ 进行可避开扫雷舰的水雷创新设计。

问题描述:第二次世界大战时,为防止敌军的船只登陆,通常在港口入口区域布置水雷(见图 8-10(a)),当时的布雷专家遇到了以下问题。

为准确地安装水雷,用钢索将一个重物与之连接,并甩入海中(水雷能像浮标一样漂游)。但因为海浪会使水雷漂离需要布雷的位置,因此需要使用钢索 A 将水雷固定在某一重物上。然而,敌人知道了水雷布置的大概位置后,使用扫雷舰来扫除水雷(见图 8-10(b))。其方法是在两个扫雷舰之间拉起一根钢索 B,当钢索 B 遇到固定水雷的钢索 A 后,由于钢索 B 会沿着钢索 A 滑动而触发水雷。如何让敌军的扫雷舰不触发水雷,并使水雷停留在原地?

图 8-10 扫雷舰及扫雷示意图
(a) 水雷;(b) 扫雷

参 考 文 献

[1] 檀润华. TRIZ 及应用:技术创新过程与方法[M]. 北京:高等教育出版社,2010.
[2] 创新方法研究会,中国 21 世纪议程管理中心. 创新方法教程(高级)[M]. 北京:高等教育出版社,2012.
[3] 赵峰. TRIZ 理论及应用教程[M]. 西安:西北工业大学出版社,2010.
[4] 沈萌红. TRIZ 理论及机械创新实践[M]. 北京:机械工业出版社,2012.
[5] ALTSHULLER G S. Creativity as an exact science:The theory of the solution of inventive problems[M]. The Netherlands:Gordon and Breach Science Publishers Inc. ,1998.
[6] SALAMATOV Y. TRIZ:The right solution at the right time,a guide to innovation problem solving[M]. Netherlands:Insytec BV,1999.
[7] TERNINKO J, ZUSMAN A, ZLOTIN B. STEP-by-STEP TRIZ:creating innovative solution

concepts[M]. 3rd ed,Nottingham: Responsible Management Inc. ,1996.
[8] GRACE F C. A new TRIZ practitioner's experience for solving an industrial problem using ARIZ-85C: increasing a textile kiss-coat operation speed [J/OL]. http://www.triz-journal.com/archives/2001/01/b/index.htm.
[9] MARCONI J. ARIZ: The algorithm for inventive problem solving—an americanized learning framework[J/OL]. http://www.triz-journal.com/archives/1998/04/d/.
[10] MANN D. Digging your way out of the psychological inertia hole[J/OL]. http://www.metodolog.ru/triz-journal/archives/1998/08/b/index.htm. August 1998.

第 9 章

计算机辅助创新技术

9.1 概　　述

计算机辅助创新(computer aided innovation, CAI)是以 TRIZ 理论为基础,结合本体论(Ontology)、现代设计方法学、计算机辅助技术、语义处理技术等多学科领域知识综合而成的创新技术。CAI 可辅助设计者有效地利用多学科领域的知识和前人已有的研究成果,结构化地分析问题,并充分调动已有知识,创造性地帮助设计者提出及解决发明问题,可以在产品概念设计、技术设计以及工艺设计阶段帮助设计者解决发明问题。

CAI 技术起源于 20 世纪 90 年代初的苏联,在 2002 年亿维讯公司成立时才引进到中国。早期的 CAI 技术主要是将 TRIZ 理论的解决流程进行程序化,但因 TRIZ 理论本身的使用门槛高,使得 CAI 软件成了专家级软件工具,而不便于大众使用。因企业日益迫切的创新需求,经过多年发展,现代 CAI 软件技术是融合创新理论、创新技术和 IT 技术的集成体,是实现快速创新的有利工具,已经成为新产品开发中的一项重要基础技术。

CAI 以分析产品和制造流程中存在的问题为出发点,希望从根本上解决新产品开发中的技术难题,为工程技术领域新产品、新技术的创新开发提供科学的理论指导,指明探索方向。CAI 的问世为实现技术创新提供了巨大的便利。在制造业推广应用 CAI 技术,可以比较好地解决现有产品生命周期管理(product lifecycle management, PLM)技术的两个缺陷:一是它借用 TRIZ 理论为设计者提供参考设计的方案,解决了现有计算机辅助技术(CAX)软件不利于生成"设计思路、概念和创意"的问题;二是补充了产品数据管理(product data management, PDM)只能管理详细设计数据,无法管理方法类与案例类知识的缺憾。

回顾以 CAD、CAE、CAM、CAT、CAPP 等为核心的 CAX 技术,其在制造业信息化技术中起到了十分重要的作用。但如果要用好、用精以上 CAX 软件,设计者必须先有概念,才能在 CAX 系统中开展工作,即 CAX 解决了概念表达的问题,但并没有解决设计概念生成的问题。CAI 技术的出现正好弥补了 CAX 在概念设计方面的不足。CAI 可以较好地生成解决问题的概念,让使用者从设计一开始,即在产品生命周期的最早期阶段,就可以对产品的技术功能进行有效的分析和论证,及早发现问题并解决,而不是到了做详细设计的时候才发现问题、进行改进。有了 CAI 以后,我们就可以在研发的早期阶段发现问题、解决问题,生成好的设计概念来推动研发工作的顺利进行。

现有的 PDM 软件面向的是产品数据和信息的管理,其主要功能是管理详细设计阶段的 CAD、CAM、CAE 等软件里产生的相关数据,并不能管理诸如解决方案、经验、方法、原理、规范、Know-How 等带有启发性、指导性的知识。这些知识,是在产品研发与生产中产生原始创新、集成创新的最好源头,但往往不容易获取,或者是获取了以后企业没有有效的办法去实施管理,从而造成企业智力资产流失。CAI 技术的另一个优点就是弥补了现有 PDM 软件的不足。CAI 软件作为知识工程体系建设中的重要组成部分,可以帮助企业把分布在企业内的个体、部门中的零散知识,变成公有的、有组织的、可以共享的知识放在 CAI 中,实现知识的"一次生成、全企共享、永续传承"。同时,CAI 又以方法类和案例类的知识来激励企业的研发人员进行技术创新,持续生成更多的解决问题的知识。

目前国内外以 TRIZ 为核心原理开发的 CAI 软件有很多,其中具有代表性的软件如表 9-1 所示。国外以美国 Invention Machine 公司的 Goldfire Innovator、德国 TriSolver GmgH & Co. KG 的 Trisolver、美国 Ideation International 公司的 Innovation Workbench 及亿维讯(IWINT)公司的 Pro/Innovator 为代表,国内以河北工业大学的 Invention Tool 系列软件为代表。本章主要介绍应用较广泛的 Pro/Innovator 软件。

表 9-1 具有代表意义的 CAI 软件

序号	软件名称	主要功能	开发公司
1	Pro/Innovator（中/英文版）	融合发明创造方法学、现代设计方法学、自然语言处理技术与计算机软件技术为一体的计算机创新辅助工具,包括 10 个模块:项目导航、系统分析、问题分解、创新原理、解决方案、专利查询、方案评价、专利生成、报告生成、知识库编辑器	IWINT（亿维讯）总部在美国,中国的北京、成都、香港设有分公司
2	CBT/NOVA（教学用）（中/英文版）	创新能力拓展培训平台,在有限的时间内提高使用者的创新能力,优化创新思维,激发创新潜能,掌握创新技法,进而能够在解决实际创新问题时找出满意的解决方法,包括 6 个模块:创造性思维方法、解决技术矛盾的创新原理、解决物理矛盾的分离原理、创新问题标准解法、物场分析法、发明问题解决算法	
3	Innovation Work Bench（IWB）（英文版）	为工程人员提供全面、系统的解决创新问题的方法,包括 7 个模块:创新问题分析、问题表述、系统操作、创新实例库、创新导航、评价和网络学习模块	Ideation International Inc.（美国）
4	Goldfire Innovator（英文版）	为工程人员提供结构化的解决创造问题的方法,包括 4 个模块:优化工作平台、研究者平台、创新趋势分析和创新知识库	Invention Machine Corporation（美国）
5	CREAX Innovation Suite（英文版）	帮助工程人员按步骤实现创新,解决冲突,包括 10 个模块:交互式快速浏览、问题描述、资源与约束、进化趋势、进化的潜能、创新原理、冲突矩阵、系统模型、选择工具和知识库	CREAX NV（比利时）
6	Invention Tool（中文版）	帮助工程人员遵循创新规律,发现问题,找到创新性的解决方案,包括 9 个功能模块:导航、冲突原理、技术进化原理、技术成熟度预测、效应原理、标准解、知识库扩充、用户库管理和报表模块	河北工业大学 TRIZ 研究中心（中国）

Pro/Innovator 软件是由亿维讯公司针对企业的自主研发项目而开发出来的企业级研发创新平台。通过集成 TRIZ、本体论、计算机辅助技术、语义处理技术等技术工具,能为企业提供知识管理信息化平台,帮助企业一次性地完成企业内部研发信息的挖掘、重构、共享、更新等一系列知识工程任务,为企业的知识产权战略管理和研发管理提供一个很好的切合点。以 Pro/Innovator 为平台,企业和科研院所的研发部门、情报部门及知识产权部门可以在产品全生命周期中的各个阶段实现技术创新,对技术创新过程中产生的知识进行管理,并实现新知识的专利保护。该软件适用于新产品的概念设计,也适用于现有产品的改进创新,已逐渐成为普通研发人员进行创新的不可或缺的工具。

目前,CAI 技术广泛应用于国防军工、装备制造、能源电力、通信电子、轻工家电、铁路交通、冶金石化等行业。许多世界名企,如福特、三星、宝洁、大众等都在研发设计过程中采用了 Pro/Innovator 软件,设计人员从中得到了很多有益的思路和方案,使本领域的专业创新能力得到提升,加速了企业的创新进程。

9.2 Pro/Innovator 功能模块介绍

在 Pro/Innovator 软件中,提供了清晰的创新设计项目导航功能,明确区分、记录和管理软件所提供的具体启示和用户在此基础上的创造性工作。Pro/Innovator 6.0 版本软件包括项目导航、系统分析、问题分解、解决方案、创新原理、专利查询、方案评价、专利生成、报告生成和知识库编辑器等十大功能模块,其基本解题流程如图 9-1 所示。Pro/Innovator 平台充分体现了计算机辅助创新软件对用户解题思维的引导和跨学科知识的支持,其系统化的工作流程对工程技术人员的新产品概念设计、工艺改进、创新知识管理、专利保护等工作能给予有效的支持。

从解题流程图上可以看出,一个问题完整的解决步骤分为 4 个阶段:分析问题、解决问题、方案生成和知识管理。使用上,"输入"为客户的问题描述信息,"输出"为表达创新方案或解决实际问题的思路与方向的项目报告和专利申请文件的初稿。首先在分析问题阶段定义需解决的问题,并转化为问题模型;从系统的角度出发分析各系统组件之间的关系,从而找出该系统的矛盾问题和需改进的大致方向。然后利用解决问题阶段中创新原理、解决方案和专利查询三个功能模块的矛盾问题工具、技术方案知识库和专利库,查询得到一个或多个可能有效的解题思路。随后可生成一个或多个初步方案,再对所有备选方案进行客观或主观评价,以确定最符合目标要求的最终方案。知识管理阶段主要是对目标知识或方案归纳整理,可以定制用户知识库或企业知识库,也可以基于用户定义方案或类比方案自动生成专利申请文档,还可以自动生成该问题解决方案的项目报告。

下面对 4 个阶段的主要功能模块分别做详细介绍。

9.2.1 分析问题

分析问题阶段包括项目导航模块、系统分析和问题分解模块。项目导航模块是进行工作时的起点,可提示用户在项目描述中记录最初项目背景与问题,同时也为接下来要进行的

图 9-1 Pro/Innovator 解题流程图

工作提供导航。系统分析模块和问题分解模块用于分析系统组件的功能贡献和理想度,去除不必要的组件,用根本原因分析法来定位真正的问题,查找解决问题的资源。最终从描述问题的语句(问题知识)中,抽取出必要的解题信息(如关键词、矛盾或功能),并用这些信息组成各种查询式,为下一步的解决问题阶段做准备。下面对这 3 个模块分别进行介绍。

1. 项目导航模块

项目导航模块的主要功能是实现各模块的快速导航,项目导航树层次有序地排列出所有解决问题的操作,如图 9-2 所示,记录方案生成的思维脉络,为用户提供了统一、清晰的界面和显示筛选设置,使用户可以方便地跟踪解题流程,管理整个项目。

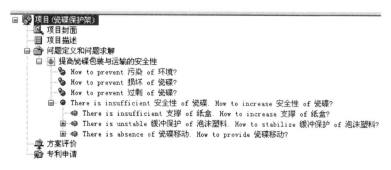

图 9-2 项目导航图

2. 系统分析模块

系统分析模块主要包含各组件间的功能分析、流分析、组件价值分析等内容。它们可以帮助工程技术人员从系统的角度出发，充分理解技术系统及其超系统、子系统中各组件的因果关系，有效地揭示出系统内外存在的问题及其薄弱环节，迅速地找到问题点，以便在后续过程中更准确地描述矛盾问题；并能进一步确定系统改进的大体方向，为后续的系统简化和功能改进提供一些参考资料。

通过将技术系统分解为各个组件及其之间的关系，可以为技术系统建立一个功能模型，如图9-3所示。此外，还可以将模型中的组件及其作用转化为流，这些流能显示能量、物质及信息等如何在系统中传递，或其组件之间如何相互控制、支撑或导向从而对系统的主功能进行贡献。Pro/Innovator 中有4种预定义类型的流：主能量流、控制流、结构流以及有害流，此外，用户也可以根据问题本质及技术系统的复杂性创建新流，以使组件模型更加精确。

图 9-3 功能分析图

完成组件模型的建立后，问题导航树中将具有一组转化问题，接下来就可以利用组件价值分析来评价技术系统的各个组件。组件价值分析主要包括理想度计算和理想度诊断分析两项内容。系统组件的理想度指标越高，说明其对整个系统的价值越高；反之，系统组件的理想度指标越低，说明其对系统而言存在问题。对具有较低理想度指标的系统组件，需要对其进行较为深入的检查，采取一些必要步骤将此系统组件从系统中排除，并将其作用转移至一个邻近系统组件，以增强其功能性，或是降低其成本。

系统分析模块使设计人员对系统有一个全面而深入的认识，揭示了系统功能运作的薄弱环节。在对系统的有害或非最优性能进行分析的基础上，系统分析模块生成转化问题，并添加至项目中以备后面处理。

3. 问题分解模块

对于一个技术系统来说，定义描述出的初始问题可能会隐藏着更深层次的矛盾问题，而在起初并没能很清晰地表达出来，因此，为了能挖掘出更深层次的矛盾，需对问题涉及的子问题进行逐个逐层剖析。问题分析模块通过运用"三轴分析法"，将初始问题的一些子问题沿着三个轴方向(即因果轴、操作轴、子/超系统轴)对它们进行重定义，将任意子问题的情景转化到三轴图示上，从而使得初始问题的根本原因逐渐地显现出来，还可能会挖掘出系统中可用的资源，如图9-4所示。

在完成一个三轴分析节点图的同时，Pro/Innovator 6.0 会自动将转化后的问题直接在

图 9-4 问题分解图

问题导航树上显出,并且其图标颜色同对应轴的颜色一样,图标箭头的方向即为轴的方向。另外,问题分析可从项目导航树上的任一问题开始转化定义,在完成分析后,工程人员可对找出的根本问题或转化问题进行可行性评估。

9.2.2 解决问题

解决问题阶段主要包括解决方案模块、创新原理模块和专利查询模块,由问题分析阶段明确了问题后,可使用这三个模块寻求解决方案。

1. 解决方案模块

解决方案模块是以不同领域的丰富且强大的技术方案知识库为支撑,为工程技术人员提供有效、可实施的问题求解方案的一个模块。如图 9-5 所示,通过选择功能基动词进行功能查询、结构化查询或关键词查询。

图 9-5 解决方案查询

该模块中不仅含有预定义技术方案,还可以添加用户定义技术方案。预定义技术方案是指基于专利查询和创新原理中的应用实例,再凭借技术人员多年的技术经验,将同领域或其他领域的技能应用到求解的问题而得到解决方案。而用户定义技术方案则是指技术人员为便于日后使用或与其他专家分享而在 Pro/Innovator 的知识库编辑器中创建添加到知识库中的解决方案。在解决方案模块中其强大的技术方案知识库也有的是来源于 TRIZ 理论中的科学效应知识库。这里的科学效应知识库里面包含有物理、化学、几何等多学科多领域的原理知识、专利信息和科学原理等。应用这里面的知识可以帮助技术人员开阔视野,打破专业知识的限制,大大地提高技术创新的步伐。

2. 创新原理模块

创新原理模块以 TRIZ 理论中的创新原理和矛盾矩阵为主,为满足不同用户的定义需求,帮助用户准确表达、定义矛盾,Pro/Innovator 为用户提供了 3 种矛盾定义的方法,其分别为矛盾参数、矛盾矩阵和矛盾定义向导。在定义好譬如问题定义、用户定义方案或类比备选方案中需要定义的矛盾问题之后,Pro/Innovator 针对不同的矛盾问题类型会为用户提供相应的创新工具来获得问题的通用解。Pro/Innovator 6.0 的创新原理模块中其原理树上既有技术矛盾对应的 40 条创新原理,同时还紧接有物理矛盾对应的 11 条分离原理,并且在矛盾矩阵表格中已经将用于解决物理矛盾的矩阵对角上的创新原理补充完整。

在原理树上,创新原理以序号 1~40 显示,如图 9-6 所示(节选),每条原理一般都包含有多条独立的子原理,每个子原理都配有相应的若干个带有动画和文字的解释,同时还会提供从发明专利中提出的来自不同领域的典型应用实例,以帮助技术人员更好地领悟到原理的内涵。根据需要,技术人员可以从中筛选出合适的创新原理或创新原理典型应用实例添加到项目中,以便进一步探讨应用。当这些原理或实例被填进项目中后它们将会被当作备选方案备案。用于解决物理矛盾的分离原理以 41~51 的序号显示,这 11 条分离原理(见图 9-7)中的部分原理会包含有创新原理和部分子原理,用它们可以对物理矛盾的解决有很好的启发作用。

图 9-6 创新原理模块图

图 9-7　创新原理模块中的 11 条分离原理

3. 专利查询模块

专利查询模块是向用户提供查找技术方案的附加方法，可在以上两个模块均未得到满意解决思路时使用。该模块支持访问美国、中国、欧洲、日本等国家和地区的专利数据库，查询方式包括功能查询和关键词查询两种方式。执行相关问题的专利查询时，用户需要输入一个查询式，并可以根据需要选择进行查找的数据库，同时还可以利用筛选功能选择专利的查找范围。查找到的专利内容可通过网络浏览器来预览。用户可将专利添加至项目导航树中以方便对其查看，添加的专利可以包含在评价及报告中。图 9-8 所示为专利检索时的界面。

9.2.3　方案生成

方案生成阶段起作用的模块主要是方案评价模块。方案评价模块可以使用户建立起对备选方案价值的理解，其目的是帮助用户确定哪个备选方案是所考虑问题的最佳技术方案。

在 Pro/Innovator 6.0 软件中系统会在方案评价模块中嵌入一个方案评价模型，该评价模型是一个参数集合，研发人员可以从不同的侧面如实现成本、实施时间等对从创新原理模块中得到的众多备选方案进行评价，以确定最符合目标要求的最优方案。方案评价模型是开放的，技术人员在此模块中可自行修改和添加新的评价模型，并能调用不同的评价模型来对每一个问题定义所得到的备选方案进行任意次的评价。

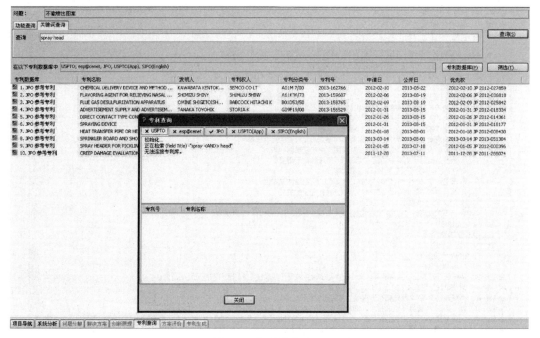

图 9-8 专利检索界面

Pro/Innovator 6.0 提供了两种方案评价方法：

（1）客观评价。这是一种基于专利权重的评价法，可以用此来评价基于专利的方案。专利权重是一个反映其技术和科学背景实力和其在工程界流行程度的参数。Pro/Innovator 依据专利的一些特征来计算专利的权重值，其中包括引证索引。专利的权重值越大，说明该专利应用范围越广泛。客观评价的结果直接由 Pro/Innovator 给出。

（2）主观评价。这是一种针对备选方案、用户定义方案及类比备选方案由专家按照指定的评价模型进行评价的方法。如图 9-9 所示，根据专家数量的多少，该方法分有单专家和多专家两种评价模型模式。当用多专家模式时，将会依据各专家的背景、经验或其他因素来确定每个专家的权重。评价的结果将以百分比显示的数字格式或条形图格式显示在内容面板上，另外，参与评价的备选方案将以从最优到最差的排序方式显示在一个表格中，可通过单击其中一个备选方案来查看其具体的描述。

图 9-9 方案评价主观评价模块图

9.2.4 知识管理

知识管理阶段主要包括知识库编辑器、专利生成模块及项目报告模块三个部分。它对最终的解决方案进行进一步的知识提炼和文本关系扩充,让它们符合企业定制的知识模板要求,并通过知识库编辑器模块将提炼后的知识放入到创新知识库中,或者形成项目报告或专利初稿文本。

1. 知识库编辑器模块

Pro/Innovator 知识库编辑器是 Pro/Innovator 创新知识管理平台的重要组成部分,是用户实现创新知识管理的工具。它可以为用户提供自定义知识结构的模板,通过编辑本体库以完成技术术语的领域本体,使企业创新知识与各领域解决方案一起为以后的研发服务,提高创新知识的积累和重复利用率,促进企业知识分类管理有序、完善、有效地运行。知识库编辑器可以编辑知识库模板,新建知识/自定义方案,同时也支持知识条目批量导入和导出。图 9-10 所示为知识库模板管理器,图 9-11 所示为知识库模板新建界面。

图 9-10　知识库模板管理器

2. 专利生成模块

专利生成模块的目标是辅助撰写专利申请文件、帮助用户进行申请前的准备工作。可以基于用户定义方案和类比备选方案来创建专利申请,该模块提供了规范的申请表格,在其中可自动填入用户之前输入的相关信息,形成专利申请的初稿。形成专利申请文件初稿后,可根据该初稿来准备正式的专利申请文件,申请具体内容可在选项卡(见图 9-12)中填写。

图 9-11 知识库模板新建界面

图 9-12 创建专利申请界面

3. 项目报告模块

Pro/Innovator 6.0 可生成多种类型的报告，可用来管理、跟踪并记录已完成的问题解决方案。报告可基于预定义模板或自定义模板而动态生成（见图 9-13）。报告中可以包含如下信息：项目具体信息、问题具体信息、备选方案信息、组件模型、评价结果、专利申请列表、目录、结论等。

第 9 章　计算机辅助创新技术

图 9-13　自定义报告模板

9.3　应 用 实 例

本节以 Pro/Innovator 6.0 为平台,通过红酒包装盒的创新设计实例来说明其解决问题的流程。

9.3.1　工况背景及初始问题描述

红酒包装盒的工况背景为:随着人们对生活品质要求的逐渐提高,红酒变成了人们消费享受的一种象征。目前红酒的销售包装主要使用的是固定纸盒、木盒和纸盒。固定纸盒的成本很高,并且由于固定纸盒主要是人工制盒导致其生产效率低下。木盒与固定纸盒相似,也不易生产。此外,当前的红酒包装主要采用运输包装与销售展台脱节的包装方式,即销售红酒时通常是将红酒放在展示台上或者打开包装盒盖,造成了包装材料的浪费。

了解了工况背景后,打开 Pro/Innovator 6.0 界面,添加项目名称为"红酒包装盒创新设计"。对初始问题做总体描述:现有的红酒包装盒不易生产、不具展示功能、成本高且不环保。针对红酒包装存在的上述问题,需要寻求其他的包装材料或结构以期望得到具有成本较低、强度合适、易于大批量生产、环保等优点的包装形式。文字描述后,还可以添加相关的图片使问题更直观,如图 9-14 所示。

9.3.2　分析问题

通过初始问题描述,定义问题为提高红酒包装盒的包装性能。然后,进入 Pro/Innovator 6.0 的系统分析模块,开始对系统组件进行分析,明确目前红酒包装盒系统的系统作用对象

图 9-14 红酒常用的销售包装

（红酒）、系统组件（玻璃瓶、箱身、箱盖、纸箱底部、塑料缓冲件）和超系统组件（环境、路），并分析组件之间的相互作用，找出系统中存在的有害作用、过剩作用及不足作用。得到的系统分析能量流模型如图 9-15 所示。

图 9-15 系统分析能量流模型

由此能量流模型可知，塑料缓冲件对超系统环境具有污染的有害作用；超系统道路对玻璃瓶有损坏的有害作用；包装盒对玻璃瓶具有过剩的保护作用，且不易制造；塑料缓冲件对玻璃瓶的保护具有过剩的固定作用。在设计中需要去除有害作用，削弱过剩作用，弥补不足作用。

由上一步系统分析得出的提示，将包装系统对玻璃瓶（红酒）的过度保护作为初始问题。然后在问题分解模块中将初始问题进行分解，沿着因果轴依次探索其子问题至不可分解为止，图形化表达出问题产生的因果关系，梳理和明确下一步求解问题的方向。得到的问题分解模型如图 9-16 所示。

在此分解模型中可知，过度保护的一个原因是箱身强度过剩，而箱身强度过剩则又可能是包装材料造成的。另一个原因则是箱身的手工制盒致使成本高从而导致对红酒产生一种过度包装。分析过度保护的结果导致了包装系统生产效率低、成本高。总的来说，主要得到了两个待解决的子问题：

图 9-16　问题分解模型

（1）箱身的材料导致包装强度过剩、成本过高；
（2）包装盒生产过程手工制盒导致生产效率变低。

9.3.3　解决问题与方案生成

为了得到可能的解决方案，从上述分解得到的子问题入手，进一步确定红酒包装盒系统的问题点，找出矛盾参数，灵活利用解决方案模块、创新原理模块或专利查询模块中的各种工具得到不同的备选方案，并将方案添加到相应的位置。同时，在项目导航树中会显示所有的操作和项目信息，如图 9-17 所示。

图 9-17　项目导航树

（1）针对子问题"箱身的材料导致包装强度过剩、成本过高"，可以采用更换其他的材料来削弱过剩作用。

用户方案1：采用瓦楞纸箱。瓦楞纸箱属于绿色环保产品，具有缓冲性能好、轻便牢固、成本低、可自动化生产等优点，广泛应用于产品的包装与运输中。将瓦楞纸箱应用于红酒包装中可有效缓解包装强度过剩、成本过高的问题。

（2）针对子问题"包装盒生产过程手工制盒导致生产效率变低"，分别采用解决方案模块和创新原理模块来寻求解决方案。

在解决方案模块中对子问题进行关键词检索，采用"包装盒＜AND＞可制造性"检索，得到多个技术方案，受方案"泡沫塑料降低电器包装的制造成本"（见图9-18）启示，得到预选方案1。

图9-18 "泡沫塑料降低电器包装的制造成本"原理界面

预选方案1：采用泡沫塑料作为包装盒的缓冲固定装置，可以使包装过程变得简单，制作过程成本降低。

在创新原理模块中将问题转化为TRIZ标准问题，定义矛盾参数为：改善的技术参数32系统的可制造性，恶化的技术参数14系统对红酒包装的强度。采用矛盾矩阵进行分析寻求解决方案。查找Pro/Innovator 6.0中的矛盾矩阵，利用矛盾矩阵对应第32行14列得到4条创新原理所构成的解集1、3、10、32，它们分别对应分割原理、局部质量原理、预先作用原理和颜色改变原理。局部的矛盾矩阵表如图9-19所示。

Pro/Innovator 6.0创新原理中包含的详细子原理以及来自不同工程领域的创新原理应用实例可为设计者提供创新思考的思路与方向。通过对上述原理的比较，选其中的1、3和32号原理进行分析。

（1）1号分割原理，即将一个物体分成相互独立的部分，使每部分制造起来方便可行。1号创新原理的示意图如图9-20所示。受1号原理启发，可将包装盒的箱身分为两部分，一部分用来作为红酒的外包装，另一部分起固定红酒与缓冲的效果。这样创新提高了箱身的大量制造性，使箱身的这两部分各自发挥了最大作用。

（2）3号局部质量原理，即将物体、环境或外部作用的均匀结构变为不均匀的，让物体的各部分具有不同功能。3号创新原理的示意图如图9-21所示。受3号原理的启发，将箱

改善的参数 \ 恶化的参数	11. 应力,压强	12. 形状	13. 稳定性	14. 强度	15. 运动物体的作用时间
16. 静止物体的作用时间			39,3,35,23		
17. 温度	35,39,19,2	14,22,19,32	1,35,32	10,30,22,40	19,13,39
18. 照度		32,30	32,3,27	35,19	2,19,6
19. 运动物体的能量消耗	23,14,25	12,2,29	19,13,17,24	5,19,9,35	28,35,6,18
20. 静止物体的能量消耗			27,4,29,18	35	
21. 功率	22,10,35	29,14,2,40	35,32,15,31	26,10,28	19,35,10,38
22. 能量损失			14,2,39,6	26	
23. 物质损失	3,36,37,10	29,35,3,5	2,14,30,40	35,28,31,40	28,27,3,18
24. 信息损失					10
25. 时间损失	37,36,4	4,10,34,17	35,3,22,5	29,3,28,18	20,10,28,18
26. 物质的量	10,36,14,3	35,14	15,2,17,40	14,35,34,10	3,35,10,40
27. 可靠性	10,24,35,19	35,1,16,11		11,28	2,35,3,25
28. 测量精度	6,28,32	6,28,32	32,35,13	28,6,32	28,6,32
29. 制造精度	3,35	32,30,40	30,18	3,27	
30. 作用于物体的有害因素	22,2,37	22,1,3,35	35,24,30,18	18,35,37,1	22,15,33,28
31. 物体产生的有害因素	2,33,27,18	35,1	35,40,27,39	15,35,22,2	15,22,33,31
32. 可制造性	35,19,1,37	1,28,13,27	11,13,1	1,3,10,32	27,1,4
33. 操作流程的方便性	2,32,12	15,34,29,28	32,35,30	32,40,3,28	29,3,8,25
34. 可维修性	13	1,13,2,4	2,35	1,11,2,9	11,29,28,27
35. 适应性,通用性	35,16	15,37,1,8	35,30,14	35,3,32,6	13,1,35

图 9-19 Pro/Innovator 6.0 局部矛盾矩阵表

图 9-20 分割原理界面

图 9-21 局部质量原理界面

身内部的缓冲衬垫做成不规则几何形状,使得缓冲衬垫既具有足够的强度,同时又很美观。

(3) 32 号颜色改变原理,即改变物体或环境的可视度或透明度,21 号创新原理的示意图如图 9-22 所示。受 Pro/Innovator 软件创新原理实例"透明窗提供燃烧室中燃料/氧化剂混合物的激光点火"的启示,改变外包装盒箱身前后两表面的可视性,使得该包装结构既能够保护产品又具有展示作用。实例的详细界面如图 9-23 所示。

图 9-22　颜色改变原理界面

图 9-23　颜色改变原理实例界面

根据以上发明原理的启发,最终得到预选方案 2。

预选方案 2:对包装盒结构做改进。将箱身的结构分为两部分,并且箱身内部的缓冲衬垫采用不对称几何形状,改变箱身的透明度与可视性,使得这种包装结构既具有保护产品功能,又具有展示功能,从而节约了包装成本,避免了包装浪费。最后得到的红酒创新包装结构如图 9-24 所示。

图 9-24 创新的红酒包装结构

9.3.4 方案评价

上述生成的方案可在 Pro/Innovator 6.0 软件的方案评价模块中,通过应用评价模型来确定解决问题的最佳方案。在红酒包装创新设计的实例中,以盒体强度、包装盒的生产率、环保性以及实现成本作为评价参数,并分别确定 4 个参数的相对权重依次为 25%、15%、25% 和 35%,然后对 3 个预选方案进行评价。图 9-25 所示为方案的评价结果。

图 9-25 方案评价

从方案评价中可以得出:预选方案 2 为最佳方案,而用户方案 1 也具有较高的价值。将这两个方案结合,即包装盒结构采用预选方案 2 中所描述的结构,包装盒材料采用用户方案 1 中提出的瓦楞纸,得到红酒包装盒最终的创新设计方案。该方案克服了现有红酒包装盒存在的缺点,具有成本低、强度合适、易于大批量生产、环保等优点。

9.3.5 小结

由上述红酒包装盒创新问题分析及解决的过程可以看出,计算机辅助创新软件为工程设计人员提供了一套系统的分析、解决问题的程序,并且可以根据其中所给出的大量文献知识库信息得到多种预选方案。通过应用 TRIZ 理论和 Pro/Innovator 6.0 创新软件,对红酒包装盒系统现存问题进行了问题分析与矛盾解决,构思出了可行的解决方案,从而克服了目前红酒包装中存在的不足。该方案设计原理也可应用到类似的产品设计问题的流程中。

9.4 Goldfire Innovator 功能模块介绍

计算机辅助创新平台 Goldfire 是美国 Invention Machine 公司的创新旗舰产品,它以创新方法学——TRIZ 作为理论基础,结合现代设计方法学、六西格玛设计(design for six sigma,DFSS)、质量功能展开(quality function deployment,QFD)、失效模式与影响分析(failure mode and effects analysis,FMEA)、价值工程、计算机辅助创新技术、多学科领域知识以及全球专利库,为用户提供全面的创新解决方案,帮助用户更加容易地进行问题分析、问题解决和产生最优的创新方案,系统地解决科研工作中的技术难题、新产品的开发、产品和工艺流程的改进、产品战略和技术的研究以及知识产权的保护。

Goldfire Innovator 为用户提供了一个结构化的创新平台,在研发人员与全球资源专家之间架起了一座桥梁,加速决策的制定和产品的创新。该平台以 TRIZ 理论为基础,结合现代方法学、价值工程和全球专利库等方法学科,为用户提供全面的创新解决方案,且更加容易地进行问题分析与解决和产生最优的创新方案。Goldfire Innovator 10.5 版本软件包括市场分析模块、新产品研发模块、系统改进设计模块、风险管理模块、专利利用模块和工具,其技术路线如图 9-26 所示。该技术路线是软件平台总的求解流程,在各个模块中需根据项目要求选择所需的相关分析流程和求解工具。

1. 市场分析模块

市场分析模块主要用于分析某一产品,让用户能快速了解一项产品的相关信息。这一模块包括对 X 产品的理解程度、快速理解一项技术、技术景观和技术驱动的产品演化分析任务。

1) 对 X 产品的理解程度

对 X 产品进行快速、全面的了解。快速提交 X 产品的概述报告。这一任务有助于理解功能的定义和应用;快速调查一个行为或事件的潜在原因和影响;理解系统的元素及其相互作用;快速调查知识产权领域,包括 X 的趋势和参与者。

2) 快速理解一项技术

可以快速概述感兴趣的特定技术。这一任务可帮助了解一项上市的新技术;了解影响企业业务的新技术或现有技术;评估竞争威胁;评估在并购机会中确定的资产。

3) 技术景观

深入了解一项技术及其操作空间。这一任务可用于评估一项进入新市场的技术;考虑一种技术来驱动当前产品的扩展;评估继续投资现有技术的优点;支持围绕某项技术做出或购买决策;评估在并购机会中确定的资产。

图 9-26　Goldfire Innovator 技术路线图

4）技术驱动的产品演化

这一任务从技术角度开发产品路线图。产品的技术驱动演化使用户能够为下一代产品创建一个推荐列表，这些推荐应该基于当前产品的已知特性和功能来预测哪里投资最有意义。它可用于了解当前的技术趋势，以及它们对市场可能走向的建议；发展产品的发展战略观点，以创造可持续的竞争优势；识别颠覆创新的机会；使成熟的或商品化的产品恢复活力；评估产品的未来潜力，以便做出组合投资决策。

2. 新产品研发模块

在这一模块可以使用设计新系统和设计混合系统任务来进行新产品研发。当需要建立一个全新的产品线，或有一个目前不知道如何满足的市场需求或机会时，可以使用设计新系统任务。它分析了正在考虑的技术或市场空间相关的当前技术状态，还验证了探索新技术和市场空间的理论基础。其最终结果可获得一个或多个概念设计，对于每一个设计，都要了解在新空间执行的挑战。它还可以给出一组要执行的潜在实现策略和市场进入策略的建议。

设计混合系统任务是通过系统地比较两个或多个系统，然后将它们的最佳特性组合成一个混合系统。该任务的用途包括：创建一种新类型产品，利用现有资产，在多个市场机会空间中实现价值；通过确定如何将竞争中的新功能整合到现有产品中来解决竞争挑战；在保留现有系统功能资产的同时，将现有系统的缺陷属性替换为其他系统的高级功能，从而改进现有系统。

3. 系统改进设计模块

系统改进设计模块是对已有产品系统的缺陷进行诊断和预测，并通过修复或改进产品的缺陷以实现设计目标和解决矛盾。在这一模块中可以进行修复产品缺陷、诊断产品失败原因、改进产品以实现特定目标、解决矛盾和获取系统设计意图任务。

修复产品缺陷任务可纠正产品或流程设计中的缺陷。当需要对报告的产品故障提供解决方案或对先前生成的解决方案不满意，希望找到一个决定性的解决方案时可进行该任务。通过该任务进行分析可得到确定的根本原因集，探索因果关系的注释图，还可深入了解系统的行为，或者获得纠正措施的一组分级建议。

诊断产品失败原因任务可确定产品或流程失败的可操作的根本原因。该任务可应用于如下几个方面：

(1) 确定导致故障的原因；
(2) 确认用户是否了解故障的真正原因；
(3) 确保用户第一次解决了正确的问题；
(4) 提高诊断工作的可视性，增强对诊断工作的信心。

改进产品以实现特定目标任务用来改进产品或流程，以实现确定的、特定的营销或竞争目标。用户若想实现增加特定产品的利润、对竞争对手的新产品做出反应、增强产品的功能、提高客户忠诚度，增加市场份额、满足法规遵从性需求等的目标，可通过该任务对产品或流程进行改进。

解决矛盾任务可以改进系统的一个特性，而不会导致另一特性降级，有助于用户找到使一个系统元素满足两个相互冲突设计要求的方法。当用户想通过一个不妥协的解决方案来实现竞争差异化，或有一个与遗留约束冲突的新需求，或对系统性能有相互矛盾的要求，还有正在寻找解决设计矛盾或权衡的潜在策略的问题时，可通过该任务进行解决。

获取系统设计意图任务适合于探索、分析和获取产品或流程的概念设计。其用途是：第一，细化或确认用户对工程系统工作的理解；第二，用一种共同的语言来表达用户的理解；第三，使用图形表示来向其他人传达设计原理；第四，将知识保留为工程社区的可共享资产。

4. 风险管理模块

风险管理模块用于帮助用户进行预测失效分析，定义、识别并消除产品或流程中的已知或潜在问题。预测失效分析，也称为风险分析，使用 FMEA 表（包括 FMEA 变体），使用户能够预测产品或过程的潜在失效点，并制定和评估缓解策略。

5. 专利利用模块

专利利用模块包括专利规避任务与为现有技术寻找新的市场任务。专利规避任务是用来寻找非侵权的替代方案,以绕过知识产权的壁垒,有助于用户了解竞争性知识产权,并找到操作自由的空间。

利用现有技术寻找新的市场任务来确定技术能力并确定将其应用到新市场的机会。此任务有助于用户利用优势的技术能力,确定核心竞争力,并找到一个潜在的市场领域,在该领域中该能力可以获得许可。

6. 工具

Goldfire 10.5 的工具是前面介绍的各模块在分析和解决问题的过程中所使用到的创新方法工具,包括技术研究器、创新趋势分析、根本原因分析、设备分析和流程分析。

技术研究器包括知识搜索、IHS 科学效应、知识库浏览器、发明原理、专利搜索和系统进化模式,如图 9-27 所示。知识搜索用来研究语义索引的知识库,包括企业知识、个人知识、专利集合和 IHS 科学效应。IHS 科学效应通过研究 IHS 的跨学科科学效应专有数据库及其实际工业应用,解决设计难题;或生成效应链,以发现实现特定结果的替代方法;以及找出控制效果输出强度的方法。知识库浏览器可浏览知识库以按类别可视化其内容并快速识别特定信息的文档。发明原理即 TRIZ 理论中用于解决技术冲突问题的方法,该工具通过给出相关发明原理的建议,以解决对系统性能的矛盾要求。专利搜索通过研究语义检索并分析专利文献数据。系统进化模式通过给出的系统进化规律的建议,优化系统元素或衡量技术之间的交互。

图 9-27 技术研究器

创新趋势分析可识别和分析基于专利活动的技术趋势和市场趋势。根本原因分析是用于分析不希望发生的事件的根本原因。设备分析是对产品的功能进行建模和分析。流程分析是对流程的功能进行建模和分析。

思 考 题

1. CAI 是一种什么技术?它有哪些优点?
2. 目前常用的 CAI 软件有哪些类型?
3. Pro/Innovator 的解题流程分为几个阶段?分别对每个阶段作详细说明。
4. 试从日常生活中找出一个问题或待改进的产品,分析其工况背景,利用 Pro/Innovator

的解题流程对其进行概念创新设计。

参 考 文 献

[1] 赵辉.系统创新方法概述[M].北京：科学出版社,2012.
[2] 施荣明,赵敏,孙聪.知识工程与创新[M].北京：航空工业出版社,2009.
[3] 亿维讯集团公司.Pro/Innovator 6.0用户手册[Z],2010.2.
[4] 百度百科.计算机辅助创新[EB/OL].http://baike.baidu.com/view/2176398.htm,2012.
[5] 王瑞,成思源,赵荣丽,等.基于TRIZ和Pro/Innovator的红酒包装创新设计[J].包装工程,2013,34(17)：1-4.
[6] 李田,成思源,赵荣丽,等.基于计算机辅助创新技术的瓷碟包装结构设计[J].包装工程,2013,34(19)：1-5.

第 10 章

TRIZ 与专利战略

如今,科技迅猛发展,产品更新换代越来越快,我们正处于一个新的创造时代。为了适应日益严峻的市场,企业对创新的要求越来越高,对知识产权的利用和保护也越来越重视。知识产权是指对智力劳动成果所享有的占有、使用、处置和收益的权利。知识产权是一种无形财产权,它与房屋、汽车等有形资产一样,都受到国家法律的保护,都具有商业价值和使用价值。有些重大专利、驰名商标或作品的价值甚至要远远高于房屋、汽车等有形资产。知识产权包含专利权、商标权、著作权、厂商名称、植物新品种、原产地名称、货源标记、商业秘密以及其他智慧成果等。

专利权是一种重要的知识产权,合理利用专利权对企业的创新和发展有着重要的意义。随着国家对知识产权战略的逐步推进,企业对专利战略也越来越重视。通过前面的学习我们知道,TRIZ 理论来源于对海量高水平专利的分析与总结,是一门基于知识、面向人的发明问题解决理论。作为一种技术创新理论,TRIZ 也可以与企业专利战略相结合,直接为企业的技术创新服务。基于 TRIZ 的专利战略能够帮助科技人员提高技术创新能力,增强科技人员的专利开发和保护技能,从而催生科技创新成果服务于科技创新需要,对于推进企业发展具有深远的意义。本章将首先介绍一些关于专利权的相关知识,再对 TRIZ 与专利战略的相关方法进行介绍。

10.1 专利基础与申请流程

10.1.1 专利的概念

"专利"(patent)一词来源于拉丁语 Litterae patentes,意为"公开的信件"或"公共文献",是中世纪的君主用来颁布某种特权的证明,后来指英国国王亲自签署的独占权利证书。专利是世界上最大的技术信息源,据实证统计分析,专利包含了世界科学技术信息的 90%~95%,相比一般技术刊物所提供的信息早 5~6 年,而且内容翔实准确。对专利这一概念,目前尚无统一的定义,其中较为人们接受并被我国专利教科书所普遍采用的一种说法是:"专利是专利权的简称,它是国家按专利法授予申请人在一定时间内对其发明创造成果所享有的独占、使用和处置的权利。它是一种财产权,是运用法律保护手段'跑马圈地'、独占现有市场、抢占潜在市场的有力武器。"

专利的两个最基本的特征是"独占"与"公开",以公开换取独占是专利制度最基本的核心,这分别代表了权利与义务的两面。独占是指法律授予技术发明人在一段时间内享有排他性的独占权利;公开是指技术发明人作为对法律授予其独占权的回报而将其技术公之于众人,使社会公众可以通过正常的渠道获得有关专利技术的信息。

10.1.2 专利的特点

专利作为知识产权的一部分,是一种无形的财产,具有与其他财产不同的特点。专利主要具有3大特点:独占性、时间性和地域性。

独占性,也称排他性、垄断性、专有性等。它是指在一定时间(专利权有效期内)和区域(法律管辖区)内,被授予专利权的人(专利权人)享有独占权利,未经专利权人许可,任何单位或者个人都不得以生产经营为目的制造、使用、许诺销售、销售、进口其专利产品,或者使用其专利方法以及使用、许诺销售、销售、进口依照该专利方法直接获得的产品。如果要实施他人的专利,必须与专利权人签订书面实施许可合同,向专利权人支付专利使用费。未经专利权人许可而擅自实施他人专利,将构成法律上的侵权行为。

时间性,是指专利权人对其发明创造所拥有的专利权只在法律规定的时间内有效,期限届满后专利权人就不再对其发明创造享有制造、使用、销售和进口的专有权。这样,原来受法律保护的发明创造就成了社会的公共财富,任何单位和个人都可以无偿使用。各国专利法对专利权的有效保护期限都有自己的规定,计算保护期限的起始时间也各不相同。我国新《专利法》第四十二条规定:"发明专利权的期限为二十年,实用新型专利权和外观设计专利权的期限为十年,均自申请日起计算。"专利权超过法定期限或因故提前失效后,任何人都可自由使用。

地域性,即空间限制,指一个国家依照其专利法授予的专利权,仅在该国法律管辖的范围内有效,对其他国家没有任何约束力,外国对其专利权不承担保护的义务。如果一项发明创造只在我国取得专利权,那么专利权人只在我国享有独占权或专有权。因此,一件发明若要在许多国家得到法律保护,必须分别在这些国家申请专利。弄清楚专利权的地域性是非常有意义且有必要的,这样,如果我国企业或个人研制出了具有国际市场前景的发明创造,就不应该仅仅申请国内专利,而应不失时机地在拥有良好市场前景的其他国家和地区也申请专利,以得到在国外市场的法律保护。

10.1.3 专利的种类

专利的种类在不同的国家有不同的规定,在我国专利法中专利的种类规定有:发明专利、实用新型专利和外观设计专利。对于发明、实用新型及外观设计的定义,在我国《专利法实施细则》第二条第一至第三款,有非常清楚、明确的描述。

1. 发明专利

我国《专利法实施细则》第二条第一款指出:"专利法所称**发明**,是指对产品、方法或者其改进所提出的新的技术方案。"

发明专利主要分为产品发明和方法发明两大类。产品发明是指人们通过研究开发出来的关于各种新产品、新材料、新物质等的技术方案。专利法上的产品,可以是一个独立、完整的产品,也可以是一个设备或仪器中的零部件。方法发明是指人们为制造产品或解决某个技术课题而研究开发出来的操作方法、制造方法以及工艺流程等技术方案。方法可以是由一系列步骤构成的一个完整过程，也可以是一个步骤。发明专利既可以是发明人首创的，也可以是发明人在现有技术方案或解决方法的基础上，对现有产品或现有方法的改进，并且这种改进与现有技术相比，是非常显而易见的，要求其具有显著的进步性。发明专利从申请到授权时间一般为 2 年以上，20 年保护期，保护力强，主要体现在保护力度大，诉讼程序简单，赔偿大。

2. 实用新型专利

我国《专利法实施细则》第二条第二款指出："专利法所称**实用新型**，是指对产品的形状、构造或者其结合所提出的适于实用的新的技术方案。"

实用新型专利又称小发明或小专利，其保护的也是一个技术方案，但该技术方案在技术水平上低于发明专利。实用新型专利保护的范围较窄，它只保护有一定形状或结构的新产品，不保护方法以及没有固定形状的物质。实用新型的技术方案更注重实用性，多数国家实用新型专利保护的都是比较简单的、改进性的技术发明，目的在于鼓励低成本、研制周期短的小发明创造，以更快地适应经济发展的需要。授予实用新型专利的流程没有发明专利复杂，不需经过实质审查，手续比较简便，费用较低。因此，关于日用品、机械、电器等方面的有形产品的小发明，比较适用于申请实用新型专利。实用新型专利从申请到授权时间约 1 年，10 年保护期，可以提供及时保护，但保护力相对弱，诉讼程序复杂，赔偿较小。

3. 外观设计专利

我国《专利法实施细则》第二条第三款指出："专利法所称**外观设计**，是指对产品的形状、图案或者其结合以及色彩与形状、图案的结合所做出的富有美感并适于工业应用的新设计。"

外观设计注重的是设计人员对一项产品的外观（包括形状、图案或者这两者的组合，以及色彩与形状、色彩与图案的组合）所做出的富于艺术性，具有美感的创造，而且这种具有艺术性的创造，不只是单纯的工艺品，它还必须能够在企业中成批制造，也就是说具有能够为工业上所利用的实用性。外观设计专利的保护对象，是产品的装饰性或艺术性外表设计，这种设计可以是平面图案，也可以是立体造型，更常见的是这二者的结合，授予外观设计专利的主要条件是新颖性。外观设计专利从申请到授权时间约 1 年，10 年保护期，优点是可以提供及时保护，保护产品造型，用得好会有独特的效果。

需要注意的是，外观设计与发明、实用新型有着明显的区别。外观设计专利实质上是保护美术思想的，而发明专利和实用新型专利保护的是技术思想；虽然外观设计和实用新型都与产品的形状有关，但两者的目的却不相同，前者的目的在于使产品形状产生美感，而后者的目的在于使具有形态的产品能够解决某一技术问题。例如一把雨伞，若它的形状、图案、色彩相当美观，那么应申请外观设计专利，如果雨伞的伞柄、伞骨、伞头结构设计精简合理，可以节省材料又有耐用的功能，那么应申请实用新型专利。

10.1.4 专利的作用

专利制度是国际上通用的一种利用法律手段和经济手段来保护发明创造、推动科技进步、促进经济发展的管理制度。专利制度通过授予发明创造专利权,让专利权人能够独占市场,获得应有的回报,有利于激发人们的创造积极性。同时,专利制度也可以防止发明创造者重复他人劳动从而造成智力资源浪费。随着科技的发展,市场竞争激烈,专利制度能够促使发明创造者将其新技术尽快转化为生产力,并能保护技术市场竞争的公平有序。总的来说,专利具有的作用如下:

(1) 通过法定程序确定发明创造的权利归属关系,从而有效保护发明创造成果,独占市场,以此换取最大的利益。

(2) 为了在市场竞争中争取主动,确保自身生产与销售的安全性,防止对手拿专利状告侵权(遭受高额经济赔偿、迫使自己停止生产与销售)。

(3) 国家对专利申请有一定的扶持政策(如政府颁布的专利奖励政策以及高新技术企业政策等),会给予部分政策、经济方面的帮助。

(4) 专利权受到国家专利法保护,未经专利权人同意许可,任何单位或个人都不能使用(状告他人侵犯专利权,索取赔偿)。

(5) 自己的发明创造及时申请专利,使自己的发明创造得到国家法律保护,防止他人模仿本企业开发的新技术、新产品(构成技术壁垒,别人要想研发类似技术或产品就必须得经专利权人同意)。

(6) 自己的发明创造如果不及时申请专利,别人把你的劳动成果提出专利申请,反过来向法院或专利管理机构告你侵犯专利权。

(7) 可以促进产品的更新换代,提高产品的技术含量,及提高产品的质量、降低成本,使企业的产品在市场竞争中立于不败之地。

(8) 一个企业若拥有多个专利是企业强大实力的体现,是一种无形资产和无形宣传(拥有自主知识产权的企业既是消费者对其产品趋之若鹜的强力企业,同时也是政府各项政策扶持的主要目标群体)。21 世纪是知识经济的时代,世界未来的竞争,就是知识产权的竞争。

(9) 专利技术可以作为商品出售(转让),比单纯的技术转让更有法律和经济效益,从而达到其经济价值的实现。

(10) 专利的宣传效果好。

(11) 避免会展上撤下展品的尴尬。

(12) 专利除具有以上功能外,拥有一定数量的专利还作为企业上市和其他评审中的一项重要指标,比如高新技术企业资格评审、科技项目的验收和评审等,专利还具有科研成果市场化的桥梁作用。

总之,专利既可用作盾,保护自己的技术和产品;也可用作矛,打击对手的侵权行为。充分利用专利的各项功能,对企业的生产经营具有极大的促进作用。

案例:专利到期 3D 打印成本将继续下降。

2016 年是 3D 打印技术层出不穷的一年,虽然我们不能断定 3D 打印会不会是下一次工业革命,有一点是肯定的:打印成本将继续下降,而3D打印质量继续上升。

3D打印行业迎来快速发展期的一大原因是原先存在的一些领先的工业3D打印工艺的关键专利到期。这些已经到期或者即将到期的专利——其中许多是在世纪之交刚刚发布的,长期以来这些专利被3D打印行业原有的先驱者垄断着。

国家依法在一定时期内授予发明创造者或者其权利继受者独占使用其发明创造的权利,这也是为了保护知识产权,鼓励企业发明创造,给社会创造更大的价值。但为了防止企业长期垄断专利获得暴利又不思进取,专利都会有到期时间,到期之后,企业将不再独享专利。专利过期之后将会有众多厂商跟进生产同类产品,此时供应增加,价格就会降下来。3D打印也一样,随着专利的到期,打印成本也将降下来。

当熔融沉积成型(FDM)打印专利在2009年过期的时候,FDM打印机的价格从过去的10000美元下降到不足1000美元,将3D打印走向大众化铺平了道路。

光敏固化技术最早是3D Systems的创始人Charles W. Hull在1986年申请的专利,并将其商业化。而随着Hull光固化专利的到期,催生了大批以此为基础的光固化3D打印技术。其中,Formlabs将光固化技术推向了桌面机应用领域,并将价格降低到容易接受的程度。

消费级三维打印机销售情况保持了年年增长的势头,2015年销售了近20万台售价在5000美元或以下的3D打印机。全3D打印行业在2015年的销量在41亿美元,而在未来的4年内预计将增长到约162亿美元。这背后的驱动因素是专利垄断的到期和打印机价格的下降。

随着更多专利的到期,3D打印行业将继续狂飙突进,让打印机的价格降下来,从而进入更多普通家庭里。

10.1.5 专利授予的条件

在准备申请专利前,必须要了解授予专利权和不授予专利权的条件,这样可以帮助我们在申请专利前检查自己的创造成果能否申请专利。

1. 授予专利权的条件

授予专利的条件主要是指要申请的发明必须具备以下三个实质性的条件:新颖性、创造性和实用性。下面分别对这三个性质做简要介绍。

(1) 新颖性,是发明或实用新型获得专利权的必要条件之一,是指在申请日以前没有同样的发明或者实用新型在国内外出版物上公开发表过、在国内公开使用过或者以其他方式为公众所知,也没有同样的发明或者实用新型由他人向国务院专利行政部门提出过申请,并记载在申请日以前公布的专利申请文件或者公告的专利文件中。判断新颖性时,应把握这几个方面:现有技术、公开的形式、公开的时间和公开的地域。

(2) 创造性,是发明或实用新型获得专利权的第二个实质条件,是指与现有技术相比,该发明具有突出的实质性特点和显著的进步,该实用新型具有实质性特点和进步。创造性是一个无法量化的概念,对创造性的判断往往只能做出简单、抽象的规定,判断时应注意把握这几个方面:时间界限和相关术语、比较技术差异和判断人员应为发明创造所属专业领域的普通技术人员。

(3) 实用性,是发明或实用新型获得专利权的又一实质条件,是指该发明或者实用新型能够制造或者使用,并且能够产生积极效果。能够制造或者使用,是指发明创造能够在工农业及其他行业的生产中大量制造,并且应用在工农业生产上和人民生活中,同时产生积极效果。这里必须指出的是,专利法并不要求其发明或者实用新型在申请专利之前已经经过生产实践,而是分析和推断在工农业及其他行业的生产中可以实现。判断有无实用性时,应考虑以下几个方面:可实施性、可再现性和有益性。

同时,我国《专利法》还规定:"授予专利权的外观设计,应当同申请日以前在国内外出版物上公开发表过或者国内公开使用过的外观设计不相同或者不相近似。"

2. 不授予专利权的条件

(1) 违反国家法律、社会公德或妨害公共利益的发明创造,如吸毒工具等;
(2) 违背科学规律的发明,如永动机等;
(3) 科学发现,发现新星,自然科学定理、定律如牛顿万有引力定律等;
(4) 智力活动的规则和方法,如新棋种的玩法;
(5) 疾病的诊断和治疗方法;
(6) 动植物新品种(我国有专门的动植物品种保护条例);
(7) 用原子核变换方法获得的物质。

10.1.6 专利申请流程

专利制度是在市场经济条件下保护专利知识产权的一项制度。一项发明创造并不能自动得到专利保护,专利局也不能主动授予专利权,必须由有权提出专利申请的人,按照规定提交必要的申请文件,专利局接受申请后,经法定程序审查,对符合条件的才授予专利权。申请发明或者实用新型专利,应当提交请求书、说明书、权利要求书、说明书摘要和必要的附图等文件。申请外观设计专利,应提交请求书及该外观设计的图片或照片等文件。专利申请文件可以由申请人自己撰写,也可以委托他人撰写。由于申请专利事务是一项繁杂的法律事务,一般人不容易完成这项任务,申请人可以委托具有专利资格的代理人撰写申请文件和办理有关申请事务。委托专利代理机构的代理人申请专利和办理申请事务的,应当同时提交委托书,写明委托权限,并按有关专利代理服务收费标准缴纳代理服务费。在进行专利申请之前,我们首先要了解能够授予专利的条件和不能授予专利的条件。

依据我国专利法,发明专利申请的审批程序包括受理、初审、公布、实审和授权 5 个阶段。实用新型或者外观设计专利申请在审批中不进行早期公布和实质审查,只有受理、初审和授权三个阶段。专利申请与审查的简单程序如图 10-1 所示。

下面对各个阶段作一个简要介绍。

1. 受理阶段

专利局收到专利申请后进行审查,如果符合受理条件,专利局将确定申请日,给予申请号,并且核实过文件清单后,发出受理通知书,通知申请人。如果申请文件未打字、印刷或字

图 10-1 专利申请与审查的简单程序

迹不清、有涂改的;或者附图及图片未用绘图工具和黑色墨水绘制、照片模糊不清有涂改的;或者申请文件不齐备的;或者请求书中缺少申请人姓名或名称及地址不详的;或专利申请类别不明确或无法确定的,以及外国单位和个人未经涉外专利代理机构直接寄来的专利申请不予受理。

2. 初步审查阶段

经受理后的专利申请按照规定缴纳申请费的,自动进入初审阶段。初审前发明专利申请首先要进行保密审查,需要保密的,按保密程序处理。

在初审时要对申请是否存在明显缺陷进行审查,主要包括审查内容是否属于《专利法》中不授予专利权的范围,是否明显缺乏技术内容不能构成技术方案,是否缺乏单一性,申请文件是否齐备及格式是否符合要求。若是外国申请人还要进行资格审查及申请手续审查。不合格的,专利局将通知申请人在规定的期限内补正或陈述意见,逾期不答复的,申请将被视为撤回。经答复仍未消除缺陷的,予以驳回。发明专利申请初审合格的,将发给初审合格通知书。对实用新型和外观设计专利申请,除进行上述审查外,还要审查是否明显与已有专利相同,是不是一个新的技术方案或新的设计,经初审未发现驳回理由的将直接进入授权秩序。

3. 公布阶段

发明专利申请从发出初审合格通知书起进入公布阶段,如果申请人没有提出提前公开的请求,要等到申请日起满 15 个月才进入公开准备程序。如果申请人请求提前公开的,则申请立即进入公开准备程序。经过格式复核、编辑校对、计算机处理、排版印刷,大约 3 个月后在专利公报上公布其说明书摘要并出版说明书单行本。申请公布以后,申请人就获得了临时保护的权利。

4. 实质审查阶段

发明专利申请公布以后,如果申请人已经提出实质审查请求并已生效的,申请人进入实审程序。如果发明专利申请自申请日起满 3 年还未提出实审请求,或者实审请求未生效的,该申请即被视为撤回。

在实审期间将对专利申请是否具有新颖性、创造性、实用性以及专利法规定的其他实质性条件进行全面审查。经审查认为不符合授权条件的或者存在各种缺陷的,将通知申请人在规定的时间内陈述意见或进行修改,逾期不答复的,申请被视为撤回,经多次答复申请仍不符合要求的,予以驳回。实审周期较长,若从申请日起 2 年内尚未授权,从第 3 年应当每年缴纳申请维持费,逾期不缴的,申请将被视为撤回。实质审查中未发现驳回理由的,将按规定进入授权程序。

5. 授权阶段

实用新型和外观设计专利申请经初步审查以及发明专利申请经实质审查未发现驳回理由的,由审查员作出授权通知,申请进入授权登记准备,经对授权文本的法律效力和完整性进行复核,对专利申请的著录项目进行校对、修改后,专利局发出授权通知书和办理登记手续通知书,申请人接到通知书后应当在 2 个月之内按照通知的要求办理登记手续并缴纳规定的费用,按期办理登记手续的,专利局将授予专利权,颁发专利证书,在专利登记簿上记录,并在 2 个月后于专利公报上公告;未按规定办理登记手续的,视为放弃取得专利权的权利。

10.2 专利权的保护

专利权的法律保护就是依照专利法的规定打击专利侵权行为,保护专利权人的合法权利的活动。专利权是知识财产权,专利权被侵犯了,就像财产权被侵犯了一样。但是作为知识产权一部分的专利权和有形财产权又不一样,专利权更容易被侵犯且不易发现,即使发现被侵犯了也不易确定侵犯的范围。本节将讨论专利侵权的基本概念、专利侵权判定以及专利侵权行为的法律责任等内容。

10.2.1 专利侵权的概念

专利侵权行为是指在专利权的有效期间内,未经专利权人许可,以生产经营为目的,实施专利权人的发明创造的行为。

1. 专利侵权行为的构成要件

侵权行为的构成，必须具备以下要件：

（1）侵害的对象必须是有效的专利。专利侵权必须以存在有效的专利为前提，实施专利授予以前的技术、已经被宣告无效、被专利权人放弃的专利或者专利权期限届满的技术，不构成侵权行为。对于在发明专利申请公布后专利权授予前使用发明而未支付适当费用的纠纷，专利权人应当在专利权被授予之后，请求管理专利工作的部门调解，或直接向人民法院起诉。

（2）必须有侵害行为。侵害行为是指行为人在客观上未经许可实施了侵害他人专利的违法行为。侵害行为多种多样，主要包括对专利产品的侵权行为和对专利方法的侵权行为两大类。

（3）以生产经营为目的。是否以生产经营为目的，是判断行为人侵权与否的重要标志，是构成专利侵权的重要条件之一。这是因为，以生产经营为目的实施他人专利的结果，会占领本属于专利权人的市场，给专利权人带来一定的损害，因此构成侵权。非生产经营为目的的实施，如专为科学研究和实验而使用的有关专利，则不构成侵权行为。

2. 专利侵权行为的分类

专利侵权行为可以从不同的角度，以不同的标准分类。理论上常以侵权行为是否由行为人本身行为所造成为标准进行分类，将专利侵权行为分为直接侵权行为和间接侵权行为两大类。

（1）直接侵权行为。这是指专利侵权行为是由行为人本身的行为直接造成的。其表现形式包括：制造发明、实用新型、外观设计专利产品的行为；使用发明、实用新型专利产品的行为；许诺销售发明、实用新型专利产品的行为；销售发明、实用新型或外观设计专利产品的行为；进口发明、实用新型、外观设计专利产品的行为；使用专利方法以及使用、许诺销售、销售、进口依照该专利方法直接获得的产品的行为。

（2）间接侵权行为。这是指行为人本身的行为并不直接构成对专利权的侵害，但实施了诱导、怂恿、教唆、帮助他人侵害专利权的行为。间接侵权行为通常是为直接侵权行为制造条件，常见的表现形式有：行为人销售专利产品的零部件、专门用于实施专利产品的模具或者用于实施专利方法的机械设备；行为人未经专利权人授权或者委托，擅自转让其专利技术的行为等。

10.2.2 专利侵权判定

我国现有的专利侵权判定依据主要是《专利法》第五十九条的规定："发明或者实用新型专利权的保护范围以其权利要求的内容为准，说明书及附图可以用于解释权利要求。"该规定表达了两层含义：①专利保护范围以权利要求书记载的内容为准，而不是由专利产品确定的。②在上述前提下，允许利用说明书和附图对权利要求的保护范围做出一定的修正，这种修正是以专利权人对自己的发明创造做出具体说明为依据。

我国以发明和实用新型的独立权利要求书中记载的全部必要技术特征作为一个整体技

术方案来确定专利权的保护范围。因此,在判定被控侵权物(产品或方法)是否构成侵犯他人发明专利权时,应当将被控侵权物的全部技术特征与专利的必要技术特征逐一进行比较,以判断被控侵权物的全部技术特征是否落入发明专利权利要求书中独立权利要求的保护范围。

专利侵权判定因与其他的一般的民事侵权、合同违约等有很多不同,因此一直是各国司法实践中的一个难点问题。如合同有相应的合同条款,可操作性比较强,而专利侵权判定需要与权利要求书进行比较,被控产品很多情况下与权利要求书都是不一致的,不一致达到什么程度构成侵权,不一致达到什么程度不构成侵权,这是一个比较难解决的问题。下面将介绍判断专利侵权的主要适用原则。一般来说,在具体进行专利侵权判定时,应当结合以下几个主要原则加以综合运用。

1. 全面覆盖原则

全面覆盖原则是专利侵权判定中的一个最基本的原则,也是首要原则。全面覆盖原则又称为全部技术特征覆盖或者字面侵权原则。如果被控侵权物的技术特征包含了专利权利要求中记载的全部必要技术特征,则落入专利权的保护范围。当专利独立权利要求中记载的必要技术特征采用的是上位概念特征,而被控侵权物采用的是下位概念特征时,则被控侵权物落入专利权的保护范围。被控侵权物在利用专利权利要求中的全部必要技术特征的基础上,增加了新的技术特征,仍落入专利权的保护范围。

2. 等同原则

等同原则是专利侵权判定中的一项重要原则,也是法院在判定专利侵权时适用最多的一个原则。在专利侵权判定中,当适用全面覆盖原则判定被控侵权物不构成侵犯专利权的情况下,应当适用等同原则进行侵权判定。等同原则,是指被控侵权物中有一个或者一个以上技术特征经与专利独立权利要求保护的技术特征相比,从字面上看不相同,但经过分析可以认定两者是相等同的技术特征。这种情况下,应当认定被控侵权物落入了专利权的保护范围。专利权的保护范围也包括与专利独立权利要求中必要技术特征相等同的技术特征所确定的范围。

等同特征又称等同物。被控侵权物中,同时满足以下两个条件的技术特征,是专利权利要求中相应技术特征的等同物:

(1) 被控侵权物中的技术特征与专利权利要求中的相应技术特征相比,以基本相同的手段,实现基本相同的功能,产生了基本相同的效果;

(2) 对该专利所属领域普通技术人员来说,通过阅读专利权利要求和说明书,无须经过创造性劳动就能够联想到的技术特征。

适用等同原则判定侵权,仅适用于被控侵权物中的具体技术特征与专利独立权利要求中相应的必要技术特征是否等同,而不适用于被控侵权物的整体技术方案与独立权利要求所限定的技术方案是否等同。

进行等同侵权判断,应当以该专利所属领域的普通技术人员的专业知识水平为准,而不应以所属领域的高级技术专家的专业知识水平为准。对于开拓性的重大发明专利,确定等同保护的范围可以适当放宽;对于组合性发明或者选择性发明,确定等同保护的范围可以适当从严。对于故意省略专利权利要求中个别必要技术特征,使其技术方案成为在性能和效果上均不如专利技术方案优越的变劣技术方案,而且这一变劣技术方案明显是出于省略该必要技术特征造成的,应当适用等同原则认定构成侵犯专利权。

在专利侵权判定中,下列情况不应适用等同原则认定被控侵权物落入专利权保护范围:

(1) 被控侵权的技术方案属于申请日前的公知技术;

(2) 被控侵权的技术方案属于抵触申请或在先申请专利;

(3) 被控侵权物中的技术特征,属于专利权人在专利申请、授权审查以及维持专利权效力过程中明确排除专利保护的技术内容。

3. 禁止反悔原则

禁止反悔原则,是指在专利审批、撤销或无效程序中,专利权人为确定其专利具备新颖性和创造性,通过书面声明或者修改专利文件的方式,对专利权利要求的保护范围作了限制承诺或者部分地放弃了保护,并因此获得了专利权,而在专利侵权诉讼中,法院适用等同原则确定专利权的保护范围时,应当禁止专利权人将已被限制、排除或者已经放弃的内容重新纳入专利权保护范围。

当等同原则与禁止反悔原则在适用上发生冲突时,即原告主张适用等同原则判定被告侵犯其专利权,而被告主张适用禁止反悔原则判定自己不构成侵犯专利权的情况下,应当优先适用禁止反悔原则。

适用禁止反悔原则应当符合以下条件:

(1) 专利权人对有关技术特征所作的限制承诺或者放弃必须是明示的,而且已经被记录在专利文档中;

(2) 限制承诺或者放弃保护的技术内容,必须对专利权的授予或者维持专利权有效产生了实质性作用。

禁止反悔原则的适用应当以被告提出请求为前提,并由被告提供原告反悔的相应证据。

4. 多余指定原则

多余指定原则,是指在专利侵权判定中,在解释专利独立权利要求和确定专利权保护范围时,将记载在专利独立权利要求中的明显附加技术特征(即多余特征)略去,仅以专利独立权利要求中的必要技术特征来确定专利权保护范围,判定被控侵权物是否覆盖专利权保护范围的原则。实际上,这个原则并不是一个侵权判断上的标准,而只是在判断前确定专利保护范围的一个准则。对于发明程度较低的实用新型专利,一般不适用多余指定原则确定专利权保护范围。适用多余指定原则时,应适当考虑专利权人的过错,并在赔偿时予以体现。

10.2.3 专利侵权的法律责任

根据有关法律的规定,专利侵权行为人应当承担的法律责任包括民事责任、行政责任与刑事责任。

1. 专利侵权的民事责任

专利法对专利侵权主要是追究侵权人的民事责任,管理专利工作的部门或者人民法院在处理专利侵权时,主要采取责令侵权人停止侵权、赔偿损失和消除影响等措施来解决。

停止侵权是指专利侵权行为人应当根据管理专利工作部门的处理决定或者人民法院的裁判,立即停止正在实施的专利侵权行为。赔偿损失是指侵害人赔偿专利权人及其利害关系人因其侵权行为而遭受的损失。侵害专利权的赔偿数额,按照专利权人因被侵权所受到的损失或者侵权人因侵权所获得的利益确定;被侵权人所受到的损失或侵权人获得的利益难以确定的,可以参照该专利许可使用费的倍数合理确定。消除影响是指在侵权行为人实施侵权行为给专利产品在市场上的商誉造成损害时,侵权行为人就应当采用适当的方式承担消除影响的法律责任,承认自己的侵权行为,以达到消除对专利产品造成的不良影响。原则上讲,侵害人在何种范围内造成损害,就应该在何种范围内消除影响。消除影响的方式多种多样,常见的方式如在报纸上刊登道歉广告令公众知晓,以消除侵权行为的破坏性影响。

2. 专利侵权的行政责任

专利权还可以适用行政法律程序加以保护,即通过国家行政管理机关以行政手段加以保护。对专利侵权行为,管理专利工作的部门有权依法对侵权人的侵权行为进行行政处理,责令侵权人承担停止侵权行为、赔偿损失、承担行政处分等行政责任。

冒充专利又称假冒专利,是指将非专利产品或方法冒充专利产品或方法,以取得消费者信任的一种违法行为。冒充专利不同于假冒他人专利,它实际上并没有侵犯其他专利。它所标明的专利标记或者专利号实际是不存在的,纯属一种对公众的欺诈行为。我国《专利法》规定,以非专利产品冒充专利产品、以非专利方法冒充专利方法的,由管理专利工作的部门责令改正并予以公告,可处5万元以下罚款。

3. 专利侵权的刑事责任

我国《专利法》规定,假冒他人专利的行为,不仅可以以专利侵权处理,要求停止假冒行为并赔偿损失,情节严重的,还可追究直接责任人的刑事责任;擅自向外国申请专利,泄露国家重要机密的,由申请人所在单位或上级主管机关给予行政处罚,情节严重的以泄露国家秘密罪论处,追究其刑事责任;从事专利管理工作的国家机关工作人员及其他有关国家机关工作人员玩忽职守、滥用职权和徇私舞弊情节严重的,依照刑法有关规定追究刑事责任。

10.2.4 专利侵权案例

例 10.1 广东兴发诉义乌富亿、广东凤铝专利侵权案

广东兴发创新股份有限公司、广东兴发铝型材厂有限公司因与义乌市富亿建材有限公司、广东凤铝铝业有限公司专利侵权纠纷一案,诉至杭州市中级人民法院。

原告诉称:被告富亿公司大量销售仿冒本公司专利的产品,严重损害了原告的利益,这些产品都系凤铝公司制造,二者应当承担侵权责任。

凤铝公司辩称:①原告的专利应属无效专利;②我公司生产的铝型材产品与原告的专

利产品有明显不同,不构成专利侵权。

富亿公司未提交答辩状。

经审理,法院认为:①原告的通过受让所得的专利为有效专利;②凤铝公司生产的型材与专利产品系同一类产品,在作为型材类产品的视觉主要部分的横截面上,两者除存在两处细微差异外,基本相同。这种差别对于一般消费者而言,不易区分开来。因此,凤铝公司制造、富亿公司销售上述型材,均构成对原告专利权的侵犯。③原告没有证据证明富亿公司存在明知侵权产品而予销售的事实,且依据公证书可以认定富亿公司销售的侵权产品系凤铝公司生产,富亿公司可以不承担赔偿责任。

最终,判决如下:凤铝公司立即停止生产、销售侵权产品并销毁制造侵权产品的模具;富亿公司立即停止销售侵权型材;凤铝公司赔偿原告经济损失人民币8万元。

一审后,凤铝公司不服提起上诉,二审浙江省高级人民法院判决驳回上诉,维持原判。

例10.2　我国3家企业抄袭德国客车设计被判赔

2009年,德国客车商尼欧普兰汽车有限公司(简称尼欧普兰公司)状告我国3家企业,认为江苏盐城中威客车公司(简称中威客车公司)等3家中国公司生产销售的大客车"抄袭"了自家客车的外观设计,尼欧普兰公司将其告上法院,索赔4000余万人民币。市一中院一审判决中方3公司赔偿该公司2116万元人民币。

尼欧普兰公司起诉称,2005年,他们生产销售了"欧洲星航线"系列客车并享有专利。次年该公司就发现,中威客车公司、中大工业集团公司生产和销售的A9系列客车涉嫌侵权。在北京地区,该系列客车由北京中通星华汽车销售公司对外销售。法庭审理时,尼欧普兰公司认为,该系列客车已经侵犯了"欧洲星航线"客车的外观设计专利权,他们要求上述3家被告公司停止生产和销售涉案侵权产品,两家生产商则连带赔偿自己4000万元人民币经济损失。此前,为了打这起官司,尼欧普兰公司特地斥资近百万元人民币购买了一辆被告生产的客车,递交法庭,作为证据。

被告生产商中威公司认为,被指侵权的产品外观,由该公司自主开发,并未构成侵权。而销售商中通公司则称,他们作为销售商,无法确认商品是否侵权。

最终,通过对比中威公司制造的A9系列客车与"欧洲星航线"客车的外观,法院认为,两者有着众多相同的设计,而这些设计基本构成了客车的整体外观。虽然少部分设计上存在一定差异,但这些差异都属于局部细微差异,对于客车产品整体外观的视觉效果不会产生显著影响。

据此,市一中院认定,被控侵权产品与涉案专利属于相近似的外观设计,北京中通星华汽车销售公司应立即停止销售涉案客车;中威客车公司、中大工业集团公司应停止制造该侵权客车,并共同赔偿原告2000万元人民币经济损失及116万元人民币诉讼合理支出。

10.3　基于TRIZ的专利战略

企业创新的核心是技术创新,专利知识作为技术知识的一种,囊括了全球90%以上的最新技术情报,是技术信息最有效的载体,对企业的技术创新有着非常重要的借鉴意义。建立和健全专利战略,是企业在国内外市场竞争中提升核心竞争力的必要手段,企业必须尽快把握国情,掌握规则,规避风险,掌握专利保护这个防身之术和制胜之道。本节将对专利战略思想及专利规避的相关内容进行介绍。

10.3.1 专利战略简介

专利战略是指企业面对激烈变化、严峻挑战的环境,主动地利用专利制度提供的法律保护及其种种方便条件有效地保护自己,并充分利用专利情报信息,研究分析竞争对手状况,推进专利技术开发、控制独占市场,为取得专利竞争优势而进行的总体性谋划。专利战略的目标是打开市场、占领市场、最终取得市场竞争的有利地位,占领市场是专利战略目标的核心内容。

根据企业技术竞争的需要,企业专利战略可分为进攻战略和防御战略两种基本战略。

1. 专利进攻战略

专利进攻战略是指积极、主动、及时地申请专利并取得专利权,以使企业在激烈的市场竞争中取得主动权,为企业争得更大的经济利益的战略。专利进攻战略主要包括以下几种:

(1) 基本专利战略,这是指准确地预测未来技术的发展方向,将核心技术或基础研究作为基本方向的专利战略。

(2) 外围专利战略,即采用具有相同原理并环绕他人基本专利的许多不同的专利,加强自己与基本专利权人进行对抗的战略。或者在自己的基本专利受到冲击时,在基本专利周围编织专利网,采取层层围堵的办法加以对抗。

(3) 专利转让战略,即在自己众多技术领域取得的专利权中,对自己并不实施的专利技术,积极、主动地向其他企业转让的战略。

(4) 专利收买战略,即将竞争对手的专利全部收买,来独占市场的战略。

(5) 专利与产品结合战略,即在许可他人使用本企业专利的同时,将自己的产品强加于对方,提高自己在市场竞争中地位的战略。

(6) 专利与商标结合战略,即把专利的使用权和商标的使用权相互交换的战略。

(7) 资本、技术和产品输出的专利权运用战略,即在资本、技术和产品输出前,先在输入国申请专利,保护资本、技术和产品的独占权的战略。

(8) 专利回输战略,即对引进专利进行消化吸收、创新后,形成新的专利,再转让给原专利输出企业的战略。

2. 专利防御战略

专利防御战略是指防御其他企业专利进攻或反抗其他企业的专利对本企业的妨碍,而采取的保护本企业将损失减少到最低程度的一种战略。专利防御战略主要有以下几种:

(1) 取消对方专利权战略,即针对对方专利的漏洞、缺陷,运用撤销以及无效等程序,使对方所取得的专利不能成立或者无效的战略。

(2) 公开战略,即本企业没有必要取得专利权但若被其他企业抢先取得专利又不利于本企业时,采取抢先公开技术内容而阻止其他企业取得专利的一种战略。

(3) 交叉许可战略,即企业间为了防止造成侵权而采取的相互间交叉许可实施对方专利的战略。

(4) 利用失效专利战略，企业可以无偿使用失效专利，或将其作为研发与创新的起点。

(5) 绕过障碍专利战略，即绕过已有的专利权保护范围。

(6) 对持战略，当遇到专利纠纷且所涉及的技术界定不清晰时，专利权人和被控侵权人可以利用等同原则和公知技术抗辩原则，相互对峙。

注重企业的专利战略研究，并切实运用于企业的技术创新和运营管理中，对企业在竞争中取得成功有着重要的意义。我国企业从整体上说，技术水平和研发能力与国外发达国家相比较低，特别是在步入国际市场时常常遇到国外领先者设置的专利壁垒，从而给企业带来一些不利的影响。在企业的专利战略中，如何充分利用同行业的专利成果而不侵犯对方的知识产权是非常重要的一部分，接下来我们将着重介绍专利战略中的一个重要的策略——专利规避策略。

10.3.2 专利规避

专利规避设计是一项源起美国的合法竞争行为（legitimate competitive behavior）。起初，专利规避只是企业在遭遇侵权诉讼时采取的一种被动保护策略，但随着人们对知识产权的日益重视，规避设计已经成为一种积极的防御和进攻战略。所谓的专利规避设计，就是指研究他人的某项专利，然后设计一种不同于受专利法保护的他人专利的新方案，以规避他人的专利权。专利规避设计是一种常见的知识产权策略，其目的是从法律的角度来绕开某项专利的保护范围以避免专利权人进行专利侵权诉讼。专利规避是企业进行市场竞争的合法行为。

专利规避设计包含了两个不同层次的内容。第一个层次比较简单同时也比较危险，是利用专利文书自身的信息漏洞进行规避，即一些专利的权利要求未能精准地概括其具体的实施方案，如果能找出这些不相对应的地方，就可以加以合法利用；第二个层次则是对专利的核心原理进行规避或再发展，即对专利技术本身进行挖掘，找到专利方案区别于其他方案的创新点，分析其尚存在的技术缺陷及改进方向，从而有针对性地继承和发展专利，真正地实现专利规避设计。一个成功的规避设计包含两个要求：一是要在专利侵权案中不会被判定为侵权；二是在市场竞争中不会因成本高而失去竞争力。

专利规避设计应该在什么时候使用呢？当发现某项专利技术对我们价值很高，但此专利仍在保护期内并且在我们的产品生产或销售区内受保护、短期内不会失效、专利持有人不授权或授权费用太高，此时我们就可以尝试专利规避设计以规避原有效专利，设计一种不同于原专利保护内容的新方案。

从本质上说，规避设计是一种研发活动，需要对本技术领域有一个较广和较深的技术认识。而 TRIZ 理论作为发明问题解决理论，对技术问题的分析和创新能提供一定的指导。将 TRIZ 理论与专利规避设计相结合，能够帮助专业技术人员通过有效的专利分析、专利规避等模式，实施企业有效的专利规避策略。同时，需要注意的是，规避设计作为一种研发活动，其实施的前提是三方面人员的通力合作，即专利、技术和市场人员的合作。

10.3.3 TRIZ 与专利规避

通过前面章节的学习，我们知道 TRIZ 理论是来源于对海量高水平专利的分析与总结，因此，TRIZ 理论也同样适用于对专利的分析。TRIZ 理论可以提供分析工程问题所需的方法，如功能分析、资源分析和物场分析等，其主要目的是将抽象的系统转化为具体的图表以便于设计者了解产品所具备的功能和特征。在专利规避设计中，应用 TRIZ 理论可以帮助设计者对已有有效专利进行分析。

同时，TRIZ 理论作为一门技术创新的系统化的理论，主要是从创新的角度研究解决各种技术难题、冲突和矛盾。专利规避设计从一定程度上也是一种创新设计，因此，TRIZ 理论对专利规避设计有一定的启发作用，利用 TRIZ 理论进行技术创新，可以为规避现有的技术专利提供有效而安全的方法。

目前，关于 TRIZ 与专利规避设计方法相结合的研究较多，下面对其作简要介绍。基于 TRIZ 的专利规避设计一般流程如图 10-2 所示，主要分为以下 4 个阶段：

图 10-2 基于 TRIZ 的专利规避设计流程

1. 确定规避专利

在专利规避设计过程中，从突破现有产品专利壁垒的角度出发，以检索现有优秀产品专利为目标，分析专利总功能。

1）检索目标专利

研发或设计人员调研市场并制定产品的设计提案，根据设计提案对专利进行检索与分析。对于专利检索可以采用关键词检索和 IPC 检索等。通过专利检索，往往会得到多个相关专利，需要对这些专利进行分析从而确定需要规避的专利。常用的专利分析方法有专利地图、技术进化趋势等，选择时可以从功能-技术发展的角度进行筛选归类，从而确定代表该领域核心技术的专利，即需要规避的专利。

2）定义系统总功能

技术系统的主要目的是满足一种或多种功能，并由执行不同功能的元件组成。确定目标专利后，需要对其总功能加以描述。专利的功能表现为技术系统将输入的能量流、信息流和物质流有目的转化、传递和变换后输出，并对输出过程的程序、功效与能力进行抽象化描述。

通过对专利产品功能进行分析，比较系统的输入和输出关系，总结其总功能。总功能的描述要准确、简洁，合理抽象，使于抓住系统的本质，使设计目的明确，思路开明，有利于专利系统的进一步开发和创新。

2. 规避设计问题定义

分析目标专利的权利要求部分，确定技术系统所有相关组件。通过分析功能关系，识别功能等级，建立功能拓扑模型，从而定义规避设计的冲突问题。

1）解构权利要求

分析规避专利的独立权利要求部分，分清公知技术和专利特征，确定必要技术特征。借助 TRIZ 理论中的功能分析或因果分析等方法来明晰独立权利要求中的各个特征、它们之间的相互关系以及与系统之间的关系。在对要规避的专利进行分析时，可以将权利要求中的整个技术方案看作是一个独立的技术系统，而各个特征就是技术系统中的组件。如图 10-3 所示，对产品专利文献进行分析及提取，分解专利权利要求，从中提取产品技术特征。

2）建立功能拓扑模型

基于对目标专利权利要求的分解，技术特征被提取出来，然后通过 TRIZ 功能分析或因果分析对技术特征内部组件之间功能关系进行分析，构建功能结构拓扑模型，即建立技术系统的功能模型，为下一步的创新再设计提供条件，从而帮助设计人员更清楚地分析要规避的专利。

由于系统的复杂性，总功能可表述为分功能、子功能，直到最后一级的基本功能元。针对复杂的专利技术特征，建立功能结构的关系模型，可以清晰各功能结构之间的逻辑关系，将专利产品的核心技术内容更加直观抽象地表达出来。这种抽象有利于设计者在工作原理方案的构思与设计过程中拓展思路，产生新的创新思路，为下一步规避设计思路转化为具体的规避设计方案提供方向。

图 10-3 专利技术特征识别

3. 解决问题

通过上一步的方法对要规避的专利进行规避设计,往往会产生一些新的问题。解决规避设计问题的方法有两种:一种是基于 TRIZ 理论的专利策略方法,可以用来解决冲突问题;另一种是基于功能求解的功能变更规避设计策略,该创新设计方法着重于对原始功能模型的改进和重用。

1) 基于 TRIZ 理论的专利策略

将这些新问题转化为 TRIZ 标准问题,利用 TRIZ 理论寻找技术创新的突破口。这里可以采用的 TRIZ 解决问题工具包括解决技术矛盾的发明原理、解决物理矛盾的分离原理、物质场模型与标准解,以及科学效应知识库等。应用这些工具来启发设计方案,得到一些设计概念,然后结合该技术的具体领域及技术人员经验完成进一步的方案细化,并设计出与原专利不同的新产品。

目前,常用的规避设计策略主要有 4 种:删除法、替代法、合并法和分解法,如表 10-1 所示。这些方法的来源是基于专利侵权判定原则。

表 10-1 规避设计策略

规避设计方法	规避设计方法表达式	规避的侵权判定原则
删除法	$A+B+C+D \rightarrow A+B+C_1$	全面覆盖原则,等同原则
替换法	$A+B+C+D \rightarrow A+B+C_1+D_1$	全面覆盖原则,等同原则($C \neq C_1, D \neq D_1$)
合并法	$A+B+C+D \rightarrow A+B+E$	全面覆盖原则,等同原则($E \neq C+D$)
分解法	$A+B+C+D \rightarrow A+B+C+D_1+D_2$	全面覆盖原则,等同原则($D \neq D_1+D_2$)

删除法,是指在已有的专利上减去一个或以上的主要技术特征,将其功能转移到系统其他组件上;删除某些组件或辅助功能。删除法来源的法律基础是基于侵权判定中的全面覆盖原则和等同原则。这里需要注意的是,如果在已有专利权利要求中全部必要技术特征的基础上,增加新的技术特征,则将会落入专利权的保护范围。使用删除法时,往往会产生新的问题,此时就需要建立新的问题模型,在下一步中进行解决。

替代法,是指采用不同的手段(技术、方式、原理),使系统具有相同的功能,达到相同的效果。替代法来源的法律基础也是基于侵权判定中的全面覆盖原则和等同原则。使用替代法时,需要注意的是必须采取不同的技术、方式或原理,否则将视为等同,从而落入了专利侵权的范围。

合并法,通过组合替换系统一个或以上技术特征,即新特征 E 不能是原特征 C 和 D 的简单叠加,而应该在方式、功能和效果上有实质上显著的改善,从而避免特征 E 被看作原特征 C 和 D 的等同特征。

分解法,是用多个新的特征共同作用来实现原专利要求中某一个特征需要实现的功能。并且该新特征的组合 D_1+D_2 也不是原特征 D 的等同物。

2) 基于功能求解的功能变更规避设计策略

在已获取的目标专利的功能结构模型基础上,通过功能变更找到新的功能实现方法可以避免与原始产品设计功能重复而导致的侵权问题。功能变更指的是通过对原有功能表述在本体库中进行类比查找合适的同义或反义功能语义表述来获取替代功能的过程。功能语义表述来实现功能变更的方法如图 10-4 所示。对原始功能语义进行泛化,扩大其变更范围;对泛化后的语义进行同义或反义变更;最后根据功能模型,将被变更的功能进行特殊化处理。

图 10-4 功能语义表述变更

功能是通过物理作用过程和结构对象的关系确定的,通过前面进行的各个工作步骤,已经产生专利产品的新的功能结构模型。通常同一功能具有多个功能实现方法,现在的任务是寻找实现各个功能的技术载体。下面介绍几种功能求解方法。

(1) 直觉法:设计者凭借个人智慧、经验和创造能力,寻求各种分功能的原理解。

(2) 调查分析法:设计师要了解当前国内外技术发展状况,大量查阅文献资料,包括专业书刊、专利资料、学术报告、研究论文等,掌握多种专业门类的最新研究成果。

（3）设计目录法：设计目录是设计工作的一种有效工具，是设计信息的存储器、知识库。它以清晰的表格形式把设计过程中所需的大量解决方案规律地加以分类、排列、存储，便于设计者查找和调用。

（4）功能导向搜索（FOS）：一种基于对目前世界上已有成熟技术进行分析的基础上用于解决问题的工具。将功能进行通用化处理，使用的是现有解决方案，与新发明相比，实现起来更容易，所要消耗的资源也更少。

4. 侵权判定

形成了新的产品后，还需要进行专利侵权判定。进行专利侵权判定时，需按照一定的优先顺序进行，如图 10-5 所示。根据前面介绍的判定原则依次进行比对，比较新产品与原有专利的技术特征，判定新产品的必要技术特征是否落入所规避的目标专利保护范围，以保证最后的规避方案不侵权。如果最后得到的新产品满足专利性要求，也可以申请专利以保证新产品具有独占性使用权，同时也可以丰富企业的技术方案库，使企业在市场竞争中占有优势。

图 10-5　侵权判定原则的优先顺序

10.3.4　专利规避案例

例 10.3　一种方便握持铁钉的锤子规避设计

进行专利规避的第一步是调研市场并制定产品的设计提案。假设已通过市场调研，并确定了需要规避的专利——一个美国专利 US 6959465，一种方便握持铁钉的锤子。该专利保护了一种能够方便握持铁钉的锤子，其主要是利用了设置在锤头内部的磁铁的磁性来握持铁钉。下面按照上述流程进行规避设计。

分析该目标专利的独立权利要求，清楚了解该独立权利要求所具备的所有技术特征，包括元件和它们之间的相互关系。本实例中这件专利工具主要包括三个元件，即把手、锤头以及磁铁。然后运用 TRIZ 的功能分析方法分析它们的相互关系，建立其功能分析模型，如

图10-6所示。

从功能分析图中可见,该技术系统的主要功能就是自持式的锤子,目标专利的发明点在于应用了磁铁和铁钉相互之间的吸引作用,因此磁铁是本技术系统中必不可少的必要技术特征。

接着拟订规避策略。为了能成功规避该专利,尝试删除该技术特征(磁铁)。该特征删除后,本技术系统的主要功能——铁钉的自持功能消失了,因此,如何利用系统内资源重新实现该功能是思考方向。由于系统中的磁铁被删除后,只存在把手和锤头两个组件,如何实现把手自持铁钉或锤头自持铁钉就是需要解决的主要问题,这也是潜在的两个解决方案。虽然图10-7中还显示有超系统组件——手,但是由于用手持铁钉显然是现有技术范围内的方案,故不属于思考范围。图10-7示出了该特征删除后的功能分析思路。

图10-6 原专利的功能分析模型　　图10-7 采用规避策略后的功能分析思路

采用TRIZ工具解决矛盾。将问题转为矛盾中的物理矛盾,即怎样使得锤头和把手既满足原先的要求又满足新的要求——握持铁钉。根据空间分离原理,可以使得锤头和把手满足上述要求。比如,可以在锤头或者把手上设计用于代替人手的支撑机构。

形成了具体的规避设计方案后,需要与专利律师一起进行是否侵权的分析,以保证最终的规避方案满足不侵权要求。

例10.4　鲜花包装盒规避设计

通过调研市场,假设我们需要一种鲜花包装盒,通过专利检索与分析确定要规避的专利为一个鲜花包装盒专利(CN203199437U),下面以此专利为例来说明如何应用TRIZ进行专利规避设计。

找到规避对象后,就需要对规避对象进行功能分析并解构该专利的独立权利要求。该专利是一种携带方便、适合保存鲜花的包装盒,它主要利用一个固定装置和营养供给装置固定住鲜花并供给营养以保证鲜花能长时存放。采用TRIZ的组件功能分析法分析该目标专利的独立权利要求,清楚地了解该独立权利要求所具备的所有技术特征,包括各个组件以及它们之间的相互作用关系。在专利CN 203199437U中(见图10-8),主要组件有盒体1、盒盖4(观察窗41)、固定装置2、营养供给装置3及提带5。

运用TRIZ的功能分析法分析该专利的功能结构,得到功能模型如图10-9所示。

图 10-8　鲜花包装盒结构图　　　　图 10-9　鲜花包装盒功能模型

从图 10-9 中可以看出,该技术系统的主要技术特征是固定装置对花束及营养供给装置的固定作用、盒盖的保护展示作用及提带的方便携带功能。经过进一步分析,此专利的不足是固定装置制作相对复杂,具有过剩的固定作用。因此,可从固定装置出发对本专利进行规避。

考虑采用删除法对固定装置进行特征修剪。删除固定装置后,出现的问题是在没有固定装置的情况下如何实现固定花束及营养供给装置的功能。分析功能模型可看出,固定装置消失后,主要就剩下了盒盖和盒体。重新审视鲜花包装盒的功能模型,可以考虑利用盒盖或盒体实现定位固定功能。经过分析,使盒体兼具固定作用会存在不易装卸花束的缺点,故主要从改进盒盖方面入手进行方案的创新。最后,得到新问题的功能模型如图 10-10 所示。

图 10-10　新问题的功能模型

根据修剪后的功能模型进行创新设计及方案细化。由于原作用为过剩作用,裁剪后得到的模型出现的问题是如何使盒盖具有固定作用,即盒盖对花束的固定不足。将问题转化为 TRIZ 理论中的物质-场模型。S_2 表示盒盖,S_1 表示花束,它们之间的场为 F_{Me},S_2 对 S_1 的作用为不足作用,物质-场模型如图 10-11 所示。针对这个问题,考虑采用 76 个标准解中的第 2 个标准解,用永久的或临时的内部添加物来改变 S_2,从而帮助系统实现需要的功能,得到如图 10-12 所示的新的物质-场模型。

 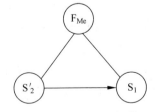

图 10-11　原问题的物质-场模型　　　　图 10-12　新的物质-场模型

根据此模型的提示,我们可以考虑在盒盖上设计与盒盖为一体的简易定位装置来实现原固定装置的固定功能,如在盒盖的上部和下部分别延伸粘贴两块不同高度的硬纸板,其中纸板上开有合适大小的孔以起到固定整个花束的作用。这样得到的结果使用更方便,成本也有所降低,能满足设计要求。紧接着,以此技术特征为核心进行全新的鲜花包装盒设计。可以把营养供给装置预先与花束固定在一起使之成为一个整体,从而降低盒盖上添加定位装置的固定难度。同时,考虑将盒盖与盒体组合成一个组件,盒盖可绕盒体旋转,方便展示与装卸,也降低了系统的复杂性。

最终,得到的规避方案(见图10-13)为:一纸成形包装盒,方便携带、保护及存放花束。盒盖可绕盒体旋转以展示花束,盒盖内侧粘贴有两块开孔的固定板用以固定带有营养装置的一束花,外侧开有展示窗与透气小孔。盒体上部有提绳以方便携带装有花束的包装盒。最终得到的规避方案克服了原专利的固定装置制作复杂的缺点,具有保护、固定及展示花束功能,且制作方便。

形成了具体的规避方案后,需要与专利律师一起进行专利侵权判定,以保证最终的规避方案满足不侵权要求。

例10.5 红酒包装盒规避设计

基于关键词检索,确定一种红酒包装盒专利(CN103318496A)为目标规避对象。该专利包括用于存放酒瓶的内包装缓冲体及用于固定内包装缓冲体的外包装锁合体。如图10-14所示,内包装缓冲体包括内包装缓冲体1和栏栅凹槽2,外包装锁合体包括外包装锁合体3、容纳腔4、插舌5和侧板6。

图10-13 最终的规避方案

图10-14 红酒包装盒结构示意图

根据技术系统与外界输入输出的关系,可以确定包装盒的总功能是在运输和搬运过程中,保护易碎的酒瓶,并且具有展示促销的功能。对目标专利文献进行分析,提取技术特征,构建目标专利产品的功能结构模型,如图10-15所示,为下一步的创新再设计提供前提条件。

根据红酒包装盒功能结构树的分析,得到该包装盒的核心功能是"容纳器"和"栏栅"。通过功能变更来找到新的核心功能实现方法,首先将核心功能"容纳器"和"栏栅"进行泛化

图 10-15　红酒包装盒功能结构树

分析,得到更加抽象的功能"包容"和"隔离",对核心功能语义进行泛化,扩大其变更范围。然后对泛化后的语义进行同义变更,通过查找同义功能语义表述"承装"和"缓冲"功能来实现。最后根据功能模型,将被变更的功能进行特殊化处理,通过功能实现方法搜索得到"承装桶"代替"容纳器","螺旋"代替"栏栅"。功能变更具体操作过程如图 10-16 所示。

图 10-16　功能变更过程

经过上述的功能语义变更操作,将原始核心功能"容纳器"和"栏栅"变更为"承装桶"和"螺旋",经过功能结构重组得到优化后的红酒包装盒的功能结构模型,如图 10-17 所示。

图 10-17　创新再设计功能结构树

通过上述创新再设计方法,应用功能实现求解中的直觉法和功能导向搜索 FOS 法,将新的功能结构树对应求解,最终得到产品的物理模型为圆柱直筒结构。它由三个部分组成,即外包装桶、螺旋保护器和弹压装置。外包装桶体侧面带有展示口,以方便看到包装盒内部的酒瓶及其铭牌,桶体上口与桶盖螺纹配合;桶体底部安装有弹压装置,方便酒瓶放置和拿取;螺旋保护器为橡胶材料的螺旋线型结构,螺旋保护器贴紧瓶身和桶体,起到稳定的保护作用。如图 10-18 所示,红酒包装盒包括桶盖 1、桶体 2、压板 3、弹簧 4、螺旋保护器 5 和展示口 6。

本创新再设计能有效缓冲运输过程中的振荡,保护产品,而木桶结构精致、大方,适用于中高档红酒包装,映衬酒的高贵优雅。酒盒侧壁设有展示口,增添了酒盒外观的观赏性,也具有更好的展示促销功能,给人以最大的视觉效果。同时该设计被成功授予专利。

图 10-18　红酒包装盒新结构模型

10.3.5　基于 Goldfire 的专利规避设计

由 9.4 节关于 IHS Goldfire 的介绍中可知,该软件的专利利用模块有关于专利规避的任务,利用平台的分析流程和强大的数据库,可帮助用户进行目标专利分析和进行相关规避设计,获得非侵权的新方案。该平台的规避设计流程都有导向指引,即使是不太了解专利规避设计的企业人员也可通过帮助文件进行操作设计。

特别是 Goldfire 中拥有超过 9000 条科学效应,以及来自各个行业的创新实例,对于每一条科学效应,都具体描述其内容、优点、效应方程式、效应参数的限制条件、参考内容以及应用该效应的大量实例,并以形象的动画演示效应原理,便于不同专业的企业用户充分对效应的理解及应用。设计者在分析完专利文本后,针对该技术漏洞查找相关效应原理,通过相关实例可以启发设计者的设计灵感,可以帮助设计者摆脱思维惯性,更好地进行创新设计。

因此,本节中提出了一种基于 Goldfire 的专利规避设计方法,该方法通过运用 Goldfire 平台中的利用知识产权任务中的专利侵权规避,分析目标专利,并进行专利规避设计。该平台具有丰富的数据库,在求解过程中可为设计者提供不同领域的设计方案,启发设计灵感。

1. 确定技术创新方向

在市场竞争激烈的情况下,企业只有不断地推出新技术、新产品,才能在众多竞争企业中脱颖而出。相同行业间推出的产品层出不穷,但也有许多相似之处,在知识产权保护的情况下,常常会带来侵权的风险。专利规避设计是以 4 个侵权原则为依据的创新设计,企业可将其运用到技术创新的过程中。

在进行技术创新时,首先应确定技术创新的方向,有目的地针对该方向进行资料搜索和后续设计。

2. 选定模型类型与再设计等级

Goldfire 可对产品和工艺流程进行建模和规避设计，用户根据自身需要选择自己要建模的类型。选择类型后，可选择自己设计的等级：选择低等级，则不删减系统组件，只通过增加设计来对系统进行规避设计；选择高等级，则可以用功能裁剪方法对系统组件进行修改，进行规避设计。

3. 建立功能模型

Goldfire 中建立功能模型有两种方式：一种是自己输入组件名称并进行组件间的功能定义；另一种是通过导航，查找目标专利，系统可自动识别专利文本中出现的组件词汇，用户只需选择组件，便可添加到模型中，且可定义组件间的功能，判断该系统的价值。若没有出现所需组件、功能词汇，也可自行输入。功能模型可用于分析产品的功能，找到其中的漏洞，并对该漏洞进行后续的规避设计。

4. 简化模型

这里的简化模型实则是确定规避对象，并运用功能裁剪方法进行规避设计。在建立功能模型后，对模型中的有害、不足或过剩功能中相关的组件进行删除、替换，或增加新的组件到原模型去完成相同功能，使设计系统最大限度趋于理想解的过程。

5. 查找解决方案

在对模型进行裁剪后，可针对裁剪后产生的问题查找求解方案。在 Goldfire 中可通过几种方式进行求解：一是直接搜索问题，系统通过识别输入的语义查找到与之相关的国内外文献，通过直接查看文献的方法获得求解思路；二是科学效应搜索，输入想要实现的功能，找到相关的效应，通过对应效应的实例找到求解思路；三是发明原理搜索，输入实现某一功能可能会引起的矛盾的参数，找到解决该矛盾的发明原理和例子，从中获得解决方案；四是系统进化模式求解，针对求解问题选择系统的进化模式，通过相关实例得到求解思路。

6. 验证方案的可行性

在求得求解方案后可在平台上查找是否有相似的相关专利，若获得的结果中没有或者很少与所设计相似的专利，说明该方案可行。若已经存在了很多相关专利，则说明该设计不可行，需重新查找解决方案再进行设计。

例 10.6 基于 Goldfire 的菠萝采摘器规避设计

基于关键词检索，确定一种菠萝采摘器（CN201721367355.X）为目标规避对象。如图 10-19 所示，其结构包括上手柄 1、下手柄 2、第一螺栓 3、铆钉 4、复位弹簧 5、上颚机构 6、下颚机构 7、第一固定刀片 8、第二固定刀片 9、第二螺栓 10、上活动刀片 11、下活动刀片 12。

进入 Goldfire 平台的专利规避任务，选择规避设备，规避

图 10-19 菠萝采摘器结构图

等级为高级,进入功能模型建立步骤。建立功能模型可借助软件的导航功能,通过查找该专利,得到该专利的关键结构词汇,按照组件、超系统和目标依次选中对应的结构,其中组件(方框表示)为复位弹簧,上、下手柄,上、下颚机构,上、下活动刀片,上、下固定刀片和限位板;超系统(六角形表示)为人;目标(椭圆表示)是菠萝根。接着,可对结构间的相互作用关系进行定义,即功能,并可确定是有害(细实线表示)、过剩(粗实线表示)和不足(虚线表示)的功能。该专利的功能模型如图 10-20 所示。

图 10-20　菠萝采摘器功能模型

由功能模型可知,上、下颚机构连接上、下活动刀片是过剩功能,上、下活动刀片固定菠萝根是不足功能。针对这两个功能进行功能裁剪,将上、下颚机构和上、下活动刀片删除,与之相关的限位板也删除,则控制、带动和连接这三个功能也删除,将上、下活动刀片固定菠萝根的功能和上、下颚机构带动上、下固定刀片的功能转移至刀的上、下手柄,其余的不变。裁剪后的模型如图 10-21 所示,颜色为灰色的就是已经裁剪的组件和功能。

图 10-21　裁剪后的功能模型

裁剪模型后针对模型出现的问题为"如何由上、下手柄带动上、下固定刀片切开菠萝根",根据该问题查找解决方案,通过科学效应库搜索功能"切割",得到如图 10-22 所示的科学效应实例。该效应是通过弹簧将金属片均匀地移动到冲压区域防止金属片断裂。

受该实例的启发,实例中的弹簧与压杆是同时运动,带动金属片移动,故将手柄设计成

图 10-22　科学效应实例

图 10-23　菠萝采摘器新方案

可夹持菠萝根并可带动菠萝根运动的结构,将刀具的驱动方式改为弹簧驱动,故设计了如图 10-23 所示的新菠萝采摘器,包括连接弹簧 1、手柄 2、刀尖 3、螺栓 4、刀座 5、挡块 6、定位部件 7、扭簧 8。该新采摘器手柄即可夹持菠萝根,与原专利相比,原设计需要上、下颚机构和上、下活动刀具还有固定刀具相互配合固定菠萝根,而本设计只需手柄这一个组件即可实现对菠萝根的固定,结构简化了;通过按压手柄将刀具释放出来切断菠萝根,同时手柄在转动的过程中对菠萝根有折弯的作用,在弹簧的作用下可以使手柄复位,通过按压刀具底部可将刀具收回。

通过软件搜索相关的原理的专利,与本设计相似的专利较少,故该设计具有专利性,目前已申请专利 CN201910189531.2。

思　考　题

1. 什么是专利?简述专利的特点。
2. 什么是专利侵权行为?其有哪些构成要件?
3. 简述专利申请的流程。
4. 简述专利侵权判定的原则。
5. 简述专利规避设计的 4 个阶段。
6. 图 10-24 所示为一种正在申请发明专利的产品:一种铅笔延长器(申请公布号 CN 102381083 A)。专利权利申明为:该铅笔延长器包括两端开口的延长管和旋紧套,延长管一端的管壁分割为若干相隔一定间隙的夹紧片,夹紧片的外围设

图 10-24　一种铅笔延长器
1—延长管;2—旋紧套;3—推进杆;
4—凸环;5—夹紧片

有相对应的外螺纹,旋紧套内壁设有与夹紧片外螺纹相适配的内螺纹,延长管另一端安装有一推进杆,推进杆的末端设有一凸环,凸环的外径略大于延长管的外径。

请对该铅笔延长器作功能分析并画出功能模型图。试用裁剪方法设计一种新的铅笔延长器,要求不对原专利构成侵权。

7. 结合日常生活,制定一个产品的设计提案,确定需规避的专利,并按照规避设计的流程设计出一个规避后的新方案或新产品。

参 考 文 献

[1] 百度百科.专利[EB/OL]. http://baike.baidu.com/view/50915.htm? fr=iciba,2014.
[2] 国家知识产权局.专利常见问题[EB/OL]. http://www.sipo.gov.cn/zlsqzn/.
[3] 冯晓青,刘友华.专利法[M].北京:法律出版社,2010.
[4] 百度百科.专利侵权[EB/OL]. http://baike.baidu.com/view/981723.htm#8,2013.
[5] 中华文本库.专利侵权判定的基本方法[EB/OL]. http://www.chinadmd.com/file/so3oewrptevevixvupwvuexv_1.html.,2012.
[6] 李瑞.知识产权法[M].广州:华南理工大学出版社,2006.
[7] PATRICK B,PINKERTON J,PATRICIA P,et al. Patent Resources Group,Inc. Design around valid US patents[R]. Bonita Springs: Patent Resources Group,Inc. ,1994.
[8] 刘镇滔.面向中小企业的专利知识服务及其平台研究[D].上海:上海交通大学,2007.
[9] 江屏,罗平亚,孙建广,等.基于功能裁剪的专利规避设计[J].机械工程学报,2012,48(11):46-54.
[10] CHENG S,MI J,ZHAO R,et al. Patent Product Innovation Re-Design Based on Function Analysis [J]. Recent Patents on Mechanical Engineering,2016,09(9):71-78.
[11] 百度百科.专利战略[EB/OL]. http://baike.baidu.com/view/1516170.htm,2013.
[12] 李鹏,安纪平.浅谈 TRIZ 理论在专利回避设计中的应用[J].中国发明与专利,2013,2:29-32.
[13] LI M,MING X G. A TRIZ-based Trimming method for Patent design around[J]. Computer-Aided Design,2014,62(10):20-30.
[14] 吴俊.基于功能本体的产品设计知识表达与应用研究[D].南京:南京航空航天大学,2013.
[15] 周新.鲜花包装盒:203199437[P].2013-09-18.
[16] 韩庆,何卫锋,洪锐波,等.一种红酒包装盒:103318496 A[P].2015-10-07.
[17] 米晶晶,成思源,赵荣丽,等.可升降可展示的酒类包装盒:201520284639.7[P].2015-10-07.
[18] 陈知泰,万志坚,梁王磊.菠萝采摘器:201721367355.X[P].2018-06-29.
[19] 陈晓菁,成思源,杨雪荣,等.一种菠萝采摘工具:201910189531.2[P].2019-05-03.
[20] 江伊维,成思源,李德敏,等.一种铅笔延长器:201420348991.8[P].2015-01-07.
[21] 米晶晶,成思源,杨雪荣,等.基于功能变更的专利产品创新再设计[J].包装工程,2016,37(20):146-150.

附录 A 39 个通用技术参数

编号	名 称	解 释
1	运动物体的重量 (weight of moving object)	重力场中的运动物体作用在防止其自由下落的支撑物上的力。重量常常表示物体的质量
2	静止物体的重量 (weight of stationary object)	重力场中的静止物体作用在防止其自由下落的支撑物上的力。重量常常表示物体的质量
3	运动物体的长度 (length of moving object)	运动物体的任意线性尺寸,不一定是自身最长的长度,它不仅可以是一个系统的两个几何点或零件之间的距离,而且可以是一条曲线的长度或一个封闭环的周长
4	静止物体的长度 (length of stationary object)	静止物体的任意线性尺寸,不一定是自身最长的长度,它不仅可以是一个系统的两个几何点或零件之间的距离,而且可以是一条曲线的长度或一个封闭环的周长
5	运动物体的面积 (area of moving object)	运动物体被线条封闭的一部分或者表面的几何度量,或者物体内部或者外部表面的几何度量。面积是以填充平面图形的正方形个数来度量的。例如,面积不仅可以是平面轮廓的面积,也可以是三维表面的面积,或一个三维物体所有平面、凸面或凹面的面积之和
6	静止物体的面积 (area of stationary object)	静止物体被线条封闭的一部分或者表面的几何度量,或者物体内部或者外部表面的几何度量。面积是以填充平面图形的正方形个数来度量的。例如,面积不仅可以是平面轮廓的面积,也可以是三维表面的面积,或一个三维物体所有平面、凸面或凹面的面积之和
7	运动物体的体积 (volume of moving object)	以填充运动物体或者运动物体占用的单位立方体个数来度量。体积不仅可以是三维物体的体积,也可以是与表面结合、具有给定厚度的一个层的体积
8	静止物体的体积 (volume of stationary object)	以填充静止物体或者静止物体占用的单位立方体个数来度量。体积不仅可以是三维物体的体积,也可以是与表面结合、具有给定厚度的一个层的体积
9	速度 (speed)	物体的速度或者效率,或者过程、作用与完成过程、作用的时间之比
10	力 (force)	系统间相互作用的度量。在经典力学中,力是质量与加速度的乘积,在 TRIZ 中,力是试图改变物体状态的任何作用

续表

编号	名称	解释
11	应力或压强 (stress or pressure)	单位面积上的作用力,也包括张力。例如,房屋作用于地面上的力;液体作用于容器壁上的力;气体作用于气缸-活塞上的力。压强也可以表示无压强(真空)
12	形状 (shape)	一个物体的轮廓或外观。形状的变化可能表示物体的方向性变化,或者表示物体在平面和空间两方面的形变
13	稳定性 (stability of object's composition)	物体的组成和性质(包括物理状态)不随时间变化而变化的性质。它表示了物体的完整性或者组成元素之间的关系。磨损、化学分解及拆卸都代表稳定性的降低
14	强度 (strength)	物体在外力作用下,抵制使其发生变化的能力;或者在外界影响下抵抗破坏(分裂)和不可逆变形的性质
15	运动物体的作用时间 (duration of action of moving object)	运动物体具备其性能或者完成作用的时间、服务时间及耐久时间等。两次故障之间的平均时间也是作用时间的一种度量
16	静止物体的作用时间 (duration of action of stationary object)	静止物体具备其性能或者完成作用的时间、服务时间及耐久时间等。两次故障之间的平均时间也是作用时间的一种度量
17	温度 (temperature)	物体所处的热状态,代表宏观系统热动力平衡的状态特征,还包括其他热学参数,比如影响温度变化速度的热容量
18	照度 (illumination intensity)	照射到某一表面上的光通量与该表面面积的比值。也可以理解为物体的适当亮度、反光性及色彩等
19	运动物体的能量消耗 (use of energy by moving object)	运动物体执行给定功能时所需的能量,其中包括超系统提供的能量
20	静止物体的能量消耗 (use of energy by stationary object)	静止物体执行给定功能时所需的能量,其中包括超系统提供的能量
21	功率 (power)	物体在单位时间内所做的功、完成的工作量或者消耗的能量
22	能量损失 (loss of energy)	做无用功消耗的能量。为了减少能量损失,有时需要应用不同的技术来提高能量利用率
23	物质损失 (loss of substance)	物体在材料、物质、部件或者子系统上,部分或全部、永久或临时的损失
24	信息损失 (loss of information)	系统数据或者系统获取部分或者全部、永久或者临时的损失,经常也包括气味、材质等感性数据
25	时间损失 (loss of time)	一项活动的持续时间、改进时间的损失,一般指减少活动内容所费时间
26	物质的量 (quantity of substance)	系统或者物体在材料、物质、部件或者子系统的数量,它们一般能被全部或部分、永久或临时改变
27	可靠性 (reliability)	系统或物体在规定的方法和状态下完成指定功能的能力。可靠性经常可以理解为无故障操作概率或无故障运行时间

续表

编号	名称	解释
28	测量精度 (measurement accuracy)	对系统特征的实测值与实际值之间的误差。减少测量中的误差能提高测量精度
29	制造精度 (manufacturing precision)	所制造的产品的性能特征与技术规范和标准所预定参数的一致性程度
30	作用于物体的有害因素 (object-affected harmful factors)	环境或系统其他部分对物体的(有害)作用,它使物体的功能参数退化
31	物体产生的有害因素 (object-generated harmful factors)	降低物体或者系统功能的效率或质量的有害作用。这些有害作用一般来自物体或者与其操作过程有关的系统
32	可制造性 (ease of manufacture)	物体或系统制造构建过程中的方便或者简易程度
33	操作流程的方便性 (ease of operation)	在操作过程中,需要的人数越少,操作的步骤越少,工具越少,同时还能保证较高的产出,说明方便性越高
34	可维修性 (ease of repair)	一种质量特性,包括方便、简单及维修时间短等
35	适应性及通用性 (adaptability or versatility)	物体或系统积极响应外部变化的能力,或者在各种外部影响下具备以多种方式发挥功能的可能性
36	系统的复杂性 (device complexity)	系统元素及其之间的相互关系的数目和多样性,如果用户也是系统的一部分,将会增加系统的复杂性,人们掌握这个系统的难易程度是其复杂性的一种度量
37	控制和测量的复杂性 (difficulty of detecting and measuring)	测量或控制一个复杂系统需要高成本、较长的时间及较多的人力去完成。或者系统部件之间关系太复杂,使得系统的测量或控制困难。为了降低测量误差而导致成本提高,也是一种测试复杂度增加的度量
38	自动化程度 (extent of automation)	物体或系统在无人操作的情况下,执行其功能的能力。自动化程度的最低级别是完全手工操作方式。中等级别则需要人工编程,根据需要调整程序,来监控操作过程。最高级别的自动化是使用机器来自动判断所需操作任务,自动编程和对操作自动监控
39	生产率 (productivity)	单位时间内系统执行的功能或操作的数量;完成某一功能或操作所需时间;单位时间的输出或单位输出的成本等

附录 B　Altshuller 矛盾矩阵

附录 C 物理效应与实现功能对照

序号	需要实现的功能	物理现象、效应、方法
1	测量温度	热膨胀和由此引起的固有振动频率的变化；热电现象；光谱辐射；物质光学性能及电磁性能的变化；超越居里点；霍普金森效应；巴克豪森效应；热辐射
2	降低温度	传导；对流；辐射；相变；焦耳-汤姆森效应；珀耳贴效应；磁热效应；热电效应
3	提高温度	传导；对流；辐射；电磁感应；热电介质；热电子；电子发射（放电）；材料吸收辐射；热电现象；物体的压缩；核反应（原子核感应）
4	稳定温度	相变（例如超越居里点）；热绝缘
5	探测物体的位置和位移（检测物体的工况和定位）	引入容易检测的标识——变换外场（发光体）或形成自场（铁磁体）；光的反射和辐射；光电效应；相变（再成形）；X射线或放射性；放电；多普勒效应；干扰
6	控制物体位移	将物体连上有影响的铁或磁铁；用能使带电或起电的物体有影响的磁场；液体或气体传递的压力；机械振动；惯性力；热膨胀；浮力；压电效应；马格纳斯效应
7	控制气体或液体的运动	毛细管现象；渗透；电渗透（电泳现象）；汤姆森效应；伯努利效应；各种波的运动；离心力（惯性力）；韦森堡效应；液体中充气；柯恩达效应
8	控制悬浮体（粉尘、烟、雾等）	起电；电场；磁场；光压力；冷凝；声波；亚声波
9	充分搅拌（混合）混合物	形成溶液；超高音频；气穴现象；扩散；电场；用铁-磁材料结合的磁场；电泳现象；共振
10	分解混合物	电和磁分离；在电场和磁场作用下，改变液体的密度；离心力（惯性力）；相变；扩散；渗透
11	物体位置的稳定（物体定位）	电场和磁场；利用在电场和磁场的作用下固化定位液态的物体；吸湿效应；往复运动；相变（再造型），熔炼；扩散熔炼；相变
12	感应力、控制力、（常规力）形成高压力	用铁-磁材料形成有感应的磁场；相变；热膨胀；离心力（惯性力）；通过改变磁场中的磁性液体和导电液体的密度来改变流体静力；超越炸药；电液压效应；光液压效应；渗透；吸附；扩散；马格纳斯效应
13	改变摩擦力	约翰逊-拉别克效应；辐射效应；Кралъский现象；振动；利用铁磁颗粒产生磁场感应；相变；超流体；电渗透
14	解体（分解）物体	放电；电-水效应；共振；超高音频；气穴现象；感应辐射；相变热膨胀；爆炸；激光电离
15	积蓄机械能和热能	弹性形变；飞轮；相变；流体静压；热电现象

续表

序号	需要实现的功能	物理现象、效应、方法
16	传递(传输)能量(机械能、热能、辐射能和电能)	形变；Александров效应；运动波,包括冲击波；导热性；对流；辐射感应；赛贝克效应；电磁感应；超导体；一种能量形式转换成另一种便于传输的能量形式；亚声波(亚音频)；形状记忆效应
17	可移动(可变)的物体和固定(不可变)的物体之间相互形成作用	利用电-磁场(运动的"物体"向着"场"的连接)由物质耦合向场耦合过渡；应用液体流和气体流；形状记忆效应
18	测量物体尺寸	测量固有振动频率；标记和读出磁性参数和电参数；全息术摄影
19	改变物体尺寸和形式(形状)	热膨胀；双金属结构；形变；磁电致伸缩(磁-反压电效应)；压电效应；相变；形状记忆效应
20	控制物体表面状态和性质(形状和特性)	放电；光反射；电子发射(电辐射)；波纹效应；辐射；全息术摄影
21	表面改性(改变表面特性)	摩擦力；吸附作用；扩散；包辛格效应；放电；机械振动和声振动；照射(反辐射)；冷作硬化(凝固作用)；热处理
22	检测(控制)物体容量(空间)形状和特性	引入转换外部电场(发光体)或形成与研究物体的形状和特性有关的磁场(铁磁体)的标识物；根据物体结构和特性的变化改变电阻率；光的吸收、反射和折射；电光学和磁光现象；偏振光(极化的光)、X射线和辐射线；电子顺磁共振和核磁共振；磁弹性效应；超越居里点；霍普金森效应和巴克豪森效应；测量物体固有振动频率；超声波(超高音频)、亚声波(亚音频)；Мессбауэр(Mossbauer)效应；霍尔效应；全息术摄影；声发射(声辐射)
23	改变物体容积性质(空间特性)(密度和浓度)	在电场和磁场作用下改变液体性质(密度、黏度)；引入铁磁颗粒和磁场效应；热效应；相变；电场作用下的电离效应；紫外线辐射；X射线辐射；放射性辐射；扩散；电场和磁场；包辛格效应；热电效应；热磁效应；磁光效应(永磁-光学效应)；气穴现象；彩色照相效应；内光效应；液体"充气"(用气体、泡沫"替代"液体)；高频辐射
24	形成要求的、稳定的物体结构	电波干涉(弹性波)；衍射；驻波；波纹效应；电场和磁场；相变；机械振动和声振动；气穴现象
25	电场和磁场的显示	渗透；物体带电(起电)；放电；放电和压电效应；驻极体；电子发射；电光现象；霍普金森效应和巴克豪森效应；霍尔效应；核磁共振；流体磁现象和磁光现象；电致发光(电-发光)；铁磁性(铁-磁)
26	显示辐射	光-声学效应；热膨胀；光-可范性效应(光-可塑性效应)；放电
27	产生电磁辐射	Джоэефсон(Josephson)效应；感应辐射效应；隧道(tunnel)效应；发光；耿氏效应；契林柯夫效应；塞曼效应
28	控制电磁场	屏蔽,改变介质状态如提高或降低其导电性(例如增加或降低它在变化环境中的电导率)；在电磁场相互作用下,改变与磁场相互作用物体的表面形状(利用场的相互作用,改变物体表面形状)；引缩(Pinch)效应

续表

序号	需要实现的功能	物理现象、效应、方法
29	控制光通量、控制光	折射光和反射光；电现象和磁-光现象；弹性光应和法拉第效应；耿氏效应；Джоэефсон(Franz-Keldysh)效应；光通量转换成电信号或反之；刺激辐射(受激辐射)
30	激发和强化化学变化	超声波(超高音频)；亚声波；气穴现象；紫外线辐射；X射线辐射；放射性辐射；放电；形变；冲击波；催化；加热
31	物体成分分析	吸附；渗透；电场；辐射作用；物体辐射的分析(分析来自物体的辐射)；光-声效应；Мессбауэр(mossbauer)效应；电顺磁共振和核磁共振

附录 D 几何效应与实现功能对照

序号	要求的效果和性质	几 何 效 应
1	质量不改变情况下增大和减小物体的体积	将各部件紧密包装；凹凸面；单页双曲线
2	质量不改变情况下增大或减小物体的面积或长度	多层装配；凹凸面；使用截面变化的形状；莫比乌斯环；使用相邻的表面积
3	由一种运动形式转变成另一种运动形式	"列罗"三角形；锥形捣实；曲柄连杆传动
4	集中能量流和粒子	抛物面；椭圆；摆线
5	强化进程	由线加工转变成面加工；莫比乌斯环；偏心率；凹凸面；螺旋；刷子
6	降低能量和物质损失	凹凸面；改变工作截面；莫比乌斯环
7	提高加工精度	刷子；加工工具采用特殊形状和运动轨迹
8	提高可控性	刷子；双曲线；螺旋线；三角形；使用形状变化物体；由平动向转动转换；偏移螺旋机构
9	降低可控性	偏心率；将圆周物体替换成多角形物体
10	提高使用寿命和可靠性	莫比乌斯环；改变接触面积；选择特殊形状
11	减小作用力	相似性原则；保角映像；双曲线；综合使用普通几何形状

附录 E 化学效应与实现功能对照

序号	要求的效果和性质	化学效应、现象和物质反应类型
1	测量温度	热色反应;温度变化时化学平衡转变;化学发光
2	降低温度	吸热反应;物质溶解;气体分解
3	提高温度	放热反应;燃烧;高温自扩散合成物;使用强氧化剂;使用高热剂
4	稳定温度	使用金属水合物;采用泡沫聚合物绝缘
5	探测物体的位置和位移(检测物体的工况和定位)	使用燃料标记;化学发光;分解出气体的反应
6	控制物体位移	分解出气体的反应;燃烧;爆炸;应用表面活性物质;电解
7	控制气体或液体的运动	使用半渗透膜;输送反应;分解出气体的反应;爆炸;使用氢化物
8	控制悬浮体(粉尘、烟、雾等)	与气悬物粒子机械化学信号作用的物质雾化
9	充分搅拌(混合)混合物	由不发生化学作用的物质构成混合物;协同效应;溶解;输送反应;氧化-还原反应;气体化学结合;使用水合物、氢化物;应用络合铜
10	分解混合物	电解;输送反应;还原反应;分离化学结合气体;转变化学平衡;从氢化物和吸附剂中分离;使用络合铜;应用半渗透膜;将成分由一种状态向另一种状态转变(包括相变)
11	物体位置的稳定(物体定位)	聚合反应(使用胶、玻璃水、自凝固塑料);使用凝胶体;应用表面活性物质;溶解黏合剂
12	产生/控制力,形成高压力	爆炸;分解气体水合物;金属吸氢时发生膨胀;释放出气体的反应;聚合反应
13	控制摩擦力	由化合物还原金属;电解(释放气体);使用表面活性物质和聚合涂层;氢化作用
14	解体(分解)物体	溶解;氧化-还原反应;燃烧;爆炸;光化学和电化学反应;输送反应;将物质分解成组分;氢化作用;转变混合物化学平衡
15	积蓄机械能和热能	放热和吸热反应;溶解;物质分解成组分(用于储存);相变;电化学反应;机械化学效应
16	传递(传输)能量(机械能、热能、辐射能和电能)	放热和吸热反应;溶解;化学发光;输送反应;氢化物;电化学反应;能量由一种形式转换成另一种形式,更利用能量传递
17	可移动(可变)的物体和固定(不可变)的物体之间相互形成作用	混合;输送反应;化学平衡转移;氢化转移;分子自聚集;化学发光;电解;自扩散高温聚合物

续表

序号	要求的效果和性质	化学效应、现象和物质反应类型
18	测量物体尺寸	与周围介质发生化学转移的速度和时间
19	改变物体尺寸和形式（形状）	输送反应；使用氢化物和水化物；溶解（包括在压缩空气中）；爆炸；氧化反应；燃烧；转变成化学关联形式；电解；使用弹性和塑性物质
20	控制物体表面形状和特性	原子团再化合发光；使用亲水和疏水物质；氧化-还原反应；应用光色、电色和热色原理
21	改变表面特性	输送反应；使用水合物和氢化物；应用光色物质；氧化-还原反应；应用表面活性物质；分子自聚集；电解；侵蚀；交换反应；使用漆料
22	检测（控制）物体容量（空间）状态和性质（形状和特性）	使用色反应物质或者指示剂物质的化学反应；颜色测量化学反应；形成凝胶
23	改变物体容积性质（空间特性）（密度和浓度）	引起物体的物质成分发生变化的反应（氧化反应、还原反应和交换反应）；输送反应；向化学关联形式转变；氢化作用；溶解；溶液稀释；燃烧；使用胶体
24	形成要求的、稳定的物体结构	电化学反应；输送反应；气体水合物；氢化物；分子自聚集；络合铜
25	电场和磁场的显示	电解；电化学反应（包括电色反应）
26	显示辐射	光化学；热化学；射线化学反应（包括光色、热色和射线使颜色变化反应）
27	产生电磁辐射	燃烧反应；化学发光；激光器活性气体介质中的反应；发光；生物发光
28	控制电磁场	溶解形成电解液；由氧化物和盐生成金属；电解
29	控制光通量、控制光	光色反应；电化学反应；逆向电沉积反应；周期性反应；燃烧反应
30	激发和强化化学变化	催化剂；使用强氧化剂和还原剂；分子激活；反应产物分离；使用磁化水
31	物体成分分析	氧化反应；还原反应；使用显示剂
32	脱水	转变成水合状态；氢化作用；使用分子筛
33	改变相状态	溶解；分解；气体活性结合；从溶液中分解；分离出气体的反应；使用胶体；燃烧
34	减缓和阻止化学变化	阻化剂；使用惰性气体；使用保护层物质；改变表面性质（见"改变表面特性"一项）